Claudia Grötzebach

Spielend Wissen festigen: effektiv und nachhaltig

66 Lern- und Wissensspiele für Training und Unterricht

Mit Beiträgen von: Karin Faatz-Rockstroh, Marisa Frangipane, Jürgen Eugen Müller, Hans-Jürgen Ramisch, Katharina Ramisch und Heidrun Schmidt

Claudia Grötzebach war nach dem Studium der Sinologie, Politologie und Volkswirtschaftslehre Assistentin im Deutschen Bundestag. Seit 1994 arbeitet sie als freie Trainerin und Beraterin. Mit zahlreichen Veröffentlichungen hat sie sich bereits als Autorin einen Namen gemacht.

Kontakt:
Claudia Grötzebach
Hauptstraße 389
51465 Bergisch Gladbach
Tel.: 02202-33448 oder 01577-1533448
Fax: 02202-458566
E-Mail: Groetzebach@a-i-p.de
Homepage: www.a-i-p.de

⌂ Zusätzlich als Download erhalten Sie unter www.beltz.de beim Buch den Artikel »Suggestopädisch trainieren – mit Gefühl, Verstand und Kompetenz trainieren«.

Lektorat: Ingeborg Sachsenmeier

© 2010 Beltz Verlag · Weinheim und Basel
www.beltz.de
Herstellung: Uta Euler
Satz: Druckhaus »Thomas Müntzer« GmbH, Bad Langensalza
Druck: Beltz Druckpartner GmbH, Hemsbach
Umschlaggestaltung und Umschlagabbildung: glas ag, Seeheim-Jugenheim
Zeichnungen: Beat Baumann, Pratteln
Printed in Germany

ISBN 978-3-407-36488-3

Widmung

Dieses Buch möchte ich zwei Menschen widmen, die in besonderer Weise seine Entstehung ermöglicht haben:

- Sophie Grötzebach-Dürscheid, meiner Mutter, die in diesen Tagen verstarb und mit ihrer Arbeit als Seminarleitung fast ein Vierteljahrhundert Menschen nicht nur ausbildete, sondern auch heranbildete.
- Verena Damm, meiner Kollegin, die 2008 verstarb. Sie hat als Mensch und Fachkollegin mit ihrer wissenschaftlich-analytischen Grundhaltung und ihrem unglaublichen Fachwissen einen nachhaltigen Einfluss auf mein Selbstverständnis und meine Ausbildung zur Suggestopädin gehabt.

Ich hoffe, sie werden mit dieser Widmung vielen Menschen ein Begriff werden und in Erinnerung bleiben.

Inhaltsverzeichnis

Anhang

Vorwort

Sie fragen sich vielleicht: Noch eine neue Spielesammlung? Braucht es die wirklich? – Doch wenn Sie dieses Buch in der Hand halten, dann sehen Sie, dass es sich durchaus von anderen Spielesammlungen unterscheidet:

- Dieses Buch richtet sich vor allem an Lehrende in der Erwachsenenbildung und kann ebenso im Schulunterricht eingesetzt werden.
- Die Spiele in diesem Buch sollen das Lernen nicht unterbrechen, sondern es unterhaltsamer, wirkungsvoller und spannender gestalten.
- Dieses Buch will Ihnen helfen, spielerischer zu arbeiten und Ihre Seminare oder Ihren Unterricht mit neuen Ideen anzureichern.
- Dieses Buch ist klar auf Lern- und Wissensspiele ausgerichtet.

Sie werden in diesem Buch vielleicht weniger Spiele und Spielideen finden als in anderen Büchern. Nette »Spielereien« fehlen ebenfalls, mit denen Sie ein wenig Bewegung in Ihren Unterricht bringen können. Die Bewegung durch die Lern- und Wissensspiele findet in erster Linie in den Köpfen Ihrer Teilnehmerinnen und Teilnehmer oder Schülerinnen und Schüler statt.

Die Spiele in diesem Buch verlangen von Ihnen Einsatz und Arbeit, doch sie machen Ihr Training und Ihren Unterricht besonders spannend, vielseitig und interessant. Genau das wollen Sie doch erreichen – oder? Wenn Sie die Ideen und Spiele aus diesem Buch einsetzen, dann werden Sie erleben, wie Ihre Teilnehmer und Schüler vielseitiger gefordert und aktiver werden. Sie selbst werden hier und da vielleicht auch unwichtiger werden. Nicht jedem Kollegen wird das gefallen, doch Sie werden vor allem eines bewirken: Mehr Wirkung und mehr Nutzen für alle Lernenden und darüber hinaus auch – mehr Spaß!

Claudia Grötzebach

»Einfach spielend lernen« oder die Frage »Wie setzen Sie Spiele sinnvoll ein?«

Abwechslungsreicher, spielerischer zu trainieren – das war mein Ziel und zugleich mein Einstieg in das aktivierende Trainieren. Bei einem Kollegen machte ich in den 1990er-Jahren zu diesem Thema meine ersten Erfahrungen und war begeistert. So viel Spaß erlebte ich da in einem Seminar, auch einmal albern sein dürfen, nicht nur zuhören müssen …!

Doch schon als ich das zweite Seminar bei ihm besuchte, bemerkte ich, dass mich etwas störte, und damit war ich nicht alleine. Diese störenden Gefühle hatten verschiedene Gründe. Erstens: Viele Ideen hatten mir in *seinen* Seminaren gefallen, aber wann und wie *ich* sie sinnvoll einsetzte, das wusste ich in vielen Fällen nicht. Zweitens: Oft war mir bei den Spielen der Bezug zum Lernziel zu gering, da viele der Spiele zur Kategorie »Bewegungsübung oder -spiel« gehörten.

Manches probierte ich also in meinen Seminaren aus. Aber es schien mir für meine Praxis zu wenig, nur ein bisschen Spaß zu verbreiten. Denn das kostete zusätzlich die knapp bemessene Seminarzeit, in der ich doch Stoff unterbekommen musste und die Teilnehmer auch noch üben sollten! Anderes kam mir schlicht lächerlich vor, also ließ ich es nach einigen Versuchen wieder. Meine ersten Versuche auf diesem Terrain waren also nicht wirklich erfolgreich, doch sie waren wichtig, weil sie einen Erkenntnisprozess in Gang gesetzt haben.

Wenn ich *meine* Trainings lebhafter und abwechslungsreicher gestalten wollte, dann brauchten die Aktivitäten, die *ich* einsetzen wollte, einen Bezug zum Lernstoff und sie sollten das Lernen unterstützen. Das Lernen selbst sollte interessanter gestaltet und nicht durch »unterhaltsame, eingeschobene Spielchen« aufgepeppt werden. So schufen diese ersten ernüchternden Erfahrungen meine Zielvision: Eingesetzte Spiele sollten das Lernen unterstützen und vertiefen, sie sollten also sinnvoll sein.

Dass ich Spiele mittlerweile häufig und erfolgreich einsetze, das verdanke ich zwei Faktoren. Meiner Ausbildung zur Suggestopädin bei Barbara von der Meden und Brigitte Schwitalla sowie einer Fortbildung zum Spielmoderator bei Amelie Funcke und Axel Rachow. In beiden Fortbildungen habe ich eine Menge über den Einsatz von Spielen gelernt und vor allem den theoretischen Hintergrund kennengelernt, der uns in die Lage versetzt, Spiele im Training und Unterricht sinnvoll und wirkungsvoll einzusetzen. Ohne diesen theoretischen Hintergrund bieten wir unseren Teilnehmern tatsächlich bloß ein »Spielchentraining«. Mit diesem Hintergrund dagegen lernen unsere Teilnehmer spielend (leicht) zu lernen!

Die Ängste von Trainern

Wenn Sie Spielen gegenüber Vorbehalte haben, dann kann ich das verstehen. Ich selbst habe sie geteilt und diese Vorbehalte sind es, die mich Spiele mit besonderer Sorgfalt und Überlegung einsetzen lassen. Sicher kennen Sie folgende Bedenken und Ängste, die mir häufig in diesbezüglichen Gesprächen mitgeteilt werden:

- »Meine Teilnehmer halten solche Spielchen für albern!«
- »Meine Teilnehmer machen so was doch gar nicht mit!«
- »Spielchen sind doch sinnlos!«
- »Solche Spielereien kosteten doch viel zu viel Zeit!«
- »So etwas ist bei meiner Zielgruppe nicht akzeptabel!« (Hier sind insbesondere Führungskräfte gemeint.)
- »Diese Spielchen werden doch gar nicht verstanden!«
- »Ich kann doch nicht ernsthaft »Spielchentrainings« durchführen. Das ist doch eine Veräppelung der Teilnehmer (aber auch der Dozenten)!«

Schauen wir uns diese Annahmen einmal genauer an, denn sich mit diesen Bedenken auseinanderzusetzen, bewahrt vor einer ganzen Reihe von Fehlannahmen:

»Meine Teilnehmer halten solche Spielchen für albern!« Dieser Annahme liegen meistens schlechte Erfahrungen zugrunde. Wer hat nicht schon einmal selbst solch ein »Ringelreihen« erlebt? »Ringelreihen«, das sind für mich jene Spielchen, die gerne eingesetzt werden, um »mal ein Spiel eingesetzt« zu haben. Ein Sinn ist nicht zu erkennen und die Gruppe ergeht sich in »lächerlichen« Aktivitäten.

Das Arbeiten mit Spielen ist in manchen Bereichen fast schon eine Mode geworden – teils aber auch ein echtes Bedürfnis. So mancher Fachtrainer wünscht sich, seinen Stoff »anders« zu präsentieren und aus den Frontalveranstaltungen herauszukommen. Doch der Einsatz »echter« Lern- und Wissensspiele ist harte Arbeit, sie müssen nicht nur wohl bedacht, sondern auch gut vorbereitet sein. Das ist vielen nicht bewusst und so manches Mal bleibt dieser Aspekt in Fortbildungen unberücksichtigt. Da greifen viele Kollegen zu »schnellen Rezepten«, es wird gerne zwischendurch »ein Spielchen gemacht«, das aus der Rubrik der »Bewegungsspiele« oder »Muntermacher« kommt. Die Folge: »Ringelreihen«. Aus solch einem Impuls heraus sollten Sie keine Spiele einsetzen.

Aus Fortbildungen kommen wir oft – wie ich selbst ja auch – total begeistert, wollen umsetzen, was wir dort gelernt und erlebt haben, doch meist ist es nicht genug reflektiert. Die Folge in unseren Trainings: »Ringelreihen«. Gerade mit reinen Bewegungsspielen kann Ihnen das schnell passieren.

Damit Ihnen genau das nicht passiert: Setzen Sie nur Spiele ein, von denen Sie überzeugt sind und die einen Zweck haben. Den sollten Sie schon im Voraus kennen und den Teilnehmern erläutern (können).

»Meine Teilnehmer machen so was doch gar nicht mit!« Ja, das kann uns passieren und wir haben das zu respektieren. Bedenken Sie bitte, eine solche Verweigerungshaltung hat Gründe. Die Teilnehmer haben vielleicht schlechte Erfahrungen gemacht. Sie fürchten lächerlich gemacht zu werden oder sie sehen keinen Sinn in dem Spiel.

Einer solchen Situation können Sie vorbeugen, indem Sie auf Ihre Wortwahl achten. Sprechen Sie zum Beispiel bei spielungewohnten Gruppen nicht von einem »Spiel«, sondern von einer »Übung«. Diese Wortwahl vermeidet obstruktive Reaktionen und wertet das Spiel auf.

Wenn es dennoch passiert: Im Falle einer Verweigerung sollten wir – wenn möglich – bei dem entsprechenden Teilnehmer oder den Teilnehmern nach den Ursachen forschen. Nur wenn wir sie kennen, können wir erfolgreich zum Mitmachen animieren. Fragen Sie also nach. In den meisten Fällen erhalten Sie einen Ansatzpunkt.

Wann sollten Sie eine Verweigerung ohne Weiteres akzeptieren? Wenn Sie beispielsweise zu wenig Zeit für das Nachforschen haben, sollten Sie die Verweigerung sofort akzeptieren. Bieten Sie in einem solchen Fall eine Beobachterrolle an oder stellen Sie eine Aussprache zurück, bis Sie die Gruppe eingewiesen haben. Fragen Sie dann »unter vier Augen« nach.

Wir haben es mit mündigen Menschen zu tun, daher dürfen Sie den entsprechenden Teilnehmer zur Teilnahme ermutigen, Sie haben aber kein recht, Druck auszuüben. Sobald selbst eine zurückhaltende Ermutigung nichts bewirkt, haben Sie die Entscheidung des Teilnehmers uneingeschränkt zu respektieren. Vertrauen Sie Ihrem Teilnehmer.

»*Spielchen sind doch sinnlos!*« Ob ein Spiel sinnvoll ist, entscheiden ausschließlich Sie. Jedes Spiel, jede Übung sollte einem klaren Lernziel dienen, und das legen Sie während der Vorbereitung Ihres Seminares oder Trainings fest.

Haben Sie einem Spiel keine klare Aufgabe und kein klares Ziel zugewiesen, dann ist es tatsächlich sinnlos, und damit überflüssig.

»*Solche Spielereien kosten doch viel zu viel Zeit!*« Spiele haben eine wichtige Funktion. Sie dienen zum Beispiel der Wiederholung von Inhalten, dem Transfer oder dem Ausprobieren des Gelernten. Dies alles ist keine Zeitverschwendung, sondern all dies sind essenzielle Bestandteile des Lernprozesses. Erst **sie** versetzen den Teilnehmer in die Lage, das Aufgenommene auch einsetzen und in die Praxis umsetzen zu können. Daher können sinnvoll platzierte Lern- und Wissensspiele keine Zeitverschwendung sein.

»*So etwas ist bei meiner Zielgruppe nicht akzeptabel!*« Viele Trainer glauben anscheinend, Führungskräfte seien humorlos oder fürchteten eine Blamage. Das Gegenteil ist der Fall. Die meisten Führungskräfte sind in der Regel so erfolgreich, dass sie selten Angst haben, sich etwas zu vergeben. Oft akzeptieren sie aus diesem Grund Lernspiele viel eher als zum Beispiel nachgeordnete Mitarbeiter. Darüber hinaus erkennen sie oft sehr schnell – auch ohne Erklärung – welchen Sinn ein Spiel beziehungsweise eine Übung verfolgt. Sie haben eher den Eindruck, vor einer Herausforderung zu stehen, die sie gerne annehmen und genießen es oft auch, einmal albern sein zu dürfen. Daher brauchen Sie Widerstände bei Führungskräften in der Regel nicht zu befürchten.

Probleme ergeben sich – das kenne ich aus meinen eigenen Erfahrungen – häufiger bei jungen Erwachsenen oder sehr unsicheren Menschen und wenn bei Führungskräften, dann bei »frischen«, die diese Position noch nicht lange innehaben. Junge Erwachsene beklagen sich oft, »sie seien doch keine Kinder mehr«. Insistieren hilft da und ist meist durchaus sinnvoll, aber bitte nicht um jeden Preis.

»*Diese Spielchen werden doch gar nicht verstanden!*« Wenn ein Spiel nicht verstanden wird, hat das meist eine oder mehrere Ursachen: Die Qualität Ihrer Vorbereitung, Ihrer Erklärung und oft auch die Nachbearbeitung tragen entscheidend zum Erfolg bei.

Bisweilen klappt es nicht mit dem Einsatz von Spielen, das passiert auch mir. Vor einiger Zeit ist mir ein dicker Fehler unterlaufen. Um meiner Gruppe etwas Gutes zu tun, habe ich eine spontane Idee in die Tat umgesetzt und ein Kreuzworträtsel zum Thema Moderationstechnik entwickelt. Die halbe Nacht hatte ich investiert. Nun druckte ich das Rätsel aus und stellte fest, dass der Fettdruck nicht funktionierte, sodass die Wortanfänge und -enden nicht erkenntlich waren. Außerdem fehlten teilweise die Pfeile. Die Teilnehmer wussten also gar nicht, welche Buchstabenkästchen relevant waren. Eigentlich warnte mich eine innere Stimme, aber die überhörte ich in meiner Begeisterung geflissentlich. Sie können sich vorstellen, das Spiel war ein Misserfolg. Ich werde das nicht so schnell vergessen. Deshalb: Passen Sie die Spiele an, hören Sie auf Ihre innere Stimme, wenn etwas unstimmig ist, und – mein besonderer Tipp – probieren Sie alle Spiele vorher aus. Es ist schon hilfreich, wenn Sie keine Testgruppe zur Verfügung haben, dass Sie Ihr Spiel – wie zum Beispiel das Kreuzworträtsel – eine Woche einfach liegenlassen und dann selbst ausprobieren.

Erklären Sie den Teilnehmern den Zweck des Spiels. Das muss nicht immer vorab geschehen, Sie können das durchaus in der Nachbetrachtung tun. Werten Sie Spiele möglichst immer aus, meistens reicht eine ganz kurze Auswertung. Entsprechende Tipps finden Sie bei den 66 Lern- und Wissensspielen unter der Rubrik »Auswertung«. Ein Spiel und das, was es in Ihren Teilnehmern auslöst, sollte stets reflektiert werden!

»Ich kann doch nicht ernsthaft solche ›Spielchentrainings‹ durchführen. Das ist doch ein Veräppeln der Teilnehmer!« Ich glaube, nach den bisherigen Ausführungen brauchen Sie diese Befürchtung nicht mehr zu haben, oder? Sollten Sie sich aber in einer solchen Situation wiederfinden, kann ich Ihnen nur empfehlen, sehr aufmerksam und behutsam zu sein. Nehmen Sie sich Zeit, um vertrauensbildend zu arbeiten, erklären Sie Ihr Vorgehen, achten Sie auf Ihre Wortwahl und bereiten Sie Spiele nach. Ziehen Sie ein Resümee, fragen Sie nach dem Befinden der Teilnehmer und zeigen Sie Ihre Fürsorge. So entsteht ein Fundament des Vertrauens, auf dem Ihnen Ihre Teilnehmer weit folgen werden.

Probieren Sie zunächst Spiele zu Themen, die Sie gut kennen und häufig anwenden. Hilfreich ist es zudem, mit dem Einsatz von Spielen in Gruppen zu beginnen, mit denen Sie sehr vertraut sind. Diese sind wesentlich kooperativer, vertrauen Ihnen und halten – schon aus Sympathie mit Ihnen – den einen oder anderen Fehlversuch aus.

Jedes Spiel birgt Risiken, auch Lern- und Wissensspiele

Unabhängig von diesen – wie ich finde, berechtigten – Bedenken, beinhaltet der Einsatz eines Spieles im Training oder im Unterricht tatsächlich stets auch Risiken. Spiele können, auch wenn es sich um Lern- oder Wissensspiele handelt, Vorurteile und Vorbehalte auslösen, sie können nicht zur Zielgruppe oder zum Thema passen, sie können Ängste auslösen und sie können falsch durchgeführt werden. Manche Spiele brauchen eine »Anlaufzeit«, sie müssen sich sozusagen warmlaufen, bis sie ihre Magie und ihren Nutzen entfalten. Spiele beeinflussen die Gruppendynamik und das Trainer-Teilnehmer-Verhältnis. Sie können das Image des Trainers aufbauen oder nachhaltig schädigen.

Deshalb sollten Sie Spiele professionell einsetzen und auswerten. Es folgen nun Tipps und Gedanken, die den Einsatz von Spielen in meiner Praxis zu einem Erfolg gemacht haben, und die auch Ihnen helfen sollen, die Lern- und Wissensspiele aus diesem Buch erfolgreich umzusetzen. Fangen wir zunächst mit dem Nutzen an, den Spiele bringen.

Die Vorteile von Lern- und Wissensspielen

Warum lohnt sich der Einsatz von Spielen im Unterricht trotz der genannten Risiken? Weil Sie so unglaublich viele Vorteile bieten!

- Spielen ermöglicht notwendige Wiederholungen.
- Spielen erlaubt einen abwechslungsreichen Unterricht.
- Spielen aktiviert Teilnehmer.
- Spielen ist gehirngerechtes Arbeiten.
- Spielen macht munter.
- Spielen kann Lernbarrieren beseitigen.
- Spielen entlastet den Trainer.
- Spielen fördert den Transfer in die Praxis.
- Spielen fördert die Gruppendynamik und verändert den sozialen Umgang.

Inwiefern ermöglicht der Einsatz von Spielen notwendige Wiederholungen?
Wer etwas dauerhaft lernen will, muss das Gelernte wiederholen. Das hat die Lern- und Gehirnforschung hinreichend bewiesen. Aber – nur selten behalten wir etwas schon nach einem *einmaligem* Hören, Sehen oder Erleben dauerhaft. Üblicherweise müssen wir Gelerntes (mehrfach) wiederholen, um es im Gedächtnis abzuspeichern. Deshalb sind »Nürnberger-Trichter-Fortbildungen«, bei denen Informationen frontal im »Einwegverfahren« vermittelt werden, auf längere Sicht ineffizient: Schon nach ein bis vier Wochen (großzügig gerechnet) ist das Gehörte zu 80 Prozent vergessen! Gleichzeitig nimmt in unserer schnelllebigen Zeit die Bereitschaft erheblich ab, die notwendigen Wiederholungen auch wirklich durchzuführen. »Das haben wir doch schon gemacht« schmollen manche Teilnehmer und andere halten Wiederholungen, ja sogar Trainingsmaßnahmen, für Zeitverschwendung.

Der Einsatz von Lernspielen ermöglicht in dieser Situation, das notwendige Wiederholen abwechslungsreich und interessant zu gestalten und so in der Gruppe die Akzeptanz für Wiederholungen zu erhöhen. Deshalb sind Lern- und Wissensspiele so wertvoll und – eigentlich – unabdingbar.

Wie fördert der Einsatz von Spielen einen abwechslungsreich gestalteten, rhythmisierten Unterricht? Mit Spielen variieren Sie die Vermittlung des Lernstoffes, Sie verändern damit die Seminargestaltung und meist auch die Sozialform.

Die Teilnehmer erarbeiten zum Beispiel mit einem Puzzle den Lernstoff selbst, statt durch einen Frontalvortrag »berieselt« zu werden. Das »Erknobeln« und »Erlesen« eines Lernstoffes vermindert die Gefahr des Lernkonsums und fördert das Behalten und Begreifen des Lernstoffes durch eine aktive Auseinandersetzung mit dem Lerngegenstand. So fällt infolge der Bearbeitungsvielfalt nicht mehr auf, wenn ein und derselbe Stoff mehrfach bearbeitet wird. Eine anschließende anders, weil spielerisch, gestaltete inhaltliche Bearbeitung ermöglicht dann eine tiefer gehende Auseinandersetzung mit dem neuen Lernstoff. Diese Aktivitäten können mal lebhafter, mal ruhiger, mal entspannend, mal geistig, mal bewegungsorientiert gestaltet sein, um so bei den Teilnehmern immer neue Aufmerksamkeit für den Lernprozess zu erzeugen.

Wie kann Spielen die Teilnehmer aktivieren? Spiele aktivieren die Teilnehmer, indem sie ihnen die Möglichkeit geben, etwas selbst zu tun, sich den Lernstoff selbst zu erarbeiten und im wahrsten Sinne des Wortes zu be-greifen.

Kinder, die lernen, sitzen zum Beispiel selten nur da und hören zu. Sie lieben es durchaus, wenn ihnen vorgelesen wird, aber viele stellen Zwischenfragen, machen Zwischenbemerkungen, in denen sie ihre Vorstellungen zu der Geschichte vortragen, und viele Kinder lieben Bilderbücher, in denen die Geschichten illustriert sind, sodass sie die Zeichnungen bewundern können, diskutieren und das Gesehene in Worte fassen. Dieses Verhalten bleibt uns erhalten. Jeder Mensch ist also mehr oder minder aktiv beim Lernen, bis er zum »Lernkonsum« erzogen wurde. Spielerisches Lernen nutzt dieses natürliche Verhalten. Spielen gibt den Teilnehmern die Möglichkeit zurück, dieses natürliche Bedürfnis nach aktivem Lernen zu stillen. So werden unsere Teilnehmer ruhiger, zufriedener und damit reduziert sich das Störpotential in einer Gruppe.

Zugleich fördert die aktive Auseinandersetzung mit dem Lernstoff das Vertiefen des Verständnisses und das Behalten. Der Transfer des Gelernten in die eigene Arbeitspraxis gelingt häufiger. Damit wird das Lernen durch den Einsatz von Wissensspielen erfolgreicher.

Warum ist Spielen gehirngerechtes Arbeiten? Spielen ist gehirngerechtes Lernen und Arbeiten, da es alle Sinne fordert: Die Teilnehmer sprechen, schauen, denken, entwickeln Bilder, formulieren sie in Worte um. Sie denken und bedenken – und bearbeiten den Lernstoff so in beiden Gehirnhälften und sämtlichen Gehirnarealen. Damit wird auch das Behalten multipliziert und vertieft und so der Lernerfolg erhöht.

Wieso macht Spielen munter? Spielen beseitigt aufkommende Müdigkeit und schenkt neue Spannkraft, indem es die Teilnehmer aktiviert. Diesen Effekt können Sie noch erhöhen, indem Sie zum Beispiel ein bewegungsintensives Lernspiel wie die »Begriffe-Wettrennen« (s. S. 54 ff.) einsetzen. Die körperliche und geistige Aktivität, der Austausch in der Gruppe und insbesondere ein (möglicherweise aufkommender) Wettbewerb regt alle Sinne und den Kreislauf der Beteiligten an, sodass die Teilnehmer wieder frisch und aufnahmefähig werden.

Es empfiehlt sich übrigens, nach bewegungsintensiven Übungen eine Pause zu machen, damit sich die Kreisläufe wieder beruhigen.

Wie beseitigt Spielen Lernbarrieren? Spielen kann Lernbarrieren beseitigen, indem es die Lernatmosphäre fördert. Mit guter Laune und so mit einem Spiel beschäftigt, dass viele Teilnehmer gar nicht mehr merken, dass es ums Lernen geht, vergessen viele Teilnehmer ihre Versagensängste und lernen etwas Wichtiges: über ihre Fehler lachen zu können. Mit dieser zurückgewonnenen Leichtigkeit werden – manchmal unüberwindbar scheinende – Barrieren für das Lernen beseitigt. Wer keine Angst mehr hat, zu versagen oder etwas zu verlieren, der kann alles ausprobieren.

Spiele können Teilnehmern Schutzräume gewähren, in denen sie besser und leichter lernen können. Viele Teilnehmer, das kennen Sie bestimmt selbst, haben Hemmungen, sich im Plenum zu äußern. Sie stellen eine Frage nicht, denn »man könnte eventuell als dumm erscheinen«, und in manchen Gruppen gibt es leider Menschen, die sich über andere lustig machen.

Spielen verändert häufig ganz nebenbei die Sozialform und in den kleineren Gruppen werden viele, im Plenum meist ruhige Menschen, aufgeschlossener und entwickeln den Mut, ihre Fragen zu stellen – sei es den anderen Spielern oder dem Trainer gegenüber, der seine Runde macht.

Ein häufiger personeller Wechsel in den Kleingruppen führt Menschen in unterschiedlichste Teams. Das sprengt zum Beispiel »verschworene Gemeinschaften«, die in vielen Fällen eine meinungsbildende und nicht selten eine einschüchternde Wirkung auf andere Teilnehmer oder sogar die Gesamtgruppe haben. Jeder findet sich ständig in neuen Gruppenkonstellationen und muss lernen, sich zu arrangieren. Das lehrt viele, dass der »ach so dumme …, unangenehme …, eingebildete … (Mit-)Teilnehmer« oft ganz anders ist als gedacht.

Überdies stellen Spiele ausgesprochen unterschiedliche Anforderungen an die Spieler. So werden unterschiedlichste Talente gefordert und viele Teilnehmer, die im klassischen Frontalunterricht den Kürzeren ziehen, finden in den Spielen die Möglichkeiten, ihre vielfältigen Fähigkeiten zu zeigen.

Und natürlich haben Menschen unterschiedliche Reaktionsgeschwindigkeiten. Im Plenum haben manche keine Chance, selbst einmal eine Antwort zu geben beziehungsweise mitzureden, da andere häufiger reden oder schneller reagieren als sie selbst. Auditive und Kinästheten zum Beispiel bleiben vielfach hinter den visuellen Schnelldenkern zurück. Das Arbeiten in kleinen Lernteams eröffnet durch die variierenden Gruppenzusammensetzungen jedem ein eigenes Tun, Denken und Mitgestalten.

Wie kann das Spielen den Trainer entlasten? Durch Spiele kann der Trainer einen Teil seiner Verantwortung in die Gruppe delegieren, denn er ist nicht mehr permanent für den Lernprozess verantwortlich und für alles zuständig. Das ist keine Bequemlichkeit, denn dieser Verzicht ist auch ein – manchmal schmerzhafter – Verzicht auf Aufmerksamkeit und Anerkennung. Doch so kann ein Trainer seinen Teilnehmern mehr Raum für ihre Bedürfnisse und eigene Erfahrungen einräumen. Das motiviert, denn eigenständige Aktivitäten können das Wissen der Teilnehmer viel stärker miteinbeziehen und besser nutzen als der klassische, konsumtive Frontalunterricht. Beim Selbst-aktiv-Sein kann der Teilnehmer das Gelernte austesten. Erfolge zu erleben macht zudem einen Heidenspaß. Auch das ist ein Vorteil des Spielens.

Inwiefern fördert Spielen den Transfer in Praxis? Spielen bedeutet, das Gelernte praktisch zu bearbeiten. Im Spiel, zum Beispiel in Simulationen, Rollenspielen und Experimenten, verlässt das Gelernte den Status des passiven und »nur« empfundenen Wissens und muss angewandt und ausgetestet werden. Erst damit wird Wissen wirklich sinnvoll, weil es uns praktisch nützen und das Leben erleichtern, verbessern oder bewältigen helfen kann.

Spielen verändert den sozialen Umgang. Gespielt wird meistens in Paaren, alleine oder in Gruppen, seltener im Plenum. Spielen findet also in immer veränderten Sozialformen statt. Es fordert den Einsatz und die Aktivität der Teilnehmer. Jeder muss sich einbringen und keiner kann sich einen »Schutzraum« suchen, in dem er »abtaucht«. Gerade durch unterschiedliche Gruppenzusammensetzungen beschenken Sie Ihre Teilnehmer, von denen sicher viele dazu neigen, mit den stets gleichen Personen zusammenzuarbeiten. Die Kooperation mit und in immer neuen Teams erhöht in der Regel die Vertrautheit in der gesamten Gruppe und verbessert das Miteinander. So beeinflussen Sie die Gruppendynamik positiv. Die Teilnehmer lernen die Fähigkeiten und Talente der Mitspieler schätzen, entdecken in den vielfältigen Situationen völlig unerwartete Seiten der anderen und entwickeln so mehr Respekt. Zugleich erlebt jeder nicht nur Erfolge, sondern auch ein Scheitern, aber ein spielerisches. So werden viele etwas demütiger und präsentieren sich sowohl bescheidener als auch sensibler und respektvoller in der Gruppe.

Sie sehen also, bei einem Vergleich von Befürchtungen und Vorteilen müssen sich Spiele und das spielerische Arbeiten nicht verstecken. Der Nutzen, den Sie aus ihnen ziehen können, ist vielfältiger und umfangreicher als mögliche Nachteile.

Doch kommen wir jetzt zu grundlegenderen Aspekten, der Frage, was denn eigentlich ein Spiel ist und wie es sich abgrenzt zum Beispiel gegen ernsthafte Übungen. Und welchen Stellenwert hat das Spiel im suggestopädischen Unterricht im Vergleich zum »normalen«?

Die Funktion von Spielen im »normalen« und im suggestopädischen Unterricht

Grundlegende Informationen zum Thema Suggestopäde erhalten Sie als Download im Internet unter www.beltz.de. Geben Sie den Buchtitel ein und klicken Sie das Download »Suggestopädisch trainieren = mit Gefühl, Verstand und Kompetenz trainieren« an.

Im suggestopädischen Unterricht hat das Spiel eine gänzlich andere Rolle als im »normalen«. Im normalen Unterricht unterbricht man den »harten« und »schweren« Unterricht durch ein Spiel. Ein Spiel hat also eher den Charakter eines »Breaks«. Häufig bekommen Sie das direkt gesagt, zum Beispiel »Jetzt machen wir mal ein Spiel.« Das bedeutet, Spiele haben im »normalen« Unterricht keinerlei Nutzen, außer dem eines netten Zeitvertreibs.

Im suggestopädischen Unterricht dagegen lernen die Teilnehmer durch Spiele und ähnliche Aktivitäten. Das Spielen *ist* das Lernen!

Wer also Spiele und vergleichbare Aktivitäten einsetzen will, der muss grundsätzlich umdenken und seinen Teilnehmern diesen Umdenkprozess ebenfalls ermöglichen.

Was ist ein Spiel? Was ist eine Übung?

Dieses Umdenken beginnt bereits, wenn wir uns den Begriff »Spiel« näher anschauen. Unter diesem Begriff wird viel zusammengefasst. Die meisten Menschen denken zuerst an die guten alten Kinderspiele. Doch damit haben Spiele im Training, also Lern- und Wissensspiele, eher wenig zu tun.

Im Lexikon der deutschen Sprache wird das Spiel definiert als »allgemeine Tätigkeit, die aus Freude an ihr, ihrem Inhalt oder Resultat durchgeführt wird«. Wenn wir also aus lauter Freude am Rechnen, »nur so zu unserem Spaß« Mathematikübungen durcharbeiten, spielen wir! Über die Übung heißt es demgegenüber, sie sei »das Ausüben von etwas, … eine einzelne, öfter wiederholte Handlung«. Übung und Spiel sind also längst keine Gegensätze, wie meist angenommen. Sie stehen vielmehr in einer komplementären oder sich überschneidenden Beziehung und unterscheiden sich wesentlich durch ihre Absicht. Die Übung ist im Kern das Ausüben von Handlungen, um Erfahrungen zu machen und Gewohnheiten und Routine zu generieren. Ihre Möglichkeiten sind eher begrenzt und daher bieten Übungen im Unterricht nur begrenzte Variationsmöglichkeiten. Häufiges Üben führt deshalb größtenteils zu Gleichförmigkeit und Langeweile. Die Definition des Spieles hingegen ist wesentlich umfassender, denn alle möglichen Tätigkeiten können ein Spiel sein, auch Übungen. Teils müssen sie nur einen spielerischen Charakter bekommen, zum Beispiel durch den Anschein eines Wettbewerbs, und schon wird aus einer Übung ein Spiel.

Das Spiel setzt jedoch andere Schwerpunkte:

- Es handelt sich um eine Tätigkeit, die Freude stiftet, und
- diese Tätigkeit wird um eines Sinnes willen ausgeübt.

Und jetzt stellt sich die Frage, warum wir so oft diesen Gegensatz kreieren? Warum sollte eine Übung keine Freude machen dürfen? Warum sollten wir Inhalte nicht spielerisch vertiefen, wiederholen, erarbeiten? Warum muss Lernen freudlos, trocken und langweilig sein?

Spielen – das ist Lernen, das Spaß macht

Spielen ist Lernen, das Spaß macht, und deswegen besonders effektiv ist. In der Suggestopädie ist spielerisches Arbeiten aus diesem Grunde eines unserer wichtigsten Arbeitsprinzipien. Es wird im Spiel und durch das Spiel gelernt.

Aber warum ist Spielen so effektiv? Die Suggestopädie sieht viele Gründe, die sich im Wesentlichen zwei großen Linien zuordnen lassen:

- Spielen unterstützt das Behalten und den Transfer in die Praxis.
- Spielen wirkt desuggestiv.

Spielen unterstützt das Behalten. Spielen unterstützt unser Gedächtnis durch Reproduktion, Wiederholung, situative (Ent-)Kopplung und multisensorisches, also multiples Abspeichern. Es ermöglicht die Überführung des kognitiven in intuitives Wissen. Und genau dieses intuitive Wissen ist jenes, das uns im Alltag ein schnelles und situationsadäquates Handeln ermöglicht. Sie praktizieren es, wenn Sie »aus dem Bauch« heraus »richtig« handeln. Doch intuitives Wissen erwerben wir nicht ohne Übung. Spielen weckt in uns Neugier und motiviert uns zu einer neuen und ständig anderen Auseinandersetzung mit dem Lernstoff. Es produziert stets neue Lernsituationen, in denen wir das Gelernte immer wieder neu einsetzen. So unterstützt Spielen ein vertieftes und vielseitiges Behalten.

Spielen reproduziert »passives« Wissen. Eine Präsentation oder ein Vortrag führt zum Vorhandensein von »empfundenem« oder »passivem« Wissen. Das heißt, der Teilnehmer hat es aufgenommen, partiell abgespeichert und ist in der Lage, teilweise dieses abgespeicherte Wissen wiederzuerkennen. Man definiert dies als »passives« Wissen, weil der Teilnehmer es üblicherweise noch nicht reproduzieren kann und erst recht noch nicht anwenden. »Empfundenes« Wissen ist eine Vorstufe des Wissens: Wir haben etwas gehört oder gelernt. Anschließend wissen wir oft, dass wir es gehört und bearbeitet haben, doch wir sind manchmal noch nicht einmal in der Lage, es wiederzuerkennen.

Spiele, die die Suggestopädie insbesondere nach Stoffpräsentationen einsetzt (Primär- und Sekundäraktivierung), wiederholen das vermittelte Wissen. Es muss im Spielverlauf wiedererkannt, häufig auch diskutiert und damit reproduziert werden. So prägt sich das Gelernte besser ein und wird aktiv verfügbar.

Spiele ermöglichen notwendige Wiederholungen. Da die Suggestopädie meist mehrere Spiele miteinander kombiniert – in der Primäraktivierung (der ersten Bearbeitung des frisch Gelernten) werden meist drei bis fünf Aktivitäten angegeben –, ermöglichen Spiele durch ihre Vielseitigkeit und den Spaßeffekt notwendige Wiederholungen. Damit nutzen wir diese Arbeitsform gedächtnistechnisch optimal. Das neu Gelernte festigt sich, Begriffe und Definitionen zum Beispiel prägen sich die Teilnehmer spielerisch ein.

Spiele ermöglichen eine situative Kopplung oder Entkopplung. Wie Informationen abgespeichert werden, wird durch den Kontext mitbestimmt. Klassische Übungen, die meistens weitgehend gleichförmig ausgelegt sind, führen nur dazu, dass sie bestimmte Situationen präsentieren und ein Handlungsrepertoire nur für vergleichbare Situationen vermittelt wird: Wissen wird situativ gekoppelt. In der Rhetorik wird zum Beispiel von der »großen Rede« gesprochen und diese Situation wird meist geübt. Deshalb wenden viele Teilnehmer die Grundregeln für Gestik, Mimik … nur in der »großen Rede« an. Dass sie sie im Gespräch, bei einer Beschwerde und ähnlichen Situationen ebenfalls anwenden können, ist ihnen nicht bewusst.

Spiele dagegen stellen das gelernte Wissen in möglichst unterschiedliche Szenarien und Kontexte, nehmen es sogar aus den bekannten Hintergrundsituationen heraus, zum Beispiel das »Lern-Memory« (s. S. 172 ff.) oder das »Lern-Tabu« (s. S. 238 ff.). So wird das Gelernte ohne einschränkende Rahmenbedingungen abgespeichert und situativ entkoppelt. Auch der umgekehrte Weg ist möglich: In Ihren Spielen können Sie sehr verschiedene Situationen kreieren, zum Beispiel in Sketchen oder Assoziationsübungen. So koppeln Sie das Wissen mit verschiedenen Situationen und können auf diese Weise einen vergleichbaren Effekt erzielen.

Situatives Koppeln stellt also den Assoziationsrahmen dar, in dem Wissen verknüpft ist und verfügbar gemacht wird.

Spiele sind multisensorisch und sorgen für multiples Abspeichern von Informationen. Spiele sind üblicherweise Aktivitäten. Aktiv sind dabei nicht die Trainer, sondern die Teilnehmer. Aktiv sein bedeutet, Lernstoff zu bearbeiten, in Augenschein zu nehmen, zu diskutieren und zu be-greifen. So werden alle unsere Sinne angesprochen. Das führt wiederum zur Aktivierung der verschiedenen Hirnareale, die für unsere Sinne zuständig sind. So wird das Gelernte simultan und zusammenwirkend in verschiedenen Gedächtnissen abgespeichert und miteinander verknüpft. (Mittlerweile hat die Gehirnforschung bewiesen, dass wir nicht nur über ein, sondern mehrere, verschiedenartige Gedächtnisse verfügen.) Gleichzeitig verstärkt sich das multisensorisch bearbeitete Wissen, wie einschlägige Untersuchungen zeigen, und dies erhöht den Behaltenswert.

So unterstützt der multisensorische Charakter von Spielen das Behalten und Assoziieren des Gelernten.

Spiele ermöglichen neben dem kognitiven auch intuitives Wissen. Insbesondere wenn Sie eine Sprache oder das Autofahren lernen, erfahren Sie, dass es zwei Arten oder Grade von Wissen und Beherrschen einer Materie gibt: Kognitives und intuitives Wissen.

Zunächst lernen wir zum Beispiel eine Vokabel oder Grammatik und wollen sie dann in einer Situation anwenden. Dazu legen wir uns im Geiste zunächst die Formulierung zurecht. Erst zeitverzögert sprechen wir sie dann in der Fremdsprache aus. Bevor wir wirklich handeln, überlegen wir also erst einmal: »Was muss ich jetzt tun?«, spielen das durch und werden dann erst aktiv. Beim Autofahren ist das ebenfalls gut zu beobachten: »In welche Richtung muss ich den Blinkerschalter drücken, um rechts zu blinken?«

Wenn wir eine Sprache oder das Autofahren wirklich beherrschen, denken wir nicht mehr über das nach, was wir sagen oder tun müssen, sondern handeln aus dem Bauch heraus – intuitiv. Diese Art von Wissen ist es, die uns das Leben maßgeblich erleichtert und als »Meisterschaft« bezeichnet wird.

Gerade dieses intuitive Wissen entwickelt sich im Spiel. Wir üben im Spiel das Gelernte, ohne dass wir uns dessen bewusst sind, so fördern wir die Entwicklung des intuitiven Wissens.

Spiele wirken, weil sie neugierig machen und so motivieren. Spiele machen Spaß, sind interessant, stellen gefahrlose Herausforderungen dar. Vielleicht haben Sie schon einmal spontan eine Unterlage durchgeblättert und Begriffe, die Sie interessieren, nachgelesen. Solche Informationen prägen sich meist tiefer ein, weil sie mit einer viel größeren Aufmerksamkeit aufgenommen werden. Spiele öffnen unseren Geist auf die gleiche Weise und stiften damit höhere Aufmerksamkeit. So unterstützen Sie unser Gedächtnis.

Spiele sind aktive »De-Suggestionsarbeit«. Die zweite große Linie neben der gedächtnisfördernden Wirkung von Spielen besteht in ihrer de-suggestiven Wirkung. In der Suggestopädie ist eines der großen Lernziele die »De-Suggestion«, also das Beseitigen von Lernhemmungen. Lernhemmungen können unterschiedlichste Ursachen haben. Die wohl häufigsten Ursachen sind:

- soziale Angst,
- Versagensangst,
- Glaubenssätze sowie
- falsche Lerntechniken.

Hier wirken sich Spiele sehr positiv aus, denn Spiele

- wirken atmosphärisch,
- bieten Schutzräume,
- enthierarchisieren,
- mindern Versagensängste,
- arbeiten durch die »Hintertür« und
- verändern die Einstellung der Teilnehmer.

Eine wirksame Beseitigung von Lernhemmungen verändert das Selbstbild und damit das Verhalten unserer Teilnehmer. Sie werden risikofreudiger und lassen ihrem Spieltrieb freien Lauf. Sie werden verständiger und prägen sich Neues leichter ein. So erhöht letztlich – nur auf andere Weise – die desuggestive Komponente des Spielens auch wieder die Lern- und Behaltenseffekte. Deswegen machen Spiele im Training so viel Sinn. Und wie funktioniert das konkret?

Spiele machen Spaß. Spiele machen Spaß und erzeugen damit eine ungewohnte Lernatmosphäre: Heiterkeit, Freude, Unbeschwertheit …

Aus suggestopädischer Sicht ist diese atmosphärische Wirkung nicht nur ein angenehmer Nebeneffekt, sondern ein zentraler Faktor. In einer heiteren

Atmosphäre ist der Mensch am aufnahmefähigsten, wie die Gehirnforschung festgestellt hat. In einer entspannten, angenehmen Atmosphäre funktioniert die Impulsfortleitung (die Weitergabe von elektrischen Signalen/Informationen von Zelle zu Zelle), werden Informationen positiv eingekleidet und auch positiv im Gedächtnis abgespeichert.

Dieses Lernklima macht unsere Teilnehmer experimentierfreudiger. Je mehr sie experimentieren, desto stärker verarbeiten sie das Gelernte, loten Möglichkeiten aus und entwickeln viele Wege, das Gelernte zu nutzen. Das erhöht die Wahrscheinlichkeit einer späteren Anwendung in der Praxis. So mindert die positive Lernatmosphäre Versagensängste.

Das Experimentieren bedeutet aber auch, dass unsere Teilnehmer den Stoff mit allen Sinnen be- und verarbeiten. So werden mehr und vielfältigere Informationen abgespeichert und das Behalten des Gelernten verstärkt.

Spiele bieten Schutzräume. Spiele finden meist in Kleingruppen statt. Die Aufmerksamkeit, die auf einem Einzelnen ruht, ist dabei wesentlich geringer als in einer Plenumsrunde. Deswegen melden sich schüchterne und unsichere Menschen in den kleinen Gruppen eher zu Wort, reden und arbeiten eher mit als in einer Großgruppe. Diese Wirkung können Sie noch verstärken, in dem Sie im Hintergrund eine Geräuschkulisse schaffen, die einzelne Redebeiträge einhüllt. Dazu können Sie Musik einsetzen oder mehrere Gruppen parallel arbeiten lassen. In einer solchen Situation sind einzelne Beiträge nur noch im kleineren Kreis zu verstehen und es wird eine intime Atmosphäre geschaffen, bei der die anderen Gruppen »außen vor sind«.

Darüber hinaus sind Kleingruppen oft kooperativer und fürsorglicher miteinander. Auch das enthemmt und führt dazu, dass alle Teilnehmer aktiver werden und den Lernstoff intensiver bearbeiten. Gut für das Gedächtnis.

Spiele enthierarchisieren. Spiele, insbesondere wenn die Kleingruppen immer wieder neu gemischt werden, enthierachisieren eine Gruppe. Sie verhindern, dass sich (zügig) eine Gruppenhierarchie wie zum Beispiel in Klassenverbänden etabliert, die Teilnehmern am Ende der sozialen Leiter das »Wort verschlägt«. In Spielen, die Gruppen immer wieder neu zusammenstellen und zugleich neue Anforderungen stellen, werden unterschiedliche Talente und Fähigkeiten gefordert. Das bietet jedem Teilnehmer früher oder später die Möglichkeit, zu zeigen, was er kann. So kann jeder seinen Status in der Gruppe positiv beeinflussen, werden Spötteleien und hässliche Bemerkungen nicht nur seltener, sondern in der Regel zu positivem, unterstützendem Feedback. Aus Auslachen wird Mitlachen.

Durch den Einsatz kooperativer oder konkurrierender Spiele können Sie diese Wirkung noch verstärken. Gruppensiege zum Beispiel ermöglichen mehreren Teilnehmern Erfolgserlebnisse. Das ermutigt viele Teilnehmer, sich im Training aktiver als sonst üblich zu beteiligen und den Stoff so wesentlich intensiver zu bearbeiten.

Spiele mindern Versagensängste und arbeiten durch die »Hintertür«. Spiele wirken atmosphärisch, schaffen Schutzräume und schweißen durch das gemeinsame Tun zusammen. Schon in diesem Zusammenhang mindern sie aktiv Versagensängste.

Doch die Wirkung kommt noch auf andere Weise zustande, denn Spiele lenken die Aufmerksamkeit des Teilnehmers von der Information und dem Lernstoff ab. Vordergründig wird das Lernen zu einem Nebeneffekt und verliert an Schrecken. Der Lernstoff wird durch die Hintertür eingeschleust. Damit haben Versagensängste, die ja bis zu einem Blackout führen können, nur noch wenig Raum.

Darüber hinaus wirken viele Fehler und Pannen in Spielen ausgesprochen erheiternd, machen sogar den Reiz des Spieles aus. Ein »Mensch ärgere dich nicht« zum Beispiel würde nie so viel Spaß machen, wenn man nicht auch mal herausflöge. Das ist zwar ärgerlich, aber schon im nächsten Moment versucht man wieder aufzuholen. In einem Spiel erwartet keiner Perfektion, sondern einen spielerischen, experimentellen und kreativen Umgang mit den Inhalten. Diese Effekte nutzen Suggestopäden mit dem Einsatz von Spielen.

Spiele verändern die Einstellung der Teilnehmer. Weil Spiele so viel Spaß und so viele Erfolgserlebnisse ermöglichen, verändern sie unsere Einstellungen. Lernen ist kein mühseliger Prozess mehr, sondern ein interessantes, abwechslungsreiches Abenteuer. Lerngeschwindigkeit und Talente sind nicht mehr so wichtig wie im traditionellen Unterricht, da der aktivierende und multisensorische Charakter alle Fähigkeiten und Fertigkeiten fordert. »Langsamdenker« finden genauso wie »Schnelldenker« ihren Aktionsraum und können den Lernstoff angemessen verarbeiten.

Daraus entwickelt sich in der Regel eine positivere Grundeinstellung dem Lernen gegenüber. Der Teilnehmer erlebt und erwartet eher Erfolge als Misserfolge. Zusätzlich ändert er üblicherweise seine Einstellung Fehlern gegenüber. Sie werden nicht mehr als Versagen oder Blamage empfunden, sondern als Treppenstufen zum Erfolg. Auch das wirkt auf die Denk- und Behaltensprozesse ein und beeinflusst sie positiv.

Der Einsatz von Spielen im Training und Unterricht

Im ersten Abschnitt habe ich Ihnen erläutert, warum Spiele im Unterricht und im Training sinnvoll sind, und ich hoffe, ich habe Ihnen sowohl den Sinn deutlich gemacht als auch Argumente geliefert, mit denen Sie Skepsis und Einwänden begegnen können. Jetzt geht es um den Einsatz von Spielen in Ihren Seminaren oder Trainings oder in der Schule.

Das »Spiel« – eine Vielzahl von Arbeitsformen

Unter dem Begriff »Spiel« wird eine Vielzahl von Arbeitsformen zusammengefasst, die einen Zweck verfolgen und zugleich Spaß machen. Das Spektrum dieser Arbeitsformen reicht sehr weit. Dabei kann es sich um

- Textübungen,
- Lernspiele,
- Wissensspiele,
- Bewegungsspiele,
- Konzentrationsspiele,
- Assoziationsspiele,
- Kooperationsspiele,
- Denkspiele,
- Sprachspiele,
- Rollenspiele,
- Planspiele,
- Experimente,
- Wettbewerbe

und anderes mehr handeln.

Welches Spiel oder welche Art von Spiel Sie in Ihrem Unterricht oder Ihrem Seminar einsetzen, hängt weniger von der Kategorie des Spieles ab, sondern mehr von der Funktion und dem Zweck.

Spiele im Training haben sehr klare Funktionen. Zumeist handelt es sich um Wissenspiele, wie sie zum Teil im Fernsehen gezeigt werden, zum Beispiel »Lern-Jeopardy«(s. S. 148 ff.), »Wer wird Lern-Millionär« (s. S. 272 ff.) oder »Der große Lern-Preis« (s. S. 96 ff.). Sie lassen sich zu den folgenden großen Rubriken zusammenfassen:

- Lernspiele, die Wissen vermitteln oder festigen.
- Rollenspiele, die Denk- und Verhaltensmuster thematisieren.
- Planspiele, die Zusammenhänge illustrieren.
- Energizer (Energieaufbauübungen) oder Breaks/Separators – das sind meist Übungen oder Aktivitäten, die passive oder müde Teilnehmer wieder aktivieren sollen beziehungsweise ein Thema abschließen oder einen spürbaren Übergang zwischen zwei Themen setzen.
- Experimente, die Teilnehmern unter Umständen Rätsel aufgeben und dann mit dem Erarbeiten des Themas gelöst werden.

Die Bandbreite an Spielen, die uns zur Verfügung steht, ist also ziemlich groß. Angesichts dessen stellt sich die Frage: »Wie finde ich das richtige Spiel für das angepeilte Lernziel?«

Nach welchen Kriterien wähle ich ein Spiel aus?

Was ist wichtig, um zu entscheiden, welches Spiel Sie einsetzen? Wichtig sind folgende Faktoren:

- das Lernziel und der Zweck,
- der Inhalt,
- die Gruppe,
- die Gruppengröße,
- die Dauer/Länge des Spiels,
- der Zeitplan und der Zeitpunkt,
- die Gesamtkonzeption des Seminares sowie
- sonstige Rahmenbedingungen.

Das Lernziel/der Zweck. Zu diesem Punkt sollten Sie Überlegungen berücksichtigen wie:

- Was wollen Sie mit dem Spiel erreichen?

- Wollen Sie Ihre Teilnehmer munter machen?
- Wollen Sie Wissen vermitteln?
- Wollen Sie Wissen wiederholen?
- Wollen Sie das Wissen kreativ oder möglichst unverändert bearbeiten lassen?
- Wollen Sie …?

Prüfen Sie die Ihnen bekannten oder zur Verfügung stehenden Spiele daraufhin ab, was Sie als Ziel definiert haben.

Was soll der Inhalt sein? Welche Inhalte wollen Sie mit den Teilnehmern bearbeiten? Sollen Schlüsselwörter oder Fachbegriffe vertieft und gefestigt werden? Ist Ihre Absicht eher, Inhalte und Zusammenhänge bewusst zu machen? Je nachdem, was für Inhalte oder was für Wissen Gegenstand des Bearbeitens sein soll, müssen Sie andere Spiele wählen. Dabei helfen Ihnen für Ihren persönlichen Bedarf vielleicht folgende Checkfragen weiter:

- Welche Themen sollen bearbeitet werden?
- Welche Texte oder Grundlagen sollen herangezogen werden?
- Welche Art von Spiel will/kann ich einsetzen?
- Will ich (Fach-)Vokabular bearbeiten?
- Sollen Zusammenhänge, Abläufe oder Sachverhalte vertieft oder vermittelt werden?

Die Gruppe. Keine Gruppe reagiert wie die andere. Es gibt Gruppen, die sind ausgesprochen unkompliziert und spielfreudig, bei anderen dagegen müssen Sie erst Widerstände überwinden. Insbesondere »junge Erwachsene« sind oft in einer psychologisch schwierigen Situation. Sie fühlen sich nicht ernst genommen und verweigern sich Spielen gerne, weil sie »doch keine Kinder mehr sind«. Auch Inhousegruppen, bei denen sich viele Teilnehmer scheuen, etwas von sich preiszugeben, können Vorbehalte demonstrieren. Nehmen Sie sich deshalb im Vorfeld etwas Zeit für die Auswahl Ihrer Spiele, aber auch für die Einführung und Präsentation der Spiele. Folgende Fragen können Ihnen dabei helfen:

- Welches Alter hat die Gruppe?
- Wie ist die vermutliche Grundeinstellung der Gruppe?
- Kenne ich die Gruppe schon oder ist es eine neue?
- Ist die Gruppe bereits spielerfahren?

- Ist Skepsis oder Spielfreude zu erwarten?
- Handelt es sich um eine Inhousegruppe oder einen Klassenverband?
- Gibt es Ängste, Befürchtungen, Erfahrungen?

Die Gruppengröße. Ein adäquates Spiel auszuwählen bedeutet auch, dass die Gruppe in ihrer Gesamtheit spielen können »muss«. Sicher, Sie können »mal« eine Gruppe exemplarisch »vor« den anderen spielen lassen und ein Teil der Teilnehmer bildet das Publikum für diese Spielgruppe, doch auf Dauer geht das nicht. Daher gilt es, sich zu überlegen, wie alle Teilnehmer Gelegenheit zum Spiel erhalten können:

- Wie groß ist die Gruppe?
- Muss ich sie in Kleingruppen unterteilen?
- Wie sollte ich sie einteilen?
- Wie beeinflusst das Einteilen und das Spielen parallel in Kleingruppen den Zeitplan?

Die Dauer/Länge des Spiels. Spiele müssen natürlich in den Zeitplan Ihres Unterrichtes passen. Dauert ein Training einen Tag, dann ist es schwierig, für eine Wiederholung der neu eingeführten Fachbegriffe eine Stunde oder mehr zu investieren. Insbesondere »Anfänger« investieren in spielerische Einstiegsübungen gerne proportional zu viel Zeit und erzeugen so in der Gruppe schon zu Beginn Skepsis. Daher sind Überlegungen zur Dauer der geplanten Spiele wichtiger, als viele denken. Generell gilt: Ein Spiel sollte so lange dauern wie nötig, doch eben auch nicht länger als nötig. Vielleicht lachen Sie jetzt und denken, das sei doch logisch. Doch im Eifer des Gefechtes, »wenn es doch gerade so schön ist«, lassen wir uns oft verführen, ein Spiel unnötig auszudehnen, um die Begeisterung auszukosten. Davor warne ich ebenso wie vor dem Einsatz von proportional zu langen Spielen. Ein Spiel ist in der Regel wirkungsvoller, wenn es – was die Dauer angeht – kürzer ist.

- Wie viel Zeit habe ich (für ein Spiel) zur Verfügung?
- Wie lange dauert das geplante Spiel?
- Wie lange dauert (vermutlich) die Vor-, wie lange die Nachbereitung?
- Wie lange dauert die Einweisung?
- Wie viel Zeit muss ich für die Auswertung einplanen?

Der Zeitplan. Ein Spiel will aber auch in den Gesamtzeitplan eingepasst werden. Da stellt sich die Frage, wie intensiv Sie »spielen« lassen wollen:

- Wann bietet sich ein Spiel an?
- Wollen Sie es zur Vorbereitung eines neuen Lernstoffes einsetzen?
- Wollen Sie es zur Nachbereitung eines neuen Lernstoffes einsetzen?
- Soll das Spiel vormittags oder nachmittags platziert werden?
- Wann muss ich unter Umständen verzichten? (Und wie ersetze ich die Lerneffekte dann?)
- Auf welche Aktivitäten sollte ich in welchem Fall verzichten?

Die Gesamtkonzeption des Seminares. Jedem Seminar, jedem Unterricht liegt eine Gesamtkonzeption zugrunde. Da werden die einzelnen Bestandteile aufeinander abgestimmt, um einen systematischen Lernfortschritt zu ermöglichen. Das ist beim Einsatz von Spielen nicht anders. Um Langeweile und Redundanzen zu vermeiden, wird da zum Beispiel die Abfolge zu ähnlicher Spiele vermieden. Daher gilt es, sich hierzu einige Gedanken zu machen:

- Welche Aktivitäten sind vor oder nach dem avisierten Spiel geplant?
- Habe ich ähnliche Aktivitäten schon an anderer Stelle?
- Welche Lerneffekte will ich erzielen, was soll als Nächstes thematisiert oder erreicht werden?
- Wie häufig habe ich ähnliche Aktivitäten?
- Braucht es an dieser Stelle eher beruhigende oder eher aktivierende Elemente im Unterricht?

Sonstige Rahmenbedingungen. Zusätzlich gilt es, eine Reihe anderer, beschränkender Faktoren zu berücksichtigen:

- Wie ist die Raumsituation? Ist der Raum groß genug für meine geplanten Aktivitäten?
- Wer könnte wie betroffen sein von dem Spiel? Gibt es andere, die zum Beispiel durch Lärm oder Getrappel gestört würden?
- Muss ich eine andere Spielfläche finden?
- Gibt es Gefahrenquellen, die ich ausräumen oder berücksichtigen muss?
- Habe ich ausreichend Materialien für die Aktivitäten? Wie kann ich Fehlendes vor Ort ersetzen?

Diese Listen erheben keinen Anspruch auf Vollständigkeit, aber sie sollen Ihnen helfen, sich vergleichbare, auf Ihre Bedürfnisse zugeschnittene Checklisten anzufertigen, die Ihnen letztlich viel Arbeit ersparen können.

Die Vorbereitung: Führen Sie ein Spiel angemessen ein

Wenn Sie möchten, dass ein Spiel ernst genommen wird, sollten Sie es angemessen einführen. Eine solche angemessene Einführung betrifft verschiedene Ebenen.

Die angemessene Wortwahl. »Wir machen dazu jetzt mal ein Spiel«, ist tatsächlich ein Einführungssatz, der in der Praxis viel zu oft zu hören ist. Leider suggeriert das den Teilnehmern nicht, dass jetzt eine wohlüberlegte Übungssequenz folgt.

Je skeptischer die Gruppe ist, mit der Sie arbeiten dürfen, desto überlegter sollte Ihre Wortwahl sein. Ersetzen Sie unter Umständen den Begriff »Spiel« durch »Wissensspiel«, »Lernspiel«, »Übung«, »Aktivität«, »Wettbewerb« oder benennen Sie das Spiel mit seinem Namen, zum Beispiel »Lern-Puzzle«, »Lern-Domino«, »Kreuzworträtsel« …

Die angemessene Grundhaltung. Ernsthaftigkeit sollte sich auch in Ihrem Auftreten, Ihrer Körpersprache zeigen. Giggeln oder Verkniffenheit sind – insbesondere bei skeptischen Gruppen – unpassend. Haben Sie Zweifel an dem, was Sie tun, dann dürfen Sie das ruhig mitteilen, zum Beispiel wenn Sie eine Übung zum ersten Mal selbst anleiten. Aber – erzeugen Sie nicht durch eine unangemessene Grundhaltung unnötig Vorbehalte in der Gruppe.

Erklären Sie Ihren Teilnehmern – sofern dies nicht etwas vorwegnimmt – den Zweck des Spiels. Viele Menschen, vielleicht gehören Sie selbst dazu, wollen wissen, warum etwas gelernt oder gemacht wird. Erklären Sie also, warum Sie sich für ein beziehungsweise dieses Spiel entschieden haben. So gewinnen Sie nicht nur Vertrauen, sondern strahlen auch Kompetenz aus.

Haben Sie Ihren Unterricht etwa nicht vorbereitet? Das kann ich mir nicht vorstellen. Haben Sie ihn vorbereitet, dann wissen Sie doch, was Sie tun, Sie haben sich Gedanken gemacht. Sorgfältige Vorüberlegungen und Vorbereitungen zahlen sich insbesondere dann aus, wenn Sie wirklich einmal daneben gelegen haben und ein Spiel schiefgegangen ist. Anhand Ihrer Vorüberlegungen können Sie im Falle eines solchen Scheiterns allein oder gemeinsam mit den Teilnehmern analysieren, warum »es« nicht passte. Die Teilnehmer fühlen sich nicht als missbrauchte und veräppelte Laborratten, sondern helfen Ihnen sogar, die Schwachpunkte zu analysieren.

Erläutern Sie den Ablauf des Spieles ausführlich und mit Geduld. Damit ein Spiel erfolgreich durchgeführt werden kann, sollten die Teilnehmer wissen und verstehen, wie es abläuft. Eine ausführliche Beschreibung, die Sie für sich selbst vorbereiten und dann gemäß Ihren Praxiserfahrungen optimieren, hilft sehr.

Erklären Sie das Spiel im Plenum und stellen Sie sich auf Fragen ein. Ihre Teilnehmer »ticken« anders als Sie, daher werden – meiner Erfahrung nach – auch bei einer noch so guten Beschreibung stets Fragen offenbleiben. Außerdem ist unser Hörverständnis begrenzt, daher schlüpfen Teile der Erklärung durch. Bleiben Sie also auch bei den Rückfragen geduldig. Sinnvoll kann es sein, das Spiel vorzuführen. Das beantwortet viele Fragen besser als jede theoretische Erklärung.

Planen Sie ausreichend Zeit für die gegebenenfalls notwendige Vorbereitung der Teilnehmer ein. In diesem Zeitraum sollten Sie für Rückfragen zur Verfügung stehen.

Bieten Sie Ihrem Teilnehmer ansprechende Materialien und Requisiten. Ansprechende und informative Materialen komplettieren die professionelle Einführung eines Spiels. Passende, attraktive und hochwertige Requisiten wirken ebenfalls suggestiv und vermitteln dem Teilnehmer, dass es sich bei dem Spiel um eine hochwertige, durchdachte Übung handelt.

Zur Durchführung des Spiels

Nun ist es so weit, Ihre Teilnehmer führen das Spiel aus. Bei einigen Spielen sind Sie – vielleicht als Moderator oder Spielleiter – selbst aktiv, bei anderen nicht, sondern Sie lassen die Teilnehmer selbstverantwortlich, also alleine spielen.

Dennoch sind Sie jetzt nicht »aus dem Spiel«. Im Gegenteil – ähnlich wie ein guter Moderator von Besprechungen haben Sie die Aufgabe, den Ablauf des Geschehens zu verfolgen. Nur so können Sie den Gang der Dinge steuern. Wie wichtig das sein kann, möchte ich Ihnen an einem Beispiel zeigen.

Ich habe ja bereits erwähnt, dass ich bei Amelie Funcke und Axel Rachow eine Fortbildung, die Ausbildung zum Spielemoderator, besucht habe. Im Rahmen dieser Fortbildung führten wir einen Gruppenwettbewerb durch: den »großen Lern-Preis«. Dieser Wettbewerb orientierte sich an der Quizsendung »Der große Preis«, den Sie vielleicht noch mit dem inzwischen verstorbenen Wim Toelke als Moderator kennen. Drei Gruppen spielten um den Sieg. Und »meine« Gruppe fiel sichtlich zurück. Einmal preschte ein Teilnehmer ohne Teamvotum auf eigene Faust vor – natürlich falsch – sonst wären wir ja nicht zurückgefallen, da konnten wir dann endlich Dampf ablassen: Wir riefen ihn also zur Räson: Gruppenentscheidung! Und – prompt war die Gruppenentscheidung ebenfalls falsch! Zuletzt fingen wir an, uns gegenseitig zu zerfleischen und die »falschen Empfehlungen« und »die Fehlentscheidung eines Einzelnen« wie verbale Florette hin- und herzuschwenken. Da änderte Amelie Funcke plötzlich die Regeln und die Verlierer bekamen einen Trostjoker, sodass wir aufholten. Plötzlich geriet das ganze Regelwerk in Bewegung, schon bald war sich keine Gruppe mehr des Sieges sicher. Der ganze Unmut hatte sich in Wohlgefallen aufgelöst und wir hatten einen Heidenspaß.

Nach der Übung tauschten wir unsere Eindrücke aus und Amelie Funke erklärte ihr Einschreiten. Alle wurden sehr nachdenklich und mit Sicherheit – das merken Sie sicher auch an meinen Äußerungen – diese Pflicht zur Achtsamkeit und Präsenz werden wir nicht mehr vergessen.

Sorgen Sie dafür, dass es allen Teilnehmern im Spiel gut geht. Ihre Aufgabe besteht also darin, dafür zu sorgen, dass sich alle Teilnehmer möglichst wohlfühlen. Ändern Sie demzufolge ruhig, wenn es denn notwendig ist, die Spielregeln. Aber achten Sie darauf, dass es gut nachvollziehbar ist, warum Sie so handeln. Auch den Umgang innerhalb der Teams sollten Sie im Blick behalten. Sobald Sie bemerken, dass Einzelne unfreundlich behandelt werden, greifen Sie ein.

Spielen mehrere Gruppen parallel, dann wandere ich stets zwischen ihnen hin und her, um sichtlich und spürbar präsent zu sein. Ergeben sich zum Beispiel Fragen oder Unsicherheiten, kann ich einhaken, unter Umständen Fehlentwicklungen vermeiden und aus Sackgassen heraushelfen. Dabei habe ich die Gelegenheit, das nachzutragen, was ich bei der Einführung vergessen habe. Haben einzelne Spieler, zum Beispiel bei Paar- oder Gruppenübungen, keinen Partner, dann springe ich ein. Auch das gehört zu einer erfolgreichen Durchführung von Spielen. Wenn Sie merken, dass Teile eines Spieles insgesamt missverstanden wurden, dann sollten Sie unterbrechen und die betreffenden Felder erneut erklären, sodass das Spiel jetzt seinen Zweck erfüllen kann.

Der Abschluss und die Auswertung

Ist ein Spiel abgeschlossen, sollten Sie – so meine Erfahrung – nicht kommentarlos zum nächsten Programmpunkt übergehen. Wenn ich selbst in Fortbildungen war, habe ich in solchen Fällen meist den Eindruck gehabt, dass die Übung unvollendet geblieben ist. Hier schätze ich besonders die Stärke von Werner Simmerl, bei dem ich ebenfalls Fortbildungen besucht habe, der nach jeder Übung, nach jedem Spiel ein Lehrgespräch beziehungsweise ein Plenumsgespräch als Abschluss durchführte. Das machte die Übung oder das Spiel zu einer runden Sache.

Und was wird da thematisiert? Nun, zum einen die Frage, wie es den Teilnehmern in der Übung gegangen ist: Haben sie sich wohlgefühlt? Oder unwohl? Welche Erfahrungen haben sie gemacht? Welche Einsichten haben sie gewonnen? Was hat ihnen die Übung im Hinblick auf das Seminar- oder Übungsziel gebracht? Auf diese Weise können Sie sich rückversichern, ob Sie dieses Spiel aus Sicht der Teilnehmer gut durchgeführt haben. Bekommen Sie die Rückmeldung, dass Teilnehmer sich nicht wohlfühlten, dann sollten Sie herausfinden, woran das lag und gegebenenfalls künftig sogar die Durchführung insgesamt ändern.

Dieses Abschlussgespräch ist zudem Ihre ganz persönliche Erfolgskontrolle, mit der Sie feststellen, ob Sie Ihr angepeiltes Zwischenziel erreicht haben. In diesem Gespräch haben Sie auch die Gelegenheit, Erklärungen zu ergänzen und zu komplettieren, Missverständnisse zu beseitigen und Lücken zu schließen und den Zusammenhang zwischen Spiel und Lerninhalten explizit herzustellen. Das Abschlussgespräch erst macht ein Spiel rund.

Wann ist denn nun die Zeit für ein Spiel?

Das war eine der Fragen, die ich mir gestellt habe, als ich anfing, Spiele in meinen Trainings und Seminaren einzusetzen. Wann Spiele verwendet werden, dafür gibt es nur Faustregeln und natürlich kommt es viel auf Ihre Erfahrung, Ihren Methodenfundus und auch auf die Gruppe an. Allgemein lassen sich folgende Tipps formulieren, die sich aus den Lehrsätzen der Suggestopädie und aus meiner Praxiserfahrung ergeben.

Zeit für ein Spiel ist in der Regel nach einer rezeptiven Lernsequenz. Dabei kann es sich um ein Lehrgespräch, einen Vortrag oder eine Präsentation gehandelt haben. Das aufgenommene Wissen soll wiederholt und gefestigt werden. Eine rezeptive Lernsequenz bedeutet in der Regel, dass Teilnehmer über einen gewissen Zeitraum hinweg Informationen »nur« aufgenommen, also konsumiert haben. Das ermüdet und versetzt sie oft in eine Art lethargischen Zustand. Wenn sie aber den Lernstoff in einer Übung bearbeiten sollen, dann ist es wichtig, sie aus diesem Zustand herauszuholen. Das schaffen Sie zum Beispiel mit bewegungsintensiven Spielen. Das kann dann der Auftakt für eine klassische Übung sein.

Vor oder nach einer Pause lassen sich Spiele gut einsetzen. Nach einer Pause, insbesondere nach der Mittagspause, sind Teilnehmer oft etwas träge und es tut dem Lernprozess gut, wenn der Kreislauf angeregt wird. Ich setze dann gerne ein bewegungsintensiveres Lernspiel ein, um alle zu aktivieren.

Vor einer Pause bieten sich oft noch ein paar Minuten für ein Spiel an, die Sie gut für eine Wiederholungsübung nutzen können. Den Spaß und die Freude des Spiels nehmen die Teilnehmer meist mit in die Pause.

Das Gleiche gilt für das Ende des Unterrichts oder das abendliche Ende. Ein Spiel, das alle zum Abschluss noch einmal begeistert, hinterlässt ein Gefühl, das die Teilnehmer aus dem Unterricht mit nach Hause nehmen und bis zum Beginn des nächsten Unterrichtes in sich tragen. So beginnen sie die nächste Sequenz mit einer ganz anderen Motivation: Vorfreude.

Wenn die Gruppe neue Energie braucht, bieten sich Spiele an. Spielen aktiviert, und wenn Sie Trägheit im Raum spüren, dann kann ein Spiel Wunder wirken. Geist und Körper werden aktiviert und neue Energie getankt. Der nachfolgende Lernprozess verläuft dann viel leichter und besser.

Zeit für ein Spiel ist häufig vor der Vermittlung eines neuen Lernstoffs. Bevor Sie auf einen neuen Lernstoff eingehen, können Sie Wissensspiele zur Vorbereitung und als Entlastung einsetzen. Indem Sie Teile des neuen Lernstoffes vorab erspielen lassen, erleichtern Sie Ihren Teilnehmern die Aufnahme der später folgenden, meist ziemlich komplexen Inhalte. Vorab entlastende Spiele schaffen erste Grundstrukturen, die den Teilnehmern helfen, den später vermittelten Lernstoff besser abzuspeichern und leichter zu verstehen, indem zum Beispiel Gliederungen angeboten werden. Spielerisch können Sie mit solchen entlastenden Vorübungen auch das Wissen aktivieren, das die Teilnehmer bereits in Ihren Unterricht mitgebracht haben. So erkennen sie, dass schon einiges an Wissen vorhanden ist. Das mindert eventuell vorhandene Versagensängste meist deutlich.

Am Morgen oder am Abend beziehungsweise zu Beginn oder zum Ende einer Lerneinheit haben Spiele einen guten Platz. Zwar habe ich diesen Aspekt an anderer Stelle bereits thematisiert, doch der Vollständigkeit halber und um das Thema abzurunden, sei er hier nochmals aufgegriffen.

Eine Lerneinheit, zum Beispiel eine Stunde, einen Vormittag oder einen Tag, mit einem Spiel zu beenden, das hat viel für sich. Die meisten Spiele erfreuen die Teilnehmer, sie motivieren und aktivieren. Mit diesen positiven Gefühlen gehen sie dann aus dem Lernprozess heraus, in die freie oder nachfolgende

Zeit. Dieser motivierende Abschluss erzeugt zugleich Vorfreude auf die nächste Lerneinheit, die dann mit einem völlig anderen Gefühl erwartet und begonnen wird. Die Teilnehmer müssen nicht lernen, sondern dürfen lernen! Sie werden das spüren.

Zu Beginn einer Lernsequenz können Spiele ebenfalls eine positive Rolle spielen. Gerade dann hat ein Spiel ausgesprochen positive Effekte, wenn zwischen den Lernsequenzen einige Zeit lag. Inzwischen haben die Teilnehmer bestimmt schon wieder einiges vom Lernstoff vergessen. Ein Lernspiel, das die Inhalte der letzten Lernsequenz wieder auffrischt, macht Ihr Training nachhaltiger und den Teilnehmern wird bewusst, was sie beim letzten Mal alles geschafft haben! Auch das motiviert und häufig schafft diese Wiederholung den Boden für weitere Fortschritte.

Ein Spiel zu Beginn einer Lernsequenz hat zudem den Effekt, dass sich die Teilnehmer auf das Training und den Unterricht einstimmen und sich besser konzentrieren können. Bestimmt kennen Sie das selbst. Sie kommen zu einem Termin, doch Sie sind noch nicht ganz da. Vielleicht ärgern Sie sich über einen Beinahe-Unfall oder sind gedanklich noch bei einem aufregenden Erlebnis. Vielleicht denken Sie noch an die Kinder oder Sie beschäftigt die Frage, ob zu Hause der Herd auch wirklich abgestellt ist.

Spielerische Anfänge helfen den Teilnehmern, im Hier und Jetzt anzukommen und machen alle, die noch nicht ganz wach sind, munter.

Bedenken Sie Risiken. Wie schon ausführlich dargestellt, bringen Spiele Risiken mit sich. Doch an dieser Stelle möchte ich andere Risiken ansprechen: solche in der Durchführung.

Ich liebe Bewegungsspiele, wie zum Beispiel das »Begriffe-Wettrennen« (s. S. 54 ff.). Zum besseren Verständnis hier eine kurze Beschreibung: Für dieses Spiel werden Schlüsselbegriffe eines Themenkomplexes auf große Karten geschrieben, sodass Sie aus einer Entfernung von fünf oder sechs Metern noch gut zu lesen sind. Ich lese die Umschreibungen (möglichst witzige oder merkwürdige) dieser Schlüsselbegriffe vor und zwei konkurrierende Teams müssen raten, welcher Begriff gemeint ist. Haben sie eine Vermutung, so rennt je ein Teammitglied um die Wette, um die Karte zu erhaschen. Nun löse ich auf, ob diese Lösung richtig oder falsch ist.

Bei diesem Bewegungsspiel geht es häufig recht wild zu und oft genug kugeln die Teilnehmer über den Boden und rennen um die Wette. Das kann gefährlich werden, deshalb haben Sie bei solchen Spielen eine Sorgfaltspflicht:

- Räumen Sie alle Hindernisse und Gefahrenquellen aus dem Weg.
- Schaffen Sie eine Sicherheitszone um die Begriffe herum – für den Fall, dass jemand zu schwungvoll sein sollte.
- Warnen Sie Brillenträger.

Das ist aktive Fürsorge!

Jedes Spiel verläuft anders, deshalb: Planen Sie jedes Spiel im Vorfeld, beobachten Sie den Praxisverlauf sorgfältig und halten Sie nach möglichen Gefahrenquellen (egal ob körperliche oder geistige) Ausschau. Wenn es sein muss, intervenieren Sie. Kein Teilnehmer sollte körperlich oder seelisch zu Schaden kommen.

Wie kommen Sie an Spiele beziehungsweise Spielideen? Diese Frage werden Sie sich nicht mehr lange stellen, wenn Sie erst einmal angefangen haben, mit Spielen zu arbeiten. Schon bald, so die Erfahrung, werden Sie jede Menge eigene Ideen entwickeln und aus vorliegenden Spielen mit wenigen Modifikationen hochinteressante und effektvolle Wissensspiele zaubern.

Dabei müssen Sie nicht das Rad neu erfinden. Mit diesem Buch haben Sie eine Fülle von Lern- und Wissensspielen an der Hand. Falls Sie jedoch noch mehr Auswahl wünschen, holen Sie sich einfach Anregungen auf dem kommerziellen Spielemarkt! Es gibt mittlerweile eine Fülle von Lernspielen auf dem Markt zu kaufen. »Wer wird Lern-Millionär« habe ich bereits genannt.

Ein weiteres sehr wichtiges Hilfsmittel sind sogenannte Spiele- oder Methodensammlungen, die Trainer, Dozenten oder Lehrer mit Spiel- und Übungsideen versorgen: zum Beispiel »Ludus und Co.« von Axel Rachow, die »Methodensammlung« von Susanne Schramm und anderen oder auch die »Übungsbörse« von Artur Zoll, eine Übungssammlung auf CD-ROM. Etwas Vergleichbares gibt es übrigens auch von Werner Simmerl und eine weitere Sammlung ist im Ziel Verlag in Vorbereitung. Nicht zu vergessen ist eine Methodensammlung, die mein Kollege Edi Bauer entwickelt hat. Auf dem DGSL-Kongess in Hannover habe ich seine Spielmaterialien gesehen und war begeistert. Falls Sie daran Interesse haben, sollten Sie sie bei ihm direkt einmal anschauen oder sogar bestellen (www.edi-bauer.de).

Ausgezeichnetes Material stellen sowohl der Beltz Verlag (beispielsweise das Spielebuch von Gudrun F. Wallenwein oder das »Handbuch Active Training« von Bernd Weidenmann) als auch der Verlag managerSeminare und die TrainingMedia GmbH zur Verfügung. Dort finden Sie viele Spiele- und Methodensammlungen. Dann gibt es noch kleinere Spieleentwickler, wie zum Beispiel Irene Baguzki, die Spiele auf Maß anfertigt.

Natürlich sind das nicht alle einschlägigen Verlage, Ideenspender und Quellen; gerade für Lehrer gibt es noch viele andere, die jedoch nur bedingt auf die Erwachsenenbildung übertragbar sind. Im Bereich der EDV-Programme gibt es beispielsweise von DATA Becker ein Übungsprogramm, das eine Lernkartei simuliert. Einige Standardbeispiele machen Sie mit der Arbeitsweise vertraut und dann bietet Ihnen eine Bearbeitungsfunktion die Möglichkeit, eigene Lernkarten zu entwickeln. Das könnten Sie für Ihre Teilnehmer ebenfalls nutzen.

Es steht Ihnen also eine Vielfalt von Spielideen zur Verfügung und hier liegt die Gefahr eher im Überangebot als in einem Mangel. Die meisten Kollegen, die ich kenne, nutzen eine Handvoll Spiele, die sie variieren. Dieser Standardfundus zuzüglich der möglichen Variationen reicht größtenteils schon aus für einen abwechslungsreichen, spielerischen Unterricht.

Bei neuen Spielen empfehle ich, sie vorab zu testen. Das können Sie mit Freunden oder Kollegen. Die DGSL e.V. (Deutsche Gesellschaft für Suggestopädisches Lehren und Lernen gem. e.V.) zum Beispiel hat Kreativfilialen, die sich in der Regel vierteljährlich treffen. Dort bietet sich ein gutes Forum für solche Testläufe.

Die Lern- und Wissensspiele

Wie arbeiten Sie mit diesem Buch?

Jedes Spiel haben wir gleichermaßen aufgebaut und so in eine einheitliche Darstellung gebracht. Hier für Sie vorab die erläuterte Fassung.

Zu Beginn eines jeden Spieles stehen die Nummer, der Name des Spiels sowie der des jeweiligen Autors.

Ziel	Was erreicht beziehungsweise bewirkt diese Spielidee?
Ursprung/Quelle	Woher stammt die Spielidee? Wer oder was hat den Autor zu diesem Spiel inspiriert?
Lernstoff	Welchen Lernstoff können Sie mit diesem Spiel vermitteln?
Anzahl der Teilnehmer	Gibt es pro Spiel eine Mindest- oder Höchstzahl an Teilnehmenden?
Dauer	Wie lange dauert eine Spielrunde? Wie oft sollte gegebenenfalls gespielt werden?
Umfang	Wie viele Karten oder Informationen pro Spiel sind ideal? Was sollten Sie beim Über- oder Unterschreiten dieser Zahl berücksichtigen?
Materialien und Vorbereitung	Welche Materialien braucht es für dieses Spiel? Wie werden sie erstellt? Brauchen Sie gegebenenfalls mehrere Spielsätze? Was müssen Sie vor der Durchführung des Spieles vorbereiten?
Materialien	Übersicht der eingesetzten Materialien auf einen Blick.
Ablauf und Spielregeln	Wie wird gespielt? Welche Regeln müssen Ihnen und den Teilnehmern bekannt sein?

Auswertung	Sollten Sie das Spiel auswerten und wenn ja, wie? Gibt es verschiedene Auswertungsmodi? Wie stellen Sie den Bezug des Spieles zum Lernstoff dar? Welche Rückmeldungen der Teilnehmer sollten Sie einholen?
Varianten	Kann man das Spiel in verschiedenen Varianten durchführen? An dieser Stelle werden mögliche Varianten aufgezeigt, die Sie natürlich gerne noch weiter verändern können.
Gefahren und Risiken	Können bei der Durchführung Gefahren, Risiken oder Probleme auftauchen? Wie kann man ihnen vorbeugen und wie kann man sie vermeiden?
Niveau und Vorkenntnisse	Wo kann man dieses Spiel einsetzen? Nur bei Anfängern? Sogar bei Anfängern? Ist es frei zuschneidbar? Ist es eher nur für Fortgeschrittene geeignet? Diese Informationen erhalten Sie an dieser Stelle.

☑ Anfänger ☑ Fortgeschrittene

Schwierigkeitskontrolle	Kann das Spiel gegebenenfalls zu schwer werden? Wie können Sie das kontrollieren? Was gilt es zu beachten?
Raumbedarf	Wie hoch ist der Raumbedarf? Gibt es besondere Ansprüche an die (Spiel-) Flächen? Die meisten Spiele sind für drinnen gedacht und ausgelegt, doch viele lassen sich zum Beispiel bei schönem Wetter auch nach draußen verlegen.

☑ Indoor ☑ Outdoor

Tipps	Gibt es noch besondere Tipps für die Durchführung? Etwas außer der Reihe zu berücksichtigen?
Lernprozess und Kreislaufabschnitt, Lernkanal	Wo im Lernprozess beziehungsweise Unterricht können Sie dieses Spiel sinnvollerweise einsetzen? Sie finden diese Informationen allgemein erläutert und in der kleinen Übersicht die speziellen suggestopädischen Begriffe, die den Einsatz im suggestopädischen Sinn leicht und übersichtlich machen.

Als Hintergrundinformation für »Nicht-Suggestopäden« habe ich eine Einführung in die Suggestopädie am Ende des Buches eingefügt.

Vielleicht haben Sie schon einmal von dem Konzept der Lerntypen oder Lernkanäle gehört? Unterschieden werden drei beziehungsweise fünf Kanäle, über die wir Informationen aufnehmen und verarbeiten: das Auge (visuell), das Ohr (auditiv), die Nase (olfaktorisch), die Zunge (gustatorisch), den Körper/das Empfinden (kinästhetisch). Relevant für den Unterricht sind vor allem drei Lernkanäle: der visuelle, auditive und kinästhetische. Hier haben wir für Sie die Angaben zusammengestellt, die Ihnen die Arbeit mit den Spielen erleichtern. Gerade in Zeiten von ADS und ADHS ist das für Sie vielleicht besonders nützlich.

Lernprozess und Kreislaufabschnitt				
Einführung	Primäraktivierung	Sekundäraktivierung	Transfer	Integration
✓	✓	✓	✓	✓
Lernkanal (V-A-K)				
Visuell		Auditiv		Kinästhetisch
✓		✓		✓

Beispiel   Hier finden Sie jeweils ein Beispiel für die Anwendung in der Praxis.

Es gibt natürlich Spiele, für die der eine oder andere Punkt nicht näher ausgeführt wird. Beispielsweise, wenn es keine Quelle gibt, weil das Spiel von den jeweiligen Autoren selbst erfunden wurde. In solchen Fällen wird der jeweilige Punkt einfach weggelassen.

01 Auge in Auge

Claudia Grötzebach

Ziel	Lernwettbewerb, bei dem Fragen möglichst schnell richtig beantwortet werden müssen. Das Wissen soll schnell abgerufen werden können.
Ursprung/Quelle	Im Fernsehen gab es einmal – so erinnere ich mich dunkel – eine Sendung, in der zwei Spieler Fragen um die Wette beantworten mussten. Sie bekamen dazu zwei »Qietscher« in die Hand und wer die Antwort wusste, musste so schnell wie möglich den Quietscher drücken.
Lernstoff	Sie können dieses Spiel sehr variabel gestalten. Nach Daten, Personen, Ereignissen oder Definitionen fragen. Sie können ebenso Ja/Nein-Fragen stellen.
Anzahl der Teilnehmer	6–20 Teilnehmer. Die Teilnehmer sollten je zwei- bis dreimal an die Reihe kommen.
Dauer	Ungefähr 30 Minuten.
Umfang	Etwa 20–40 Fragen.
Materialien und Vorbereitung	Sie bereiten eine Liste mit Wissens- und/oder Scherzfragen vor. Vor Ort bauen Sie einen (am besten länglichen) Tisch auf und platzieren die zwei Quietscher an jeweils einem Ende. Sie positionieren sich mit Ihren Fragen dahinter. Die Eieruhr stellen Sie vor sich hin.

Materialien	<ul><li>Wissens- und/oder Scherzfragen,</li><li>ein Tisch,</li><li>zwei Quietscher sowie</li><li>eine Eieruhr.</li></ul>

Ablauf und Spielregeln

Es geht um einen Lernwettbewerb, bei dem es um Wissen und Schnelligkeit geht. Dazu bilden Sie zwei Teams, die sich in je einer Reihe aufstellen. Der Erste eines Teams steht direkt vor dem einen Tischende, wo er »seinen« Qietscher gut erreichen kann. Das andere Team steht auf der gegenüberliegenden Tischseite. Dann verlesen Sie die Frage und stellen die Eieruhr auf die Maximalzeit ein. Wer zuerst glaubt, die Antwort zu kennen, gibt ein Zeichen mit seinem Qietscher. Sie fragen nach der Antwort und wenn sie richtig ist, bekommt das Team einen Punkt. Ist die Antwort falsch, hat das andere Team die Chance auf eine Antwort, das erste Team nicht mehr.

Für die nächste Frage rückt der Zweite in der Reihe nach, der Erste geht an das Reihenende. Das Team, das mehr Punkte hat, gewinnt.

Auswertung

Sie haben die Lösung schon gleich bei jeder Frage mit der Antwort gegeben. Hier und da lohnt sich noch eine Zusatzinformation, die Sie unauffällig in die Gruppe hineingeben können. In jedem Fall sollten Sie noch einmal die nicht gewussten Antworten durchgehen.

Varianten

- Steht kein Tisch zur Verfügung oder ist die Raumsituation ungünstig, dann geben Sie die Qietscher den Teilnehmern in die Hand.
- Mit Scherzfragen können Sie dieses Spiel auflockern.

Gefahren und Risiken

Das Spiel birgt keine mir bekannten Risiken in sich.

Niveau und Vorkenntnisse

✓ Anfänger   ✓ Fortgeschrittene

Das Spiel ist auf verschiedenste Schwierigkeitsgrade beziehungsweise Lernstufen zuschneidbar.

Schwierigkeitskontrolle

Um zu testen, ob Ihre Fragen vielleicht zu schwierig sind, empfiehlt sich ein Probedurchlauf. Oder Sie lassen die Fragen einige Tage liegen und probieren es dann noch einmal selbst aus.

Raumbedarf

✓ Indoor   ✓ Outdoor

Tipps	Ich würde bei diesem Spiel zu Beginn etwas zügiger arbeiten, und wenn die Gruppe erst einmal in Schwung gekommen ist, können Sie das Tempo etwas verringern.
Lernprozess und Kreislaufabschnitt, Lernkanal	Da Sie verschiedenste Stoffe bearbeiten können, ist das Spiel im Lernprozess sehr variabel einsetzbar. Angesprochen werden vor allem der auditive und der kinästhethische Lernkanal.

Lernprozess und Kreislaufabschnitt				
Einführung	Primäraktivierung	Sekundäraktivierung	Transfer	Integration
✓	✓	✓	☐	✓

Lernkanal (V-A-K)		
Visuell	Auditiv	Kinästhetisch
☐	✓	✓

Beispiel	Beispielfragen für »Auge in Auge« zum Thema »Rhetorik« können folgendermaßen lauten:

Frage	Antwort
Welche Rede dauert drei bis fünf Minuten?	Stegreifrede
Welche Sprache ist nicht die Sprache des Wortes?	Körpersprache
Wie nennt man das zarte Spiel der Gesichtszüge?	Mimik
Wie nennt man die Kunst des geschickten Umganges mit dem Wort?	Rhetorik
Ein Redeschema ist nichts anderes als ein …	logischer Gedankengang

02 Assoziationen-Wettbewerb

Claudia Grötzebach

Ziel
In der Form eines Wettbewerbes werden Schlüsselbegriffe bearbeitet oder wiederholt. Dabei sollten zu diesen Begriffen so viele Aspekte wie möglich thematisiert werden, um das Gedächtnis durch zahlreiche Assoziationen zu unterstützen.

Ursprung/Quelle
Die Entwicklung des Assoziationen-Wettbewerbs geht zurück auf zwei Quellen: eine Lernübung, die ich vor Jahren in einem Sprachenlernbuch von Martin Mantel (1990) gelesen habe und die Fernsehsendung »Dalli Dalli« mit Hans Rosenthal. Für meine Zwecke habe ich aus beiden Ideen verschiedene Varianten entwickelt.

Lernstoff
Quasi jeder Lernstoff kann mit diesem Wettbewerb bearbeitet werden. Ich halte es für besonders günstig, wenn nicht nur Oberbegriffe oder einzelne Schlüsselwörter thematisiert werden, sondern gerade auch Nebenbegriffe und zufällige Assoziationen.

Anzahl der Teilnehmer
2–12 Teilnehmer.

Dauer
Ungefähr 20 Minuten.

Umfang	5–9 Begriffe.

Materialien und Vorbereitung

Dieses Spiel braucht wenig Vorbereitung. Es gilt nur, die zu wiederholenden Begriffe zusammenzutragen.

Zu Spielbeginn werden zwei Teams gebildet, denen jeweils ein Flipchart oder eine Pinnwand und Moderationskarten sowie dicke Stifte zur Verfügung stehen sollten. Mithilfe einer Eieruhr oder einem Teatimer sollten Sie die Spielzeit begrenzen.

Ziel

- Begriffeliste,
- Flipchart oder Pinnwand
- Moderationskarten,
- dicke Filzstifte sowie
- Eieruhr oder Teatimer.

Ablauf und Spielregeln

Bilden Sie zwei Teams, die gegeneinander spielen. Jede Gruppe erhält entweder ein Flipchart (oder Moderationskarten, wenn mit Pinnwand gearbeitet wird) sowie Stifte mit einer dicken Strichstärke. Die Teams werden so aufgestellt, dass sie einander nicht »in die Karten gucken« können.

Nun nennen Sie den ersten Begriff, zu dem innerhalb der vorgegebenen Zeit – zum Beispiel »eine Minute« oder »45 Sekunden« – so viele Assoziationen wie möglich gesammelt werden sollen.

Ist die Zeit abgelaufen, wird ausgewertet. Welche Gruppe hat die meisten Begriffe gesammelt? Fangen Sie bei der Gruppe an, die weniger Begriffe zusammengetragen hat und prüfen Sie, welche Begriffe gefunden wurden. Gleiches geschieht dann bei der zweiten Gruppe.

Da doppelte Begriffe innerhalb eines Teams nicht gewertet werden, kann sich die Zahl der Begriffe noch einmal reduzieren. Erst die Summe der »bereinigten« Begriffe entscheidet über den Punktgewinn.

Auswertung

Da es bei diesem Spiel darum geht, wichtige Begriffe in ihrem Kontext zu verankern und mit vielen Assoziationen anzureichern, ist eine Auswertung wichtig. Warum kamen die Teilnehmer auf diese Assoziationen? Was haben sie damit verbunden? Auch originelle und witzige, scheinbar sinnlose Antworten auf diese Fragen können bei der Verankerung der Lerninhalte im Gedächtnis helfen.

Varianten

- Lassen Sie Einzelpersonen gegeneinander spielen, wenn Ihre Gruppe nicht zu groß ist.

- In Schulklassen können Sie auch mehrere Teams gegeneinander antreten und die Begriffe auf Moderationskarten aufschreiben lassen.
- Spielen Sie den Assoziationen-Wettbewerb als Kettenwettbewerb. Immer zwei aus jedem Team spielen gegeneinander zu einem Begriff. Zu einem anderen Begriff spielen dann zwei andere miteinander.
- Die Hans-Rosenthal-Variante arbeitete mit Zweierteams. Dabei mussten innerhalb von 45 Sekunden die Mitglieder eines Zweierteams in stetem Wechsel Assoziationen zu einem Oberbegriff suchen.
- Arbeiten Sie mit zusätzlichen Einschränkungen, wie zum Beispiel mit inhaltlichen Beschränkungen. Alle Assoziationen müssen dann inhaltlich genau passen.

Gefahren und Risiken   Es sind keine bekannt.

Niveau und Vorkenntnisse   ☑ Anfänger   ☑ Fortgeschrittene

Schwierigkeitskontrolle   Spielt bei diesem Wissensspiel keine Rolle.

Raumbedarf   ☑ Indoor   ☐ Outdoor
Dieses Spiel können Sie sowohl drinnen wie draußen spielen, doch sind die Bedingungen in Räumen geeigneter.

Tipps   Dieses Spiel lebt auch vom Tempo, daher sollten Sie vermeiden, unnötige Längen zu erzeugen.

Wenn Sie die Ergebnisse des Assoziationen-Wettbewerbes archivieren und auswerten, zum Beispiel nach den am häufigsten genannten Assoziationen, dann können Sie diese Ergebnisse als Basis für das Spiel »Lern-Jeopardy« (s. S. 148 ff.) nehmen.

Für das multiple Abspeichern der Inhalte ist es – meines Erachtens – wichtig, die Assoziationen kurz zu besprechen. Natürlich geht das nicht in jedem Fall, viele sind selbsterklärend, aber es finden sich auch immer wieder »außergewöhnliche Verknüpfungen«. Bei diesen ist es wichtig, sie zu hinterfragen, wie der Teilnehmer darauf kam, weil ihre Exotik gute Behaltensanker bieten. Doch achten Sie dabei stets auf das Tempo und vor allem: Bewerten Sie Assoziationen nicht! Dazu neigen wir leider oft.

Lernprozess und Kreislaufabschnitt

Der Assoziationen-Wettbewerb kann an verschiedenen Stellen des Lernprozesses durchgeführt werden, zum Beispiel zur thematischen Einführung. Dabei erfahren Sie, welches Wissen oder welche Assoziationen zu dem neuen Lernstoff bei den Teilnehmern bereits vorhanden sind.

Aber auch in späteren Lernphasen ist dieses Spiel nützlich, da Sie damit eine ganze Reihe von zusätzlichen, bei den Teilnehmern vorhandenen oder entstandenen Assoziationen nutzen können. Dann lohnt es sich, diese in der Auswertung zu thematisieren.

Einführung	Primäraktivierung	Sekundäraktivierung	Transfer	Integration
✓	✓	✓	✓	✓

Lernkanal

Lernkanal (V-A-K): Angesprochen werden bei diesem Wettbewerb alle Lernkanäle.

Visuell	Auditiv	Kinästhetisch
✓	✓	✓

Beispiele

Die Ergebnisse dieses »Assoziationen-Wettbewerbes« können folgendermaßen aussehen:

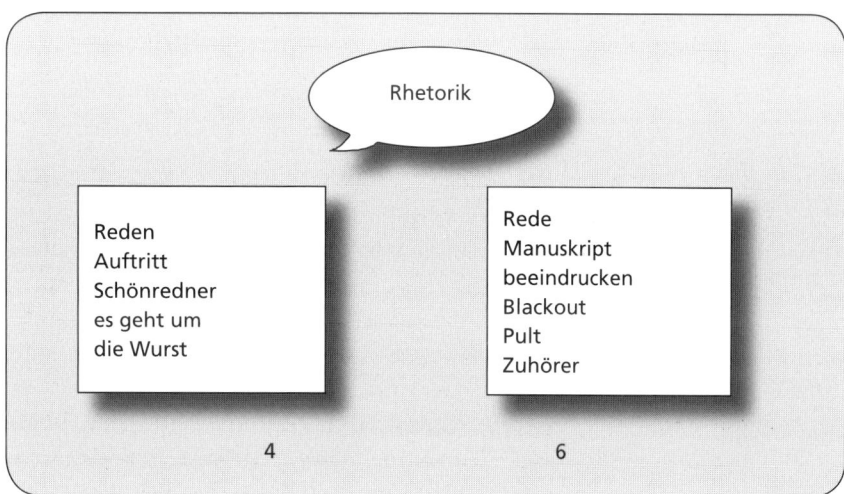

03 Begriffe-Wettrennen

Claudia Grötzebach

Ziel	Das Ziel des Begriffe-Wettrennens ist, Informationen, Definitionen, Schlüsselbegriffe und Inhalte gezielt zu wiederholen und zu festigen. Eine Besonderheit ist der außergewöhnlich aktivierende Charakter dieses Bewegungsspiels.
Ursprung/Quelle	Das Begriffe-Wettrennen habe ich im Rahmen meiner Suggestopädieausbildung bei Barbara von der Meden und Brigitte Schwitalla kennengelernt. Es hat mir gleich wegen seines außergewöhnlich dynamischen und – je nach Gestaltung – oft auch witzigen Charakters gefallen.
Lernstoff	Sie können mit dem Begriffe-Wettrennen besonders gut Fachwörter, Vokabeln, Schlüsselbegriffe und Definitionen vermitteln oder wiederholen.
Anzahl der Teilnehmer	8–30 Teilnehmer. Es braucht wie beim »Ja/Nein-Spiel« (s. S. 141 ff.) mindestens acht Teilnehmer, damit das Spiel in Schwung kommt. Natürlich hängt die Dynamik auch von der Zahl der eingesetzten Karten oder Begriffe ab. Jeder Teilnehmer sollte mindestens zwei- bis dreimal an die Reihe kommen.
Dauer	Ungefähr eine halbe Stunde.
Umfang	Bis zu 30 Karten beziehungsweise Begriffe für eine Spielrunde.

Materialien und Vorbereitung

Erstellen Sie zunächst eine Liste mit Begriffen, die Sie bearbeitet oder wiederholt wissen möchten. Ordnen Sie den jeweiligen Begriffen dann Definitionen oder Umschreibungen zu. Wenn Sie diese Liste angefertigt haben, können Sie die eigentlichen Begriffekarten verfassen. Dazu brauchen Sie kartoniertes Papier oder Moderationskarten, die Sie so groß beschriften, dass man Sie noch aus einigen Metern Entfernung lesen kann.

Schaffen Sie auf eine Länge von fünf bis sechs Metern eine freie Fläche, auf der sich keinerlei Hindernisse oder Stolperfallen befinden sollten. An einem Ende der Fläche legen Sie dann die Begriffekarten für alle gut sichtbar aus. Gegebenenfalls können Sie sie für die Teilnehmer noch einmal vorlesen oder Sie können Ihre Teilnehmer vortreten lassen, damit diese die Karten vor Spielbeginn lesen können.

Am anderen Ende der Spielfläche legen Sie eine Startlinie an, zum Beispiel mit Kreide oder mit Kreppstreifen. Letztere lassen sich in der Regel rückstandsfrei auf Teppichböden und sonstigen Bodenmaterialien anbringen und wieder abziehen.

Materialien

- Begriffekarten,
- Liste mit Definitionen oder Umschreibungen,
- Kreide oder Kreppband sowie
- genügend Freifläche.

Ablauf und Spielregeln

Bilden Sie zwei Mannschaften, die gegeneinander spielen. Beide Teams stellen sich in zwei Reihen hintereinander auf. Die jeweils Ersten in der Reihe eröffnen den Wettbewerb. Sie, also der Spielleiter, lesen nun eine der Definitionen oder Umschreibungen laut vor. Die Teilnehmer sollen den dazugehörigen Begriff erraten. Die Mitglieder eines Teams dürfen einander natürlich helfen.

Die Spieler der beiden Mannschaften, die an der Reihe sind, laufen los, wenn sie glauben, den richtigen Begriff zu kennen und »grapschen« die entsprechende Karte. Wer zuerst kommt, »mahlt« zuerst … Lassen Sie sich die gegriffenen Karten zeigen und lösen Sie das Rätsel auf, wenn eine der Karten die richtige Lösung darstellt. Die Mannschaft, die die meisten Karten erobert, gewinnt.

Auswertung

Zur Auswertung warten Sie nicht, bis alle Karten erjagt wurden, sondern lösen Sie die Umschreibungen Zug um Zug auf. Sie können die Definitionen oder Umschreibungen zum Beispiel auf der Rückseite der Karten notieren, dann wissen die Spieler gleich, ob sie die richtige genommen haben. Sie können die richtige Lösung – wie beschrieben – gleich selbst vorlesen, wenn einer der Spieler die richtige Karte gegrapscht hat.

Bei der Auswertung geht es gleichzeitig darum, die ganze Gruppe zu informieren, sie kann auf diese Weise wunderbar »nachgeschult« werden.

Es gibt immer – gerade am Anfang des Spiels – den Fall, dass Teilnehmer die Lösung nicht wissen. In dem Fall stehen Ihnen zwei Handlungsvarianten zur Verfügung:

- Erstens können Sie die Auflösung sofort anbieten.
- Oder Sie stellen die »ungelöste« Karte zunächst zurück und gehen einfach weiter zum nächsten Punkt auf Ihrer Liste. Die ungelöste Karte wird dann zu einem späteren Zeitpunkt wieder aufgegriffen, wenn die Auswahlmöglichkeiten unter den Begriffen kleiner geworden sind. In der Regel finden die Teilnehmern heraus, welcher Begriff gemeint ist, und sie haben das Erfolgserlebnis, auch die Antwort auf diese Definition oder Umschreibung gefunden zu haben. Ich selbst bevorzuge diese Möglichkeit.

Varianten
- Sie wählen statt Definitionen oder Umschreibungen witzige Logeleien, die zum Um-die-Ecke-Denken reizen und im Idealfall die Teilnehmer zum Lachen bringen.
- Sie spielen das Begriffe-Wettrennen als Tischvariante. Das ist eine gemäßigtere Version, die weniger körperlichen Einsatz verlangt. Dazu brauchen sie allerdings kleinere Karten. Bis auf die Entfernung und das Spielen auf dem Tisch bleibt alles unverändert.
- Sie können die Begriffe von den Teilnehmern selbst zusammentragen und sogar die Begriffe und Umschreibungen von ihnen erstellen lassen. Dann sollten Sie das Spiel aber nicht sofort, sondern erst einige Zeit nach der Erstellung spielen, denn sonst kennen alle sofort die Auflösung und es könnte zu leicht werden. Das gilt natürlich nicht für diejenigen Fälle, in denen das Spiel von vornherein besonders leicht ausgelegt werden soll.

Gefahren und Risiken
Das Spiel wird sehr dynamisch, wenn die Teilnehmer erst einmal »Blut geleckt« haben. Dann können sie durchaus in ihrer Begeisterung übereinanderpurzeln. Daher gilt es, die Beteiligten auf mögliche Gefahren hinzuweisen, Brillenträger beispielsweise sollten besonders aufpassen. Hier und da kann es passieren, dass Sie den aufkommenden Schwung dämpfen müssen. Räumen Sie jede Art von Hindernissen und Stolperfallen von der Spielfläche.

Niveau und Vorkenntnisse
✓ Anfänger ✓ Fortgeschrittene
Absolut flexibel. Die Stärke dieses Spiels besteht darin, dass sich der Schwierigkeitsgrad, ähnlich wie beim Lern-Domino (s. S. 117 ff.), stark variieren lässt. Sie

können es sehr leicht oder schwer, witzig oder ernst gestalten, je nachdem, wie Sie die Definitionen oder Umschreibungen ausformulieren.

Schwierigkeitskontrolle Zur Schwierigkeitskontrolle lasse ich die Liste mit den Definitionen zunächst ein paar Tage liegen, bis ich ihren Inhalt mehr oder minder vergessen habe. Dann probiere ich sie selbst aus.

Raumbedarf ☑ Indoor   ☑ Outdoor
Wenn Sie das Spiel nach draußen verlegen, sollten Sie darauf achten, dass Sie einen weichen Untergrund zur Verfügung haben. Aschenplätze oder Asphaltflächen sind nicht geeignet.

Tipps Das Begriffe-Wettrennen braucht etwas Zeit, bis der »Jagdinstinkt« bei den Teilnehmern geweckt ist und sie richtig in Schwung kommen. Deswegen sollten Sie bei den ersten Fragen zügig arbeiten und keine Wartezeiten aufkommen lassen. Stellen Sie Dynamik unter den Teilnehmern her. Dann wird es sehr schwungvoll, sodass Sie bisweilen sogar bremsen müssen. Sie können den Schwung durch die Länge Ihrer Auflösungen gut steuern: Wenn die Gruppe unter Strom gehalten werden soll, dann gilt es, die Auflösung kurz zu gestalten. Soll sie etwas beruhigt werden, werden Sie etwas ausführlicher.

Wichtig ist, dass alle Gefahrenquellen entfernt werden, insbesondere auf der »Rennstrecke« und im Bereich hinter den Karten. Brillenträger und andere Gefährdete sollten Sie ausdrücklich auffordern, achtsam zu sein, gegebenenfalls Schmuckstücke oder Ähnliches abzulegen.

Lernprozess und Kreislaufabschnitt

Das Begriffe-Wettrennen lässt sich an verschiedenen Stellen im Lernprozess einsetzen. Leichtere Varianten eignen sich als Einführung in ein neu einzuführendes Thema. Nach der Behandlung können Sie damit eine erste Festigung und Wiederholung des Gelernten durchführen, insbesondere, um das Mittagskoma zu verhindern. Unterhaltsam und mit variierenden Definitionen beziehungsweise Umschreibungen eignet es sich als »weitere« Wiederholung, zum Beispiel wenn der Lernstoff bereits vor längerer Zeit behandelt wurde.

Einführung	Primäraktivierung	Sekundäraktivierung	Transfer	Integration
☑	☑	☑	☐	☑

Lernkanal

Lernkanal (V-A-K): Angesprochen werden alle Lerntypen, besonders aber Kinästheten, die sich körperlich richtig austoben dürfen.

Visuell	Auditiv	Kinästhetisch
☑	☑	☑

Beispiele Die Umschreibungen für das Begriffe-Wettrennen können folgendermaßen lauten:

Karte	Umschreibung
Stegreifrede	Rede, die drei bis fünf Minuten dauert. Oder: Rede, die meist ohne Vorbereitungszeit gehalten wird.
Körpersprache	Nicht die Sprache des Wortes ...
Mimik	Das zarte Spiel der Gesichtszüge.
Rhetorik	Die Kunst des geschickten Umganges mit dem Wort.
Gliederungspunkt(e)	Die thematischen Abschnitte einer Rede. Oder: Für jeden Aspekt gibt es einen eigenen ...
Logischer Gedankengang	Ein Redeschema ist nichts anderes als ein ...

04 Bildergeschichten – Bilder einer Ausstellung

Marisa Frangipane

Ziel	Texte über Kunst verstehen, freie Erzählungen und Diskussion.
Ursprung/Quelle	Selbst erfunden.
Lernstoff	Vokabeln (Malerei), Redewendungen, Beschreibungen. Doch Sie können dieses Spiel auch für den Sachunterricht einsetzen und zum Beispiel historische Ereignisse, Persönlichkeiten und ähnliche Themen auf diese Weise bearbeiten lassen.
Anzahl der Teilnehmer	Bis zu zwölf Teilnehmer.
Dauer	15 Minuten (die Krimivariante dauert etwas länger).
Umfang	Fotos von einigen (bis zu 30) berühmten Bildern (Porträts, Landschaften und anderes mehr) und Informationen über die Künstler und die Meisterwerke.

Materialien und Vorbereitung	Gute Reproduktionen von berühmten Bildern (zum Beispiel von italienischen Malern) auf Postkarten. Karten mit Informationen über die Künstler und/oder die porträtierten Personen oder die abgebildeten Landschaften. Günstig ist es, diese Reproduktionen auf DIN A5 oder DIN A4 zu vergrößern, da die Bilder dann besser zur Geltung kommen.

Materialien

> - Einen Satz Karten mit Reproduktionen sowie
> - eventuell Zusatzinformationen.

Ablauf und Spielregeln   Die Bilder werden im Raum aufgestellt, als ob sie in einem Museum stünden. Die Karten mit den Informationen werden verteilt und die Teilnehmer schauen, zu welchem Bild die Information auf der jeweiligen Karte gehört. Die Teilnehmer sagen auch, welches Bild ihnen am besten gefällt und sie gern zu Hause hätten.

Varianten
- *Krimi-Variante:* Wie lassen sich die Bilder klauen? Die Teilnehmer überlegen eine Thriller-Geschichte und planen einen abenteuerlichen Diebstahl, zum Beispiel unter Berücksichtigung, welche Bilder sich wie gut verkaufen ließen.
- Wenn Sie Bilder zu historischen Themen heraussuchen oder Porträts berühmter Persönlichkeiten wählen, dann können Sie auch Themen aus der Geschichte, der Wirtschaftsgeschichte, Erfindungen oder Ähnliches aufgreifen, zum Beispiel in der Form von Fotos und Anekdoten, oder wichtige Informationen zu den ausgewählten Themenschwerpunkten auf Karten verteilen.

Gefahren und Risiken   Die Teilnehmer können wenig Interesse für einen Thriller zeigen. Vermeiden Sie auch bei diesem Spiel und seinen Varianten unnötige Längen.

Niveau und Vorkenntnisse   ☐ Anfänger   ☑ Fortgeschrittene

Raumbedarf   ☑ Indoor   ☐ Outdoor
Wegen der Materialien ist das Spiel für einen Außeneinsatz weniger geeignet.

Lernprozess und Kreislaufabschnitt	Lernprozess und Kreislaufabschnitt				
	Einführung	Primäraktivierung	Sekundäraktivierung	Transfer	Integration
	☐	☐	☑	☐	☐

Lernkanal	Lernkanal (V-A-K)		
	Visuell	Auditiv	Kinästhetisch
	☑	☑	☐

Beispiel Hier ein Beispiel zum Thema »Fernöstliche Philosophie und Religion«:

Bildinhalt	Zusatzinformation
Konfuzius	Philosoph Ahnenverehrung … Beamter Wanderlehrer
Buddha	Konzept der Wiedergeburt … Erlösung vom Leiden Fürstensohn
Laozi	…

05 Lern-Bingo I

Claudia Grötzebach

Ziel
Das Spiel ist ein Lernspiel, das seine Spannung aus dem Glücksspielcharakter bezieht. Es braucht zwar Vorbereitung, doch abgesehen davon ist es leicht in der Durchführung.

Ursprung/Quelle
Diese Übung ist eine Variante des bekannten Zahlenbingos, das viele wahrscheinlich als amerikanische »Rentnerbeschäftigung« oder »Rentnerglücksspiel« kennen. Ich habe es irgendwann vor dem inneren Auge gesehen, nachdem ich vor Jahren einmal den »Rasenden Reporter« (s. S. 101 ff.), den ich bei Axel Rachow kennenlernte, ersetzen beziehungsweise variieren wollte. Es würde mich aber nicht wundern, wenn andere das Spiel bereits so kennen oder Vergleichbares entwickelt haben.

Im Original werden Bingokarten mit Zahlentabellen an die Mitspieler ausgegeben. Üblicherweise erhalten alle Teilnehmer unterschiedliche Zahlenkombinationen. Alle Zahlen befinden sich in Zettel- oder Kugelform in einer Lostrommel und eine fixe Anzahl von Zahlen wird dann aus der Lostrommel gezogen. Die Mitspieler kreuzen nun die gezogene Zahl auf ihrer Karte an, wenn diese aufgeführt ist. Das Gleiche geschieht in diesem Spiel mit Begriffen (oder mit Definitionen, Informationen oder anderem mehr). Diese werden gezogen, laut vorgelesen und die Teilnehmer, bei denen der Begriff auf der Karte enthalten ist, kreuzen ihn an. Wer zuerst vier oder fünf Begriffe (je nach der Spalten- und Zeilenzahl der Tabelle) horizontal, vertikal oder diagonal ausgestrichen hat oder dann als Erster die ganze Tabelle »voll« hat, ruft »Bingo!«. Derjenige gewinnt dann auch.

Lernstoff	Sie können fast jeden Lernstoff mit diesem Spiel vermitteln, einführen oder wiederholen.
Anzahl der Teilnehmer	Fast unbegrenzt, doch wenn Sie Bingokarten mehrfach (also doppelte) ausgeben müssen, kann der Spaß etwas leiden.
Dauer	Ungefähr eine halbe bis eine Stunde.
Umfang	20 beziehungsweise 30 Informationen pro Karte sind empfehlenswert, mindestens aber 15 Informationen pro Karte, so können Sie Tabellen mit 3 × 5, 4 × 5, 5 × 5 oder 6 × 5 Spalten und Zeilen erstellen.
Materialien und Vorbereitung	Planen Sie für die Vorbeitung des Spiels einige Zeit ein, der Aufwand lohnt sich! Zunächst gilt es, die Informationen auszuwählen, die Sie einführen, bearbeiten oder vermitteln wollen.

Diese zu lernenden Informationen werden auf Bingokarten notiert. Dazu platzieren Sie auf einem Blatt oder einer Karte eine Tabelle vorzugsweise mit 4 × 4 oder 5 × 5 Spalten beziehungsweise Zeilen. In jede Zelle tragen Sie dann eine Information ein, bis die Tabelle ausgefüllt ist.

Da üblicherweise unterschiedliche Bingokarten verwendet werden, summiert sich der Aufwand für die Erstellung, denn Sie brauchen unterschiedlich gestaltete Karten und zudem ausreichend Informationen, um die einzelnen Karten besser variieren zu können. Das unterstreicht den Glücksspielcharakter des Spiels. Der Aufwand hängt zudem davon ab, wie viele Teilnehmer Sie haben werden.

Jede Information notieren Sie zusätzlich auf einer »Loskarte«, die in einer Lostrommel platziert wird.

Zu Spielbeginn brauchen Sie einen »Glücks-« oder »Moderationstisch« für den Spielleiter. Darauf werden die Spielkarten, die Lostrommel, die Gewinne und gegebenenfalls notwendige Stifte für die Teilnehmer platziert. Ein Namensschild oder das Schild »Spielleiter« kann die Wirkung des »Bingos« unterstützen. Die Tische der Teilnehmer sollten so ausgerichtet sein, dass alle eine gute Sicht auf den »Glückstisch« haben.

Bauen Sie neben dem Tisch ein Flipchart oder eine Pinnwand auf, an der Sie die gezogenen Karten für alle sichtbar ankleben beziehungsweise anpinnen können. Alternativ können Sie die gezogenen Loskarten mit dem Kreppband für alle sichtbar ankleben.

Materialien

- Bingokarten,
- Loskarten,
- Lostrommel, Losbox oder ein ähnliches Gefäß,
- Kreppband,
- Tisch, Stuhl gegebenenfalls Namens- oder Spielleiterschild,
- Flipchart oder Pinnwand sowie
- die Gewinne.
- Gegebenenfalls Stifte.

Ablauf und Spielregeln

Stellen Sie im Raum einen »Spieltisch« auf, auf dem Sie die Lostrommel (oder ein entsprechendes Gefäß) aufbauen. Daneben platzieren Sie ein Flipchart oder eine Pinnwand. Geben Sie anschließend die Spielkarten mit den Informationstabellen und wenn nötig Stifte an die Teilnehmer aus. Achten Sie darauf, dass alle Teilnehmer eine gute Sicht auf den »Spieltisch« und das Flipchart beziehungsweise die Pinnwand haben.

Nach einer Anmoderation im »amerikanischen« Stil ziehen Sie die erste Informationskarte aus der Lostrommel. Diese wird gezeigt, vorgelesen und anschließend für alle sichtbar »aufgehängt«. (Mit Kreppband sind sie wieder ablösbar.)

Ziel ist es, so schnell wie möglich eine Zeile, eine Spalte oder eine Diagonale »voll« zu bekommen, im Idealfall sogar die ganze Tabelle. Wer das schafft, der gewinnt eine Kleinigkeit. Je nachdem, wie viele Spalten oder Tabellen gefüllt sind, sollten die Gewinne unterschiedlich ausfallen.

Natürlich sollten Sie auch die Gewinner mit entsprechender »amerikanischer Emphase« ehren, um den Glücksspielcharakter zu unterstreichen und allen etwas Spaß zu spenden.

Auswertung

Das Bingo kann unterschiedlich ausgewertet werden. Sie können – zum Beispiel, wenn Sie die Informationen vor der Einführung eines neuen Themas nur vorstellen wollen – auf eine Auswertung verzichten. Dann bietet es sich an, diese Informationen mit den Teilnehmern mit Blick darauf durchzugehen, ob sie diese kennen. So erzielen Sie einen Wiedererkennungseffekt, der es den Teilnehmern leichter macht, die später vermittelten Informationen aufzunehmen.

In den anderen Fällen lohnt es sich, nach jedem »Bingo!« die »gefüllte« Zeile, Spalte oder Diagonale daraufhin mit allen durchzugehen, ob die Begriffe und Fragen oder Umschreibungen richtig zugeordnet wurden. Es muss ja ohnehin eine Kontrolle erfolgen, ob der Teilnehmer »richtig« lag. So wird es lehrreich und unterhaltsam.

Varianten

- Auf den Bingokarten notieren Sie anstelle von Informationen und Begriffen Fragen, deren Antworten auf »Loskarten« notiert sind. Nun ziehen Sie diese »Antworten« aus der Lostrommel und die Teilnehmer prüfen, ob die Antwort zu einer Frage auf ihrer Bingokarte passt. Es kann, darf, muss teilweise sogar spekuliert werden. Sie können bei dieser Variante nach jedem Gewinn auswerten oder am Ende. Das bleibt Ihnen überlassen.
- Eine andere Möglichkeit ist, statt mit Fragen oder Informationen mit Umschreibungen oder Definitionen zu arbeiten, die Sie auf den Bingokarten notieren. Die Schlüsselbegriffe stehen dann auf den Loskarten. Nun ziehen Sie diese »Schlüsselbegriffe« aus der Lostrommel und die Teilnehmer prüfen, ob die Antwort zu einer Frage beziehungsweise Information auf ihrer Bingokarte passt. Die Teilnehmer werden auch in diesem Fall bisweilen grübeln müssen, um die richtige Lösung zu finden. Die Gewinnverteilung und die Auswertung können Sie wie oben beschrieben vornehmen, wie es Ihnen lieber ist.
- Sie platzieren die Definitionen, Fragen oder Umschreibungen auf den Loskarten und die Antworten stehen auf den Bingokarten. Für diese Variante können Sie übrigens die Ursprungsversion des Lern-Bingos einsetzen. Nun ziehen Sie diese Fragen, Definitionen, Umschreibungen aus der Lostrommel und die Teilnehmer prüfen, ob die Antwort auf ihrer Bingokarte zu dem gerade Vorgelesenen passt. Auch diese Variante kann durchaus anspruchsvoll für die Teilnehmer sein. Gewinne und Auswertung können sofort erfolgen oder erst am Ende des Spiels.
- Neben der Ursprungsversion, bei der jeder gegen jeden spielt, können Sie auch Paare oder Teams gegeneinander spielen lassen.

Gefahren und Risiken

Achten Sie auf eine spannende Moderation, sonst kann sich Langeweile einstellen.

Niveau und Vorkenntnisse

☑ Anfänger   ☑ Fortgeschrittene

Das Spiel ist sehr variabel, was den Schwierigkeitsgrad angeht.

Schwierigkeitskontrolle

Das Bingo in der Ursprungsversion ist sehr leicht. Daher fällt hier eigentlich eine Schwierigkeitskontrolle aus. Doch wenn Sie mit Fragen oder Umschreibungen wie in den Variationen arbeiten, dann empfiehlt sich ein längeres Liegenlassen beziehungsweise ein Probedurchlauf.

Raumbedarf

☑ Indoor ☐ Outdoor

Dieses Spiel braucht nicht viel Platz. Es kann meist sogar in der normalen Unterrichtsanordnung gespielt werden.

Tipps

Mischen Sie ruhig ernste und heitere Informationen. Bauen Sie zum Beispiel Scherzfragen ein und übertreiben Sie in der Moderation. Eine entsprechende »Verkleidung« kann den Spielcharakter unterstützen. Verwenden Sie laminierte Karten, dann können Sie die Bingokarten immer wieder verwenden. Doch sollten Sie dann wasserlösliche Overheadstifte ausgeben, damit die Teilnehmer Notizen auf den Karten machen können und Sie diese später abwaschen und wiederverwenden können.

Lernprozess und Kreislaufabschnitt

Lernkanal

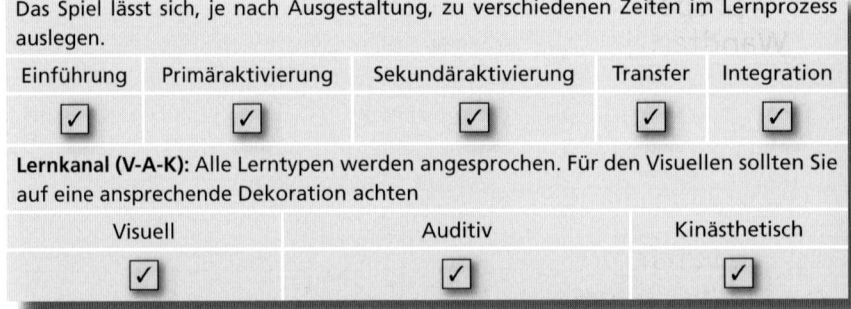

Das Spiel lässt sich, je nach Ausgestaltung, zu verschiedenen Zeiten im Lernprozess auslegen.				
Einführung	Primäraktivierung	Sekundäraktivierung	Transfer	Integration
☑	☑	☑	☑	☑

Lernkanal (V-A-K): Alle Lerntypen werden angesprochen. Für den Visuellen sollten Sie auf eine ansprechende Dekoration achten		
Visuell	Auditiv	Kinästhetisch
☑	☑	☑

Beispiel

Im folgenden Beispiel finden Sie zweimal die gleiche Karte, doch die Informationen sind anders platziert. So gelangen die Teilnehmer, die mit diesen Karten arbeiten, trotz gleicher Informationen nicht zum gleichen Ergebnis. Sie können jetzt eine der beiden Karten ausdrucken, die Karten zerschneiden und erhalten so die Lose für die Verlosung. Zum Thema »Schlagfertigkeit« können Bingokarten folgendermaßen aussehen:

Das Schlagfertigkeits-Bingo

Welches Feld wird gezogen? Bitte prüfen Sie, welches Feld der Spielleiter oder die Spielleiterin zieht. Kreuzen Sie das entsprechende Feld auf Ihrer Karte an. Sobald Sie vier Felder senkrecht, waagerecht oder diagonal »voll« haben, rufen Sie laut »Bingo!«. Der erste Rufer, auf dessen Karte vier Felder »voll« sind, gewinnt.

Lässt den Gegner ins Leere laufen.	Sie haben mich beleidigt!	Thematisiert, was der Gegner tut.	Wenn es Sie glücklich macht, gebe ich Ihnen gerne Recht, und doch …
Apropos Wandfarbe	Im Kochtopf wird alles gleich …	Was genau meinen Sie mit …?	Warum ist es für Frauen so wichtig, schön zu sein?
Ich bewundere, wie Sie die Dinge auf den Punkt bringen.	Weicht zunächst zurück und geht dann zum Ausgangspunkt zurück.	Lächeln.	Sie sind sauer.
Sie haben recht, ich bin schon sehr beharrlich.	Don't panic. Call it »Titanic«!	Potz Blitz!	An Ihrer Stelle würde ich das auch so sehen, aber …

Das Schlagfertigkeits-Bingo

Welches Feld wird gezogen? Bitte prüfen Sie, welches Feld der Spielleiter oder die Spielleiterin zieht. Kreuzen Sie das entsprechende Feld auf Ihrer Karte an. Sobald Sie vier Felder senkrecht, waagerecht oder diagonal »voll« haben, rufen Sie laut »Bingo!«. Der erste Rufer, auf dessen Karte vier Felder »voll« sind, gewinnt.

Potz Blitz	Lächeln	Thematisiert, was der Gegner tut.	Wenn es Sie glücklich macht, gebe ich Ihnen gerne Recht und doch …
An Ihrer Stelle würde ich das auch so sehen, aber …	Im Kochtopf wird alles gleich …	Was genau meinen Sie mit …?	Sie haben recht, ich bin schon sehr beharrlich.
Ich bewundere, wie Sie die Dinge auf den Punkt bringen.	Don't panic. Call it »Titanic«!	Sie haben mich beleidigt!	Sie sind sauer.
Warum ist es für Frauen so wichtig, schön zu sein?	Weicht zunächst zurück und geht dann zum Ausgangspunkt zurück.	Lässt den Gegner ins Leere laufen.	Apropos Wandfarbe

06 Lern-Bingo II

Claudia Grötzebach

Ziel	Auch diese Variante ist ein Lernspiel, das seine Spannung aus einem Glücksspielcharakter bezieht. Es braucht nur wenig Mühe in Vorbereitung und Durchführung.
Ursprung/Quelle	Diese Variante wurde von Gudrun Wallenwein entwickelt (2003, S. 114f.), und gerade weil sie so unkompliziert ist, habe ich sie als eigene Bingo-Variante in dieses Buch aufgenommen.
Lernstoff	Sie können fast jeden Lernstoff mit diesem Spiel vermitteln, einführen oder wiederholen.
Anzahl der Teilnehmer	Fast unbegrenzt, doch bei großen Gruppen spielt es sich besser in Teams.
Dauer	Ungefähr eine halbe bis eine Stunde.
Umfang	Sie brauchen 50 Informationen in Wort oder Bild.

Materialien und Vorbereitung

Zunächst gilt es, die Informationen auszuwählen, die Sie einführen, bearbeiten oder vermitteln wollen. Diese zu lernenden Informationen werden auf Informationskarten notiert. Für die Teilnehmer erstellen Sie Blanko-Bingokarten. Dazu platzieren Sie auf einem Blatt oder einer Karte eine Tabelle mit 4 × 4 oder 5 × 5 Spalten beziehungsweise Zeilen.

Zu Spielbeginn brauchen Sie auch hier einen »Glücks-« oder »Moderationstisch« für den Spielleiter. Darauf werden die Informationskarten, die Spielkarten, die »Lostrommel«, die möglicherweise vorhandenen Gewinne und gegebenenfalls notwendige Stifte für die Teilnehmer platziert. Ein Namensschild oder Schild »Spielleiter« kann die Wirkung des »Bingos« unterstützen. Die Tische der Mitspieler sollten so ausgerichtet sein, dass alle gute Sicht auf den »Glückstisch« haben.

Bauen Sie neben dem Tisch ein Flipchart oder eine Pinnwand auf, an der Sie die gezogenen Karten für alle sichtbar aufhängen können.

Materialien

- Bingokarten oder -blätter in der Zahl der Teilnehmer,
- 50 Informationskarten (in Wort oder Bild),
- Tisch,
- Stuhl,
- gegebenenfalls Namens- oder Spielleiterschild,
- Flipchart oder Pinnwand,
- Kreppband oder Nadeln,
- Gewinne und
- gegebenenfalls Stifte.

Ablauf und Spielregeln

Die 50 Informationskarten legen Sie offen auf dem Boden aus oder hängen Sie an ein Flipchart, eine Pinnwand oder eine freie Fläche. Jeder Mitspieler trägt nun selbst (je nach Tabelle) 16 oder 25 Begriffe der Informationskarten in seine eigene Tabelle ein. In jedes Feld gehört ein Wort.

Nun mischt der Spielleiter die Karten und legt sie in die Lostrommel (oder einen Korb, einen Beutel oder ein ähnliches Hilfsmittel). Ein Mitspieler zieht daraus eine Karte und beschreibt den Begriff, bis ihn ein Mitspieler errät. Jetzt dürfen alle, die diesen Begriff auf einem ihrer Bingofelder haben, diesen mit einem X versehen oder ihn ausstreichen. Die gezogenen Karten werden für alle Mitspieler gut sichtbar ausgelegt oder an einer Wand angebracht, sodass jeder seine Spielvorlage jederzeit kontrollieren kann.

Wer zuerst vier beziehungsweise fünf Felder voll hat, der ruft »Bingo!« und gewinnt.

Auswertung	Das Spiel bietet Ihnen eine wunderbare Form der Lernkontrolle, denn wenn ein Teilnehmer einen gezogenen Begriff nicht beschreiben kann (weil er ihn nicht mehr weiß oder sich nicht sicher ist) oder er nicht geraten wird, wissen Sie, wo Sie inhaltlich ansetzen können.

Ganz zum Schluss sollten Sie alle Karten nochmals auslegen und fragen, welcher Begriff vielleicht noch unklar ist, wann er eingeführt wurde oder ähnliche Auswertungsfragen.

Varianten

- Eine andere Möglichkeit ist, anstelle von Fragen oder Informationen mit Umschreibungen oder Definitionen zu arbeiten, die Sie auf den Informationskarten notieren. Die Schlüsselbegriffe stehen dann auf den Loskarten. Nun ziehen Sie die Schlüsselbegriffe aus der Lostrommel und die Teilnehmer prüfen, ob die Antwort zu einer Frage auf ihrer Bingokarte passt. Es kann, darf, muss teilweise sogar spekuliert werden. Sie können bei dieser Variante nach jedem Gewinn auswerten oder am Ende. Das bleibt Ihnen überlassen.
- Sie platzieren die Definitionen, Fragen oder Umschreibungen auf den Loskarten. Die Antworten stehen auf den Informationskarten. Nun ziehen Sie diese Fragen, Definitionen, Umschreibungen aus der Lostrommel und die Teilnehmer prüfen, ob die Antwort auf ihrer Bingokarte zu dem gerade Vorgelesenen passt. Auch bei dieser Variante sind die Teilnehmer gefordert. Die Art der Auswertung können Sie je nach Bedarf wählen.

Gefahren und Risiken

Achten Sie auf eine spannende Moderation, sonst kann sich Langeweile einstellen.

Niveau und Vorkenntnisse

☑ Anfänger ☑ Fortgeschrittene
Das Spiel ist sehr variabel, was den Schwierigkeitsgrad angeht.

Schwierigkeitskontrolle

Diese Bingovariante ist sehr leicht. Daher fällt hier eigentlich eine Schwierigkeitskontrolle aus.

Raumbedarf

☑ Indoor ☐ Outdoor
Dies Spiel braucht nicht viel Platz. In der Regel kann es in der normalen Unterrichtsanordnung gespielt werden.

Tipps

Verwenden Sie laminierte Karten, dann können Sie die Bingokarten wieder verwenden, doch Sie sollten gegebenenfalls wasserlösliche Overheadstifte ausgeben, damit die Teilnehmer Notizen auf den Karten machen können und Sie diese später abwaschen und wiederverwenden können.

Sie können die Karten auch von der Gruppe zusammentragen lassen.

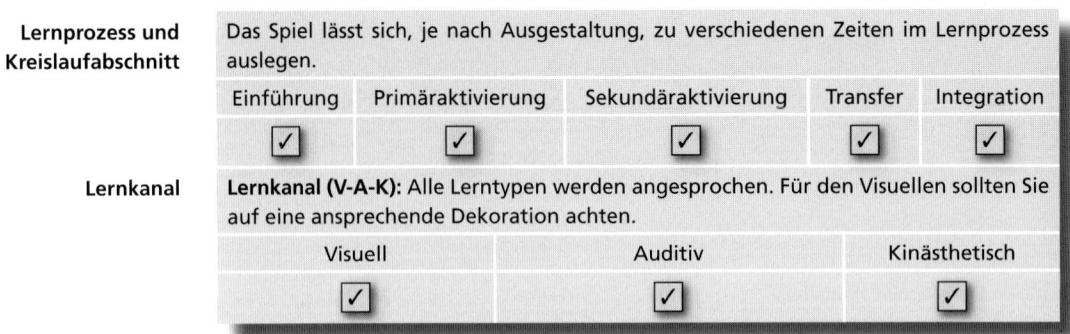

Lernprozess und Kreislaufabschnitt	Das Spiel lässt sich, je nach Ausgestaltung, zu verschiedenen Zeiten im Lernprozess auslegen.			

Beispiel   Die Bingo-Karte für das Bingo II »Blanko« schaut dann folgendermaßen aus:

Das Bingo

Welches Feld wird gezogen? Bitte schauen Sie die ausliegenden Karten an. Notieren Sie auf Ihrer Vorlage nun 16 Begriffe oder Informationen Ihrer Wahl. Jedes Feld muss ausgefüllt sein und kein Begriff sollte doppelt vorkommen.

Prüfen Sie, welche der Karten der Spielleiter oder die Spielleiterin zieht und beschreibt. Kreuzen Sie das entsprechende Feld an, wenn es auf Ihrer Karte vorhanden ist. Sobald Sie vier Felder senkrecht, waagerecht oder diagonal »voll« haben, rufen Sie laut »Bingo!«. Der erste Rufer, auf dessen Karte vier Felder »voll« sind, gewinnt.

07 Bis zehn (»Feuer«)

Claudia Grötzebach

Ziel	Ziel dieses Spiels ist es, Bewegung mit Lernen zu kombinieren. Gleichzeitig wird das Zuordnen von Begriffen, Ober- und Unterbegriffen geübt.
Ursprung/Quelle	Dieses Spiel entstammt ebenfalls einer Idee von Gudrun Wallenwein. Sie nennt das Spiel »Feuer« (2003, S. 124). Es ist wohl ursprünglich ein reines Bewegungsspiel gewesen. Als bewegte Lernspielvariante gefällt es mir sehr gut, da es munter macht und gleichzeitig gelernt wird.
Lernstoff	Bearbeitet werden kann bei dieser Übung jeder Lernstoff, bei dem Ober- und Unterbegriffe vorhanden sind, man also eine Zuordnung von Begriffen vornehmen kann.
Anzahl der Teilnehmer	Unbegrenzt beziehungsweise mit der ganzen Gruppe.
Dauer	10–30 Minuten.
Umfang	Variabel.

Materialien und Vorbereitung	Sie brauchen für dieses Spiel nur einen (Koosh)Ball. Zunächst sollte die Gruppe einen Stuhlkreis bilden, im Notfall geht ein Stehkreis. Der Spielleiter steht außerhalb (oder innerhalb) des Kreises.

Günstig ist es, wenn Sie vorab bei der Behandlung des Lernstoffes Themenbegriffe bearbeitet haben und Zuordnungen von Schlüsselbegriffen und -elementen zu Oberbegriffen vorgenommen haben.

Materialien	• Kooshball oder einen anderen Ball.

Ablauf und Spielregeln

Im Original, daher heißt das Spiel »Feuer«, wird mit den Elementen (Feuer, Wasser, Erde und Luft) gearbeitet. Der Spielleiter wirft den Kooshball einem Teilnehmer zu und nennt eines der Elemente Wasser, Erde … oder Luft. Nachdem der Teilnehmer den Ball gefangen hat, beginnt der Spielleiter laut bis zehn zu zählen. In dieser Zeit muss der Teilnehmer ein Tier (wahlweise geht auch ein Gegenstand oder Ähnliches) nennen, das in dem entsprechenden Element lebt. Das Spiel geht so fort, allerdings mit der Einschränkung, dass jedes Tier oder Objekt nur einmal genannt werden darf. Trifft man auf Teilnehmer, die nicht rechtzeitig ein Tier finden, ruft der Spielleiter »Feuer!« und alle Teilnehmer müssen die Plätze tauschen. Auch der Spielleiter versucht, einen zu ergattern. Der, der keinen bekommt, wird der neue Spielleiter.

Als Lernspiel greifen Sie Oberbegriffe oder Themenschwerpunkte auf, zu denen Sie verschiedene Unterpunkte behandelt haben. Die Teilnehmer müssen nun zu den Gliederungspunkten Schlüsselbegriffe oder Unterpunkte nennen.

Auswertung

Ich persönlich spiele keine 30 Minuten, wie Gudrun Wallenwein es vorschlägt, sondern beschränke mich meist – mithilfe einer Eieruhr – auf 10 bis 15 Minuten und setze dieses Spiel vor oder nach einer Pause ein. Dann entfällt die Auswertung und ich frage nur, wie diese Art der kurzen Wiederholung gefallen hat. In der Regel sind die Rückmeldungen sehr positiv. Bei falschen Zuordnungen frage ich noch einmal nach, ob die Zuordnung stimmt oder aber ich rufe »Feuer!«, wie beim Passen.

Gefahren und Risiken

Achten Sie darauf, dass keine Stolperfallen oder sonstige Hindernisse im Spielkreis vorhanden sind.

Niveau und Vorkenntnisse

[✓] Anfänger   [✓] Fortgeschrittene
Das Spiel ist auf allen Ebenen einsetzbar.

Schwierigkeitskontrolle	Entfällt bei diesem Spiel.

Raumbedarf ☑ Indoor ☑ Outdoor

Das Spiel kann fast allerorts gespielt werden, sofern es keine störende Geräuschkulisse gibt.

Lernprozess und Kreislaufabschnitt

Diese Übung finde ich ideal als erste Vertiefung des frisch Gelernten und als globalen Abschluss am Ende eines halben Tages, eines Seminartages, vor oder nach Pausen. Dieses Spiel hat einen »Break-Charakter«.

Einführung	Primäraktivierung	Sekundäraktivierung	Transfer	Integration
☐	☑	☐	☐	☑

Lernkanal

Lernkanal (V-A-K): Angesprochen werden bei diesem Spiel vor allem der auditive und der kinästhetische Lernkanal.

Visuell	Auditiv	Kinästhetisch
☐	☑	☑

Beispiel Ein Beispiel zum Thema »Schlagfertigkeit« kann so aussehen: Zu definierten Oberbegriffen müssen die Teilnehmer Beispiele oder Unterpunkte nennen. Die Antworten können dann beispielsweise folgendermaßen lauten:

Strategien	Unterpunkte
Torerostrategien	»So so«, zweisilbiger-Kommentar oder eine stumme Geste.
Gummistrategien	Rückfrage, »Oh Entschuldigung, ich habe Sie nicht richtig verstanden …« oder Scheinzustimmung.
Entschleierung	Konfrontation, Klartext reden oder: »Sie haben meine Kompetenz infrage gestellt«.
Perspektivwechsel	Sachliche Feststellung, »Wenn Sie damit … meinen, dann …«, Umdefinition.

08 Buchstabenallerlei

Claudia Grötzebach

Ziel	Ziel dieses Spieles ist, einen Satz auszuknobeln. Dabei wird der Lernstoff mehrfach bearbeitet und so vertieft und reflektiert. Sie können das Spiel gleichermaßen als Wettbewerb gestalten.
Ursprung/Quelle	Dieses Spiel habe ich Gudrun Wallenwein (2003, S. 117) abgeschaut und für eigene Zwecke variiert.
Lernstoff	Sie können jeden Lernstoff mit diesem Spiel bearbeiten.
Anzahl der Teilnehmer	Gespielt wird wie bei Gudrun Wallenwein in Dreiergruppen.
Dauer	Etwa 30 Minuten.
Umfang	Je ein Satz à 20 bis 30 Buchstaben.
Materialien und Vorbereitung	Sie brauchen für das Spiel lediglich ein leeres Blatt und einen Stift. Bilden Sie im Vorfeld Dreiergruppen. Je ein Spieler aus dieser Gruppe erhält ein Blankoblatt und soll sich einen Satz zum Gelernten ausdenken. Diesen hat er in die einzelnen Buchstaben zu zerlegen und als »Buchstabenhaufen« auf dem leeren Blatt zu notieren.

Materialien	• Leere Blätter sowie • Stifte.

Ablauf und Spielregeln

Einer von drei Spielern denkt sich einen Satz zum Lernstoff aus. Diesen Satz schreibt er in Form eines Buchstabenhaufens auf ein Blatt Papier. Diesen Haufen gibt er an seine Mitspieler weiter und diese müssen versuchen, den Satz auszuknobeln.

Auswertung

Ich trage die Sätze gerne in der Gruppe zusammen und hinterfrage ihre Bedeutung für die Teilnehmer, schließlich haben sie sie aus gutem Grund ausgewählt. Sie reflektieren oft persönliche Lernprozesse und Erkenntnisse.

Varianten

- Sie können die Sätze vorbereiten und die Teilnehmer als Gruppe knobeln lassen.
- Das Spiel kann als Wettbewerb auf Zeit gespielt werden.
- Sie können auch »jeden gegen jeden« spielen lassen.
- Es besteht die Möglichkeit, mehrere Sätze vorzubereiten und diese von allen, sei es als Gruppe oder »jeder gegen jeden« lösen zu lassen.
- Lassen Sie die Teilnehmer sich Sätze überlegen, die Anwendungsmöglichkeiten des Gelernten beinhalten.

Niveau und Vorkenntnisse

☑ Anfänger   ☑ Fortgeschrittene

Das Spiel ist an alle Niveaus gut anpassbar. In der Originalfassung entscheiden die Teilnehmer selbst über den Schwierigkeitsgrad. Es wird leichter, je kürzer die Sätze sind und wenn die Anzahl der Wörter angegeben wird.

Schwierigkeitskontrolle

Es ist keine notwendig und auch schwer möglich.

Gefahren und Risiken

Es sind keine bekannt.

Raumbedarf

☑ Indoor   ☑ Outdoor

Sie können dieses Spiel sowohl im als auch außer Haus spielen. Sie brauchen lediglich die Möglichkeit, Dreiergruppen miteinander arbeiten zu lassen.

Tipps

Prinzipiell erscheint es mir besser, die Teilnehmer in Kleingruppen zusammenarbeiten zu lassen.

Lernprozess und
Kreislaufabschnitt

Das »Buchstabenallerlei« erscheint mir als erste Festigung weniger geeignet, sondern eher als Wiederholung zu einem späteren Zeitpunkt, wenn die Materie bereits bearbeitet wurde. Sie können über die Variation der Sätze aber ebenso eine Einstiegsübung entwickeln.

Einführung	Primäraktivierung	Sekundäraktivierung	Transfer	Integration
✓	☐	✓	✓	✓

Lernkanal

Lernkanal (V-A-K): »Buchstabenallerlei« spricht besonders den visuellen und den kinästhetischen Lernkanal an. Doch in dem Moment, wo Sie Kleingruppen arbeiten lassen, wird auch der auditive Lernkanal stark angesprochen.

Visuell	Auditiv	Kinästhetisch
✓	✓	✓

Beispiel

Zum Thema »Schlagfertigkeit« können Sie beispielsweise folgenden Satz einsetzen:

Grundprinzip erfolgreicher Schlagfertigkeit ist Unberechenbarkeit!
Die Buchstaben werden ausgeschnitten und gezählt, anschließend werden Haufen gebildet.

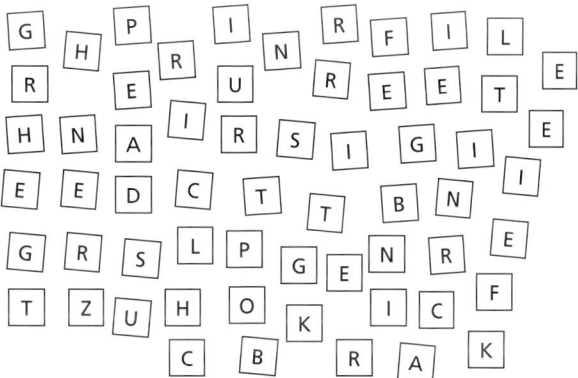

09 Buchstaben kombinieren

Claudia Grötzebach

Ziel	Mit diesem Spiel sollen wichtige Worte beziehungsweise Schlüsselbegriffe aufgearbeitet und vertieft werden.
Ursprung/Quelle	Eigentlich bin ich durch zwei andere Spiele auf dieses Spiel gekommen. Für mich stellt es eine Mischung aus Scrabble und Silbenrätsel dar.
Lernstoff	Sie können wichtige Begriffe und Schlüsselwörter eines jeden Lernstoffes wiederholen.
Anzahl der Teilnehmer	Ein bis vier Teilnehmer pro Spiel, es wird also mit mehreren Kleingruppen parallel gearbeitet.
Dauer	10–30 Minuten, je nach Umfang.
Umfang	7–20 Wörter pro Spiel.
Materialien und Vorbereitung	Das Spiel braucht nur wenig Vorbereitung. Sie picken sich wichtige Fachbegriffe oder Schlüsselwörter heraus und schreiben sie auf. Schreiben Sie nicht zu klein und nicht zu eng, denn die Wörter werden anschließend Buchstabe für Buchstabe auseinandergeschnitten. So bilden Sie kleine Sets, die an die Teilnehmer verteilt werden. Diese sollen aus den Buchstaben die Schlüsselbegriffe

rekonstruieren. Die Lösung liegt vor, wenn alle Buchstaben gelegt sind; es kann ja nur eine stimmige Lösung geben. Gespielt wird an Tischen oder auf dem Boden.

Materialien

- Lösungsvorlage,
- Buchstabensets plus gegebenenfalls Umschreibungsliste,
- Tische und Stühle (das Spiel lässt sich notfalls auf dem Boden spielen),
- Eieruhr.

Ablauf und Spielregeln

Bilden Sie wenn notwendig Kleingruppen mit bis zu vier Personen. Geben Sie jeder Gruppe ein Buchstabenset. Setzen Sie je nach Bedarf ein Zeitlimit.

Auswertung

Wenn Sie das Spiel als Einführung einsetzen, dann erfolgt die Auswertung in der nachfolgenden Stoffpräsentation. In diesem Fall sollten Sie am Ende des Spiels darauf hinweisen.

Sie können die Begriffe zum Beispiel ebenso in einem Text oder auf Informationsplakaten suchen lassen.

Fragen Sie die Teilnehmer, ob sie diese Begriffe kennen, und erläutern Sie sie. Wenn eine Gruppe das Spiel nicht lösen konnte, dann sollten Sie klären, woran es lag, und weitere Informationen ergänzen. Dieses Spiel ist also zudem eine schöne Erfolgskontrolle, wenn es als Wiederholung eingesetzt wird.

Variante

- Machen Sie aus dem Spiel einen Wettbewerb: »Wer ist zuerst fertig?«

Gefahren und Risiken

Es sind keine Risiken bekannt.

Niveau und Vorkenntnisse

☑ Anfänger ☑ Fortgeschrittene

Das Spiel ist recht leicht und lässt sich gut an die verschiedenen Niveaus anpassen. Groß- und Kleinschreibung erleichtert das »Knobeln«, ebenso wie Angaben zur Wortzahl oder Umschreibungen.

Schwierigkeitskontrolle

Wenn Sie es Ihren Teilnehmern leichter machen wollen, dann können Sie ihnen Umschreibungen (wie beim Kreuzworträtsel) an die Hand geben und/oder die Zahl der zu legenden Worte reduzieren.

Raumbedarf

☑ Indoor ☑ Outdoor

Das Spiel eignet sich wegen des Materials eher für drinnen, lässt sich aber auch draußen spielen.

Tipps	Zunächst erstellen Sie am besten eine Tabelle, die Sie dann für den Spielsatz zerschneiden können. Ich verpacke die Einzelteile der Begriffe dann in Tütchen für die Spieler oder Spielgruppen.

Lernprozess und Kreislaufabschnitt

Das Spiel eignet sich gut als Einführung in ein Thema, in dem auf diese Weise wichtige Schlüssel- oder Fachbegriffe vorab präsentiert werden.

Auch für ein erstes Wiedererkennen des Gelernten nach der Einführung von neuen Inhalten ist es geeignet, ebenso als Wiederholung nach einer längeren Pause oder am Ende einer Unterrichtssequenz, eines Tages, eines Seminares ...

Einführung	Primäraktivierung	Sekundäraktivierung	Transfer	Integration
☑	☑	☐	☐	☑

Lernkanal

Lernkanal (V-A-K): Alle Lernkanäle werden angesprochen, da gelesen und kombiniert, diskutiert, hin- und herüberlegt werden muss – und dann sind auch noch die Buchstaben zu legen.

Visuell	Auditiv	Kinästhetisch
☑	☑	☑

Beispiel	Folgende Wörter lassen sich für das Spiel »Buchstaben kombinieren« zum Thema »Schlagfertigkeit« einsetzen.

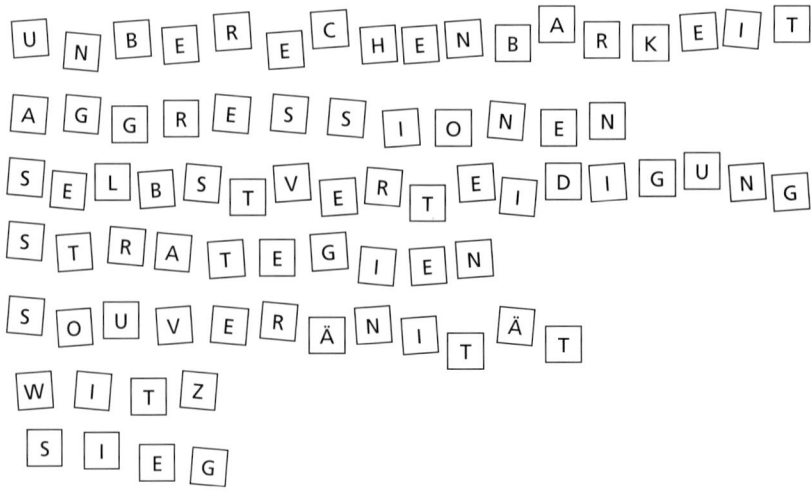

10 Buchstabenrätsel

Claudia Grötzebach

Ziel

Ziel ist es, Schlüsselbegriffe, Fachvokabular oder Vokabeln oder auch die richtige Schreibweise von Wörtern zu bearbeiten, indem sie als Knobelei präsentiert werden.

Ursprung/Quelle

Die Idee kennen Sie vielleicht aus Zeitschriften. Erstmals habe ich eine solche Variante in einem Seminar bei einem meiner Teilnehmer erlebt, aber eine Anleitung finden Sie auch bei Gudrun Wallenwein (2003, S. 113). Deren Titel fand ich so treffend, dass ich ihn übernommen habe.

Lernstoff

Sie können jedes Thema bearbeiten, Sachthemen genauso wie Sprachen. Sehr schön eignet sich dieses Spiel für den Schreibunterricht.

Anzahl der Teilnehmer

Sie können dieses Spiel bei fast jeder Teilnehmerzahl einsetzen.

Dauer

10–30 Minuten, doch das ist abhängig von der Anzahl der eingesetzten Buchstabenrätsel.

Umfang

Zwischen fünf und zehn Rätsel.

Materialien und Vorbereitung

Erstellen Sie zunächst eine Liste mit Begriffen, die Sie im Buchstabenrätsel einsetzen wollen. Aus meiner Sicht ist es hilfreich, sie nach Anzahl der Buchstaben zu sortieren.

Nun müssen Sie entscheiden, welche Wörter in ein gemeinsames Raster sollen. Deren Buchstaben wirbeln Sie durcheinander und notieren die vermischten Buchstaben unter dem Raster. Einen Buchstaben, den beide gemeinsam haben, schreiben Sie an den Kreuzpunkt des Rasters.

Damit Sie Fehler vermeiden – gerne fehlen schon mal Buchstaben oder es mogelt sich einer dazu – lohnt es sich, anhand Ihrer Notizen die Zahl der Buchstaben zu kontrollieren.

Sie können mit Karteikarten arbeiten und Buchstabenrätsel sozusagen »aus dem Hut zaubern«, Sie können sie ebenso auf Folie kopieren oder schreiben und diese dann zum Beispiel mit einem Overheadprojektor an die Wand projizieren. Das ist bei großen Gruppen sehr nützlich.

Eine Liste mit der Auflösung der Wörter vermeidet peinliche Blackouts, insbesondere wenn Sie das Spiel einmal längere Zeit nicht eingesetzt haben.

Wenn Sie Begriffe aus verschiedenen Themen gewählt haben, sollten Sie auf dem Buchstabenrätsel ein Thema angeben: »Richtig sortiert ergeben die Buchstaben jeweils ein …« oder »Richtig sortiert finden Sie Begriffe aus …«.

Materialien	
	• Liste der Begriffe,
	• Blankoformulare mit Angabe der Buchstaben,
	• Lösungsvorlage.

Ablauf und Spielregeln

Bei diesem Spiel geht es darum, die versteckten Wörter möglichst schnell zu finden. Sie können die Buchstabenrätsel der ganzen Gruppe präsentieren und so jeden gegen jeden spielen lassen. Dazu wird immer ein Rätsel nach dem anderen präsentiert. Immer wenn eines gelöst ist, folgt das nächste.

Auswertung

Um den Bezug zum Lernstoff beziehungsweise den Nutzen des Spieles herauszuarbeiten, können Sie spielimmanent oder explizit auswerten. Eine immanente Auswertung haben Sie mit der dritten Spielvariante vorliegen, in der das Buchstabenrätsel mit einer weiteren Aufgabe kombiniert wird. Da wird der Bezug und Nutzen schon spielimmanent klar. Explizit ausgewertet wird, wenn Sie nach dem Spiel ein Auswertungsgespräch führen: »Wo wurden die Begriffe bearbeitet?« oder »Was bedeutete der Begriff außerdem?«

Varianten

- Lassen Sie Paare oder Kleingruppen gegeneinander spielen.
- Präsentieren Sie alle Buchstabenrätsel gleichzeitig. Wer die meisten Wörter in einer bestimmten Zeit löst, der gewinnt. Das geht in der Fassung »jeder gegen jeden« oder im Kleingruppenwettbewerb.

- Kombinieren Sie das Lösen des Buchstabenrätsels mit einer zweiten Aufgabe. Der oder die Teilnehmer können einen zweiten Punkt gewinnen, wenn sie noch sagen können, wo beziehungsweise in welchem Zusammenhang sie das Wort gelernt oder bearbeitet haben.
- Wenn Sie kleine Beutelchen mit je einem Satz der Buchstabenrätsel zusammenstellen und diese auf Kleingruppen verteilen, können Sie einen ganz sanften Wettbewerb durchführen. Arbeiten Sie am besten mit einer vorgegebenen Zeit. Anschließend wird verglichen, welche Gruppe welche Wörter gefunden hat. Diese Variante eignet sich sehr gut für inhomogene Gruppen.

Gefahren und Risiken

Gefahren und Risiken bestehen bei diesem Spiel nicht. Doch gerade wenn einzelne, leistungsstarke Teilnehmer das Spiel dominieren könnten, sollten Sie eine Gruppenversion durchführen, damit die langsameren Teilnehmer nicht frustriert und demotiviert werden.

Niveau und Vorkenntnisse

☑ Anfänger   ☑ Fortgeschrittene
Einsetzen können Sie dieses Spiel auf jedem Lernniveau.

Schwierigkeitskontrolle

Auch bei diesem Spiel sollten Sie vorher einen Testdurchlauf durchführen oder die Wörter nach einigem Liegenlassen selbst probieren.

Raumbedarf

☑ Indoor   ☑ Outdoor
Das Spiel ist eigentlich ein klassisches Spiel für drinnen, doch wenn die Materialien es hergeben, können Sie es auch gut draußen spielen.

Lernprozess und Kreislaufabschnitt

Dieses Spiel ist an sich nicht sehr schwierig, auch wenn es anspruchsvoller ist als zum Beispiel »Grafische Wörter« (s. S. 137 ff.), bei dem zwei oder mehrere Begriffe in einem grafischen Raster kombiniert werden. Je mehr Begriffe verwendet werden und je komplexer die Begriffe sind, desto anspruchsvoller wird das Buchstabenrätsel. Da die gelernten Begriffe unverändert bearbeitet werden, eignet sich dieses Spiel als erste Festigung des Gelernten.

Gut geeignet ist es ebenso als Einführung, wenn Sie zum Beispiel auf bereits bekanntem Wissen aufbauen, oder als spannender Abschluss einer Lernsequenz, eines Tages oder eines Seminares.

Einführung	Primäraktivierung	Sekundäraktivierung	Transfer	Integration
☑	☑	☐	☐	☑

Lernkanal

Lernkanal (V-A-K): Angesprochen werden alle Lerntypen. Da gibt es nicht nur etwas zu sehen und zu tun, sondern auch zu besprechen. Wenn Sie Einzelarbeit planen, dann bieten sich den auditiv angelegten Lernern weniger Möglichkeiten, doch wenn Sie mit Paaren oder Kleingruppen arbeiten, dann haben auch die Auditiven reichlich Gelegenheit, sich einzubringen.

Visuell	Auditiv	Kinästhetisch
✓	✓	✓

Beispiel Die erste Abbildung zeigt Ihnen die Lösungsvorlage, die zweite die Blankovorlage, die die Teilnehmer neben der Angabe der einzelnen Buchstaben erhalten.

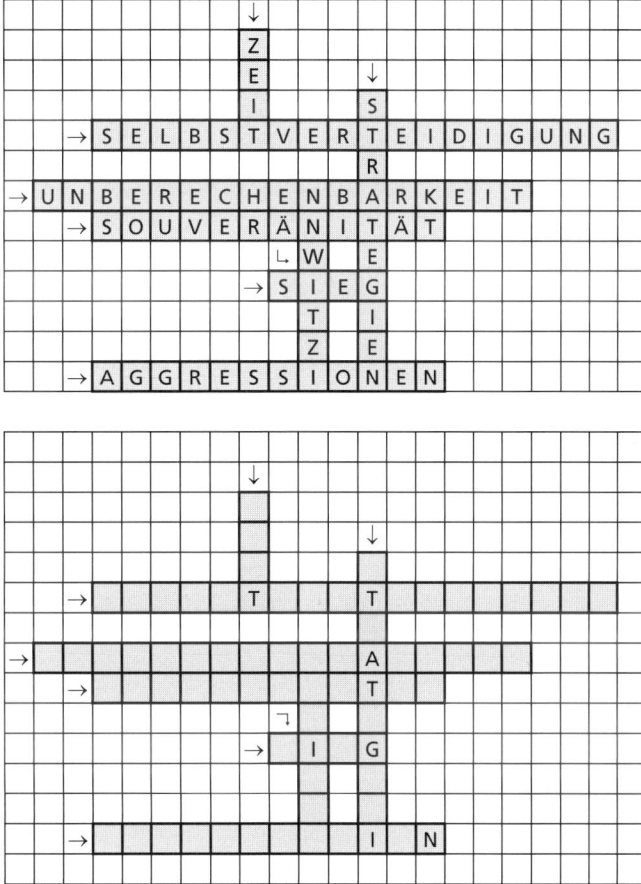

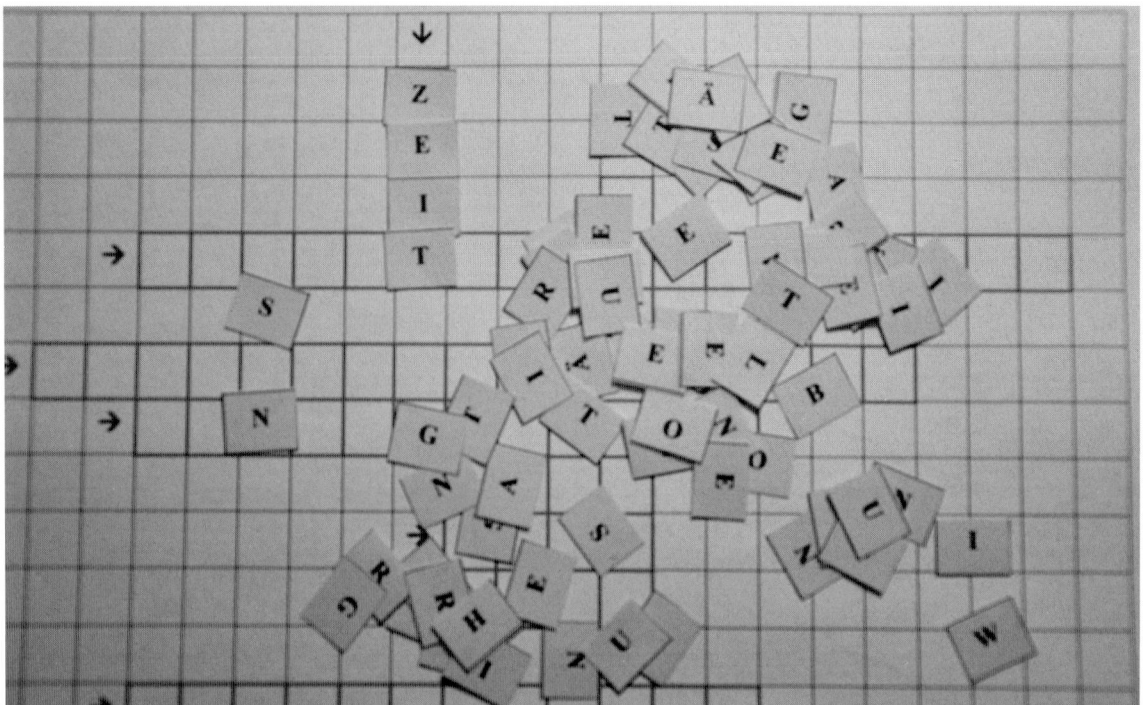

11 Diagramme legen

Claudia Grötzebach

Ziel	Teilnehmer zur individuellen Auseinandersetzung mit logischen Ordnungen zu bewegen, indem sie Ablaufpläne, Diagramme, Übersichten und Ähnliches selbst in eine logische Ordnung bringen.
Ursprung/Quelle	Die Anregung für dieses Spiel habe ich aus einer Vorführung von Brigitte Schwitalla mitgenommen.
Lernstoff	Sie können jeden Lernstoff damit bearbeiten lassen, der sich in eine logische Ordnung bringen lässt: Über- und Unterbegriffe, Ablaufpläne, Tabellen und vieles mehr.
Anzahl der Teilnehmer	Kleinere Gruppen von vier bis fünf Personen sind günstiger, daher lasse ich meist mehrere Gruppen parallel die Diagramme legen.
Dauer	15–30 Minuten.

Umfang	Ungefähr 10–20 Karten.
Materialien und Vorbereitung	Die Diagrammkarten sind vorzubereiten.

Materialien

- Diagrammkarten.

Ablauf und Spielregeln

Bei dieser Übung legen die Teilnehmer geordnete Informationen, wie zum Beispiel Diagramme, Prozesse, Ablaufpläne oder Übersichten.

Geben Sie dazu jeder Kleingruppe einen Kartensatz. Diese Karten sollen die Teilnehmer in einer vorgegebenen Zeit in eine ihrer Meinung nach richtige Reihenfolge legen.

Um einen Überblick zu erhalten, welche Gruppe fertig ist, bitte ich die Gruppen, ihr Diagramm zentral – für alle sichtbar – zu platzieren, wenn sie sich auf eine Reihenfolge geeinigt haben. Das hat auch den Vorteil, dass am Ende des Spiels die Gesamtgruppe alle Ergebnisse vergleichen kann. Wenn alle Gruppen fertig sind, geht es an die Auswertung.

Auswertung

Bei der Auswertung frage ich zunächst ab, wieso die Gruppen sich für ihr Ergebnis entschieden haben, und lasse die Gedankengänge schildern. Erst im Anschluss daran löse ich auf, wie das richtige Ergebnis aussieht und warum dies so ist.

Varianten

- Sie können, wenn Sie diese Übung als Wiederholung einsetzen, auch einen Wettbewerb daraus machen.
- Arbeiten Sie mit mehreren verschiedenen Diagrammen, wenn Sie einen komplexen Sachverhalt bearbeiten. Dann ergänzen sich diese Übersichten.

Gefahren und Risiken

Es sind keine bekannt, aber Sie sollten auf keinen Fall darauf verzichten, die Teilnehmer um eine Stellungnahme zu bitten.

Niveau und Vorkenntnisse

☑ Anfänger   ☑ Fortgeschrittene
Die Übung kann unproblematisch auf verschiedene Niveaus ausgelegt werden.

Schwierigkeitskontrolle

Es ist keine notwendig.

Raumbedarf

☑ Indoor   ☐ Outdoor
Diese Übung ist eher für drinnen geeignet.

Lernprozess und Kreislaufabschnitt	Diese Übung eignet sich zur Einführung eines neuen Themas, da die Teilnehmer dadurch einen ganz anderen Blick für den Lernstoff bekommen und ganz andere Vorstellungen mit den Inhalten verbinden. Sinnvoll erscheint sie mir auch für eine erste Festigung und Ordnung des Gelernten. Und schließlich ist sie sehr sinnvoll als Wiederholung zum Ausklang oder nach einer längeren Pause.

Einführung	Primäraktivierung	Sekundäraktivierung	Transfer	Integration
☑	☑	☐	☐	☑

Lernkanal	**Lernkanal (V-A-K):** Bei dieser Übung werden alle Lernkanäle angesprochen. Es gibt etwas zu schauen, zu bereden und zu tun.

Visuell	Auditiv	Kinästhetisch
☑	☑	☑

Beispiel Zum Thema »Rhetorik« haben Teilnehmer die Baupläne der Stegreifrede gelegt.

12 Dem Setzer sind die Buchstaben durcheinandergeraten

Claudia Grötzebach

Ziel	Bei diesem Spiel werden Vokabeln und Fachwörter gelernt oder wiederholt. Es ist seiner Natur nach ebenfalls ein Knobelspiel, aber ein bewegtes.
Ursprung/Quelle	Dieses Spiel habe ich als Scherzaktivität vor vielen Jahren in einer Zeitung unter einem ähnlichen Titel kennengelernt.
Lernstoff	Mit diesem Spiel können Sie jede Art von Wortschatz bearbeiten: Vokabeln, Rechtschreibung, ebenso Fachwörter. Dazu werden die Buchstaben dieser Wörter durcheinandergebracht. Nun müssen die Teilnehmer die zugrunde liegenden Begriffe herausfinden.
Anzahl der Teilnehmer	Unbegrenzt; bei größeren Gruppen spielen Sie am besten in mehreren Kleingruppen von zwei bis vier Personen.
Dauer	Etwa 30 Minuten.
Umfang	5–25 Begriffe.

Materialien und Vorbereitung	Für dieses Spiel sammeln Sie Vokabeln, Fachbegriffe oder sonstige Begriffe des Lernstoffes (zum Beispiel wenn Sie Rechtschreibübungen praktizieren wollen). Die Buchstabenfolge dieser Begriffe bringen Sie durcheinander und schreiben sie anschließend zum Beispiel auf Flipchartpapier oder auf Kartons, die Sie im Raum verteilen. Ein Timer oder eine Eieruhr ist nützlich, um die Spielzeit zu begrenzen.

Materialien

- Liste mit Lernbegriffen und/oder Lernplakate,
- Kartons oder Flipchartbogen mit den durcheinandergewirbelten Begriffen/Buchstaben,
- Eieruhr oder Timer.

Ablauf und Spielregeln

Sie können dieses Spiel in der sanften Grundvariante spielen. Dazu präsentieren Sie die Vorlagen, zum Beispiel das Flipchart mit den Begriffen oder die Kartons/Lernplakate, und lassen die Teilnehmer frei knobeln, um die Begriffe herauszubekommen.

Ich empfehle, eine maximale Knobelzeit anzugeben. Anschließend wird aufgelöst, was sich hinter den Buchstabenungetümen verborgen hat. Günstig ist es, jeden Teilnehmer einen Begriff auflösen zu lassen und nicht nur einen (sehr erfolgreichen) Teilnehmer alle nennen zu lassen.

Auswertung

Um das Spiel für den Lernprozess auszuwerten, frage ich zum einen, ob die Teilnehmer das Spiel als schwierig empfunden haben, zum anderen ob alle Begriffe bekannt sind, wann und wo wir sie benutzt haben oder in welchem Zusammenhang die Teilnehmer diesen Begriff schon einmal erlebt haben. Das erhöht zudem die Möglichkeit des Transfers in die Praxis.

Varianten

- Machen Sie aus der sanften Knobelübung einen Wettbewerb. Dazu bilden Sie zwei oder mehr Kleingruppen und lassen die Gruppen gegeneinander spielen. Sie können eine Zeitbegrenzung angeben (Eieruhr stellen) oder nach der Bingo-Variante die Gruppe, die zuerst alle Begriffe gelöst zu haben glaubt, »Bingo!« (oder Ähnliches) rufen lassen. Kleine Gewinne (zum Beispiel das Verteilen von Süßigkeiten) können eine nette Motivation sein.
- Sie arbeiten nicht nur mit Begriffen, sondern auch mit Wortkombinationen oder Sätzen.

Gefahren und Risiken

Körperliche Risiken gibt es bei diesem Spiel nicht. Doch bei Gruppen, in denen einzelne Teilnehmer sehr leistungsstark sind, kommt – wie so oft im Unterricht, wo häufig immer Dieselben das Wort ergreifen – auch bei diesem Spiel das Gefühl auf, dass alle anderen »nicht zum Zuge kommen«. Daher sollten Sie beim Auflösen darauf achten, dass jeder Teilnehmer ein Wort auflöst, und sich so durch die Gruppe arbeiten. Fragen Sie einmal, wer wie viele Begriffe »geknackt« hat. Ich frage oft: »Wer hat ein Wort gefunden?«, »Wer hat zwei Wörter gefunden?«, »Wer drei?« Dann sind die Teilnehmer mit der geringsten Anzahl von Begriffen zuerst an der Reihe und können zeigen, was sie können. Erst später kommen die mit der höheren »Trefferzahl« dran. So werden alle motiviert und mit ihren Leistungen gewürdigt.

Niveau und Vorkenntnisse ☑ Anfänger   ☑ Fortgeschrittene
Je nach Variante ist das Spiel eher leicht oder eher schwierig.

Schwierigkeitskontrolle Dieses Spiel ist an sich einfach, wenn Sie die Grundvariante nutzen. Je mehr Buchstaben Sie durcheinanderbringen oder je länger die Begriffe sind, desto schwieriger wird das Spiel.

Raumbedarf ☑ Indoor   ☑ Outdoor
Dieses Spiel lässt sich – wie die meisten anderen auch – komfortabler drinnen spielen, doch sie können es auch nach draußen verlegen, zum Beispiel bei schönem Wetter.

Lernprozess und Kreislaufabschnitt

Dieses Spiel können Sie sehr variabel einsetzen. Als leichte Variante können Sie es beispielsweise als Einführung in ein Thema verwenden oder auch als erste Festigung des Gelernten.
Als schwierigere Variante bietet es sich als Festigungs- und Bearbeitungsmöglichkeit an, wenn der Lernstoff sich bereits etwas gesetzt hat.
Und schließlich ist es nützlich, wenn Sie zum Abschluss eines Tages, Seminares oder Lernzyklusses eine globale Wiederholung brauchen.

Einführung	Primäraktivierung	Sekundäraktivierung	Transfer	Integration
☑	☑	☑	☑	☑

Lernkanal

Lernkanal (V-A-K): Auch dieses Spiel bietet allen Lernkanälen etwas, es gibt viel zu schauen, man muss, insbesondere wenn Sie in Kleingruppen spielen lassen, intensiv reden und jeder hat etwas zu tun.

Visuell	Auditiv	Kinästhetisch
☑	☑	☑

Beispiel   Zum Thema »Rhetorik« wurden zum Beispiel folgende Plakate erarbeitet:

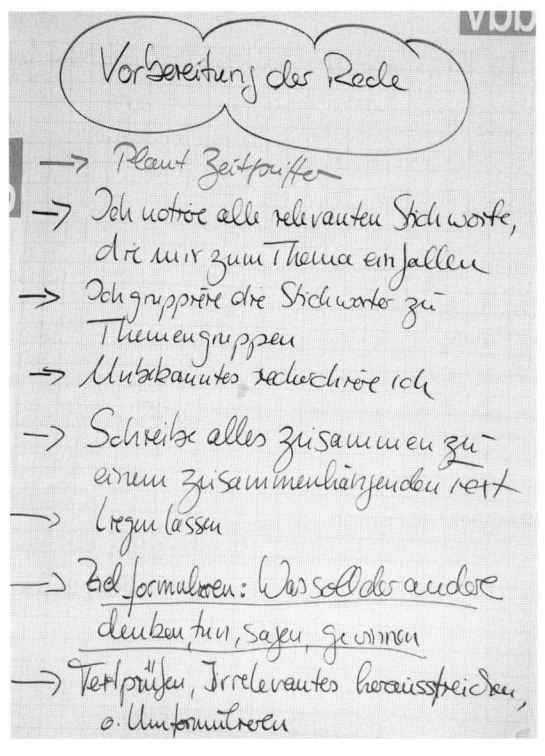

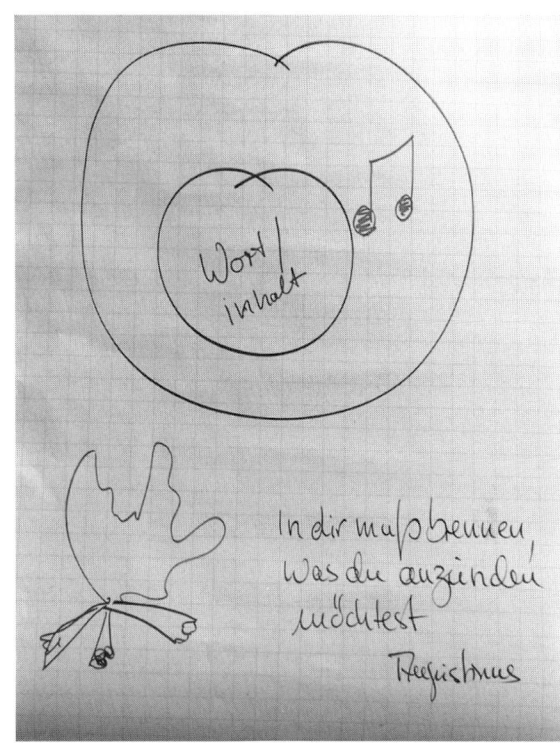

Daraus habe ich dann Lernwörter gepickt und in durcheinandergewirbelten Buchstaben auf Karteikarten notiert.

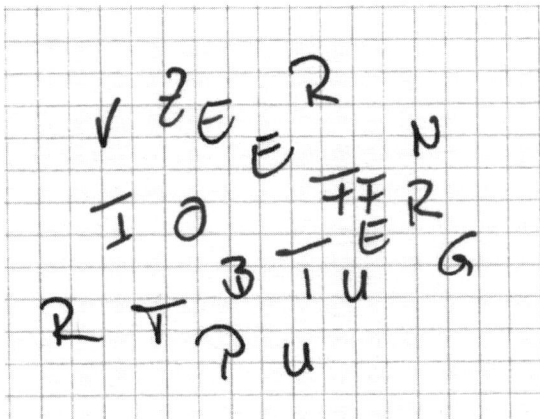

13 Der große Lern-Preis

Jürgen Eugen Müller

Ziel	Wissenstransfer sichern und Korrekturen üben.
Ursprung/Quelle	Dieses Spiel basiert auf der Fernsehquizsendung mit Wim Thoelke »Der große Preis«. Die Bearbeitung für den Unterricht habe ich an der Volkshochschule Wiesbaden bei Verena Damm und Susanne Daum kennengelernt.
Lernstoff	Für alle Themen, Fachrichtungen und Schulfächer geeignet.
Anzahl der Teilnehmer	Das Spiel ist sowohl für kleine Lerngruppen als auch für große Schulklassen oder Seminare geeignet. Die Zahl der Kandidaten sollte zwischen zwei und vier liegen, wobei unter Kandidaten sowohl einzelne Teilnehmende als auch Paare oder Kleingruppen zu verstehen sind. Beim Spiel mit Paaren oder Kleingruppen sollten dann jedoch wechselnde Sprecherinnen oder Sprecher bestimmt werden.
Dauer	Ein Spiel dauert 20 bis 30 Minuten. Sind sehr viele Fragen vorhanden oder sehr viele Korrekturen erforderlich, kann die Lehrperson auch mehrere Folien anfertigen (entweder für den Overheadprojektor oder in PowerPoint und dann per Beamer gezeigt). So können mehrere Durchgänge – gegebenenfalls mit wechselnder Zusammensetzung der Gruppen – gespielt werden.
Umfang	In einem Spiel, also auf einer Fragetafel, sollten etwa 20 bis 30 Fragen oder Aufgaben gestellt werden.

Materialien und Vorbereitung

Stellen Sie zunächst eine Sammlung zusammen mit Fragen, Wissenslücken oder auch Fehlern, die entdeckt werden sollen. Dann produzieren Sie ein Spieleraster, wahlweise auf einer Overheadfolie, in PowerPoint oder mittels Karten an einem Flipchart oder einer Pinnwand. Eine Fragetafel sollte vier bis fünf Fragebereiche enthalten.

Materialien

- Sammlung von Fragen, Wissenslücken oder Fehlern,
- am PC vorgefertigtes, mehrfach einsetzbares Spielraster,
- Overheadfolien, PowerPointfolien oder Karten,
- PC und Drucker,
- Overheadprojektor, Beamer oder Pinnwand beziehungsweise Flipchart,
- gegebenenfalls Gewinne.

Ablauf und Spielregeln

Auf Folie (alternativ: Flipchart, Pinnwand) wird ein Raster gezeichnet, in dem es leichtere und schwerere Fragen und entsprechende Punktzahlen von 50 bis 500 gibt. Über dem Raster stehen die jeweiligen Seminar- beziehungsweise Unterrichtsthemen oder Korrekturbereiche, wie beispielsweise in dem nachfolgenden Fall aus dem Unterrichtsfach Deutsch verschiedene sprachliche Bereiche wie »Artikel«, »Rechtschreibung« und anderes mehr.

Diese Bereiche sind für die Mitspielenden sichtbar. Die einzelnen Felder hingegen sind verdeckt und mit einem X markiert. Hinter manchen Feldern verstecken sich Joker. Es spielen zwei bis vier Kandidaten. Ein Kandidat kann sowohl eine Einzelperson, ein Paar oder eine Kleingruppe sein. Die Kandidaten wählen abwechselnd jeweils ein Feld, also zum Beispiel »Deklination 200« oder »Rechtschreibung 50«, je nachdem, in welchem Bereich und auf welcher Schwierigkeitsstufe man sich beweisen möchte. Vielleicht hat man sogar das Glück, einen Joker zu holen. Die Lehrperson zeigt die Aufgabe und liest diese vor.

In dem nachfolgenden Beispiel wird das fehlerhafte Wort beziehungsweise der fehlerhafte Satz gezeigt. Der Kandidat, der gerade an der Reihe ist, beantwortet die Aufgabe beziehungsweise korrigiert die Fehler und erhält die Punktzahl des entsprechenden Feldes gutgeschrieben. Kann der Kandidat die Frage nicht beantworten, ist der nächste am Zug. Trifft ein Kandidat auf einen Joker, bekommt er die Punktzahl dieses Feldes gutgeschrieben, ohne eine Frage beantworten zu müssen. Ein Kandidat ist so lange am Zug, bis er eine Frage nicht beantworten kann.

Variante

- Obwohl bei dem Quiz »Der große Preis« ursprünglich, wie vorher beschrieben, ein Kandidat so lange am Zuge war, bis er auf eine Frage traf, die er nicht beantworten konnte, empfiehlt es sich – im Rahmen des Seminar-

oder Unterrichtsgeschehens und im Sinne einer positiven Gruppendynamik –, nach jeder Frage abzuwechseln und den nächsten Kandidaten ein Feld aufrufen zu lassen.

Gefahren und Risiken	Es sind keine bekannt.

Niveau und Vorkenntnisse

☑ Anfänger   ☑ Fortgeschrittene

»Der große Lern-Preis« ist für alle Leistungsstufen und Lernniveaus geeignet, da die verwendeten Fragen oder die Wissenslücken sich ganz an den zuvor vermittelten und geübten Lerninhalten orientieren beziehungsweise aus den Arbeiten der Lernenden selbst stammen.

Schwierigkeitskontrolle   Nicht erforderlich.

Raumbedarf

☑ Indoor   ☐ Outdoor

Tipps

Bei diesem Wettbewerbsspiel empfiehlt es sich, kleine Preise für die Gewinner sowie Trostpreise für die Verlierer zu vergeben. Bei der Vergabe von Preisen, die man mit anderen teilen kann, zum Beispiel einer Tüte Gummibärchen, habe ich die Erfahrung gemacht, dass der Akt des Teilens über Gruppengrenzen hinweg – viele haben in den anderen Gruppen einen Freund oder eine Freundin, dem oder der man etwas abgibt! – die Konkurrenzsituation des vorangegangenen Spiels wieder aufhebt und es am Ende gleichsam keine Gewinner und Verlierer mehr gibt.

Lernprozess und Kreislaufabschnitt

Der Lernstoff sollte zuvor vermittelt und ausreichend geübt worden sein. In einer Phase gegen Ende des Seminars oder Unterrichts, in der die Lehrperson den Lernerfolg überprüfen möchte, oder als Transfersicherung zu Beginn des folgenden Seminar- oder Unterrichtstages ermöglicht »Der große Lern-Preis« das Schließen eventueller Wissenslücken der Lernenden sowie die Festigung des Gelernten.

Einführung	Primäraktivierung	Sekundäraktivierung	Transfer	Integration
☐	☐	☐	☑	☐

Lernkanal

Lernkanal (V-A-K): Bei diesem Ratespiel, bei dem die Lehrperson die Fragen auf Overheadprojektor projiziert oder per Beamer zeigt, diese vorliest und die Mitspielenden die Antworten für das Plenum mündlich formulieren, wird sowohl der visuelle als auch der auditive Eingangskanal genutzt.

Visuell	Auditiv	Kinästhetisch
☑	☑	☐

Beispiel Als Vorlage für das Raster können Sie die folgende Tabelle nehmen.

Punkte	Bereich 1	Bereich 2	Bereich 3	Bereich 4
500	×	×	×	×
400	×	×	×	×
300	×	×	×	×
200	×	×	×	×
100	×	×	×	×
50	×	×	×	×

Ein Beispiel für den Einsatz als Textkorrekturspiel im Fach Deutsch sieht folgendermaßen aus: Die Schülerinnen und Schüler der 7. Jahrgangsstufe einer Kölner Hauptschule hatten im Fach Deutsch die Aufgabe, die Bildergeschichte »Die zwei Esel« zu beschreiben. Darin geht es um zwei Esel, die mit einem Strick aneinandergebunden sind. Links und rechts der beiden Esel liegen in einiger Entfernung zwei Heuhaufen. Jeder der beiden Esel versucht nun, allein und ohne auf den anderen zu achten, den jeweils ihm näher liegenden Heuhaufen auf der linken beziehungsweise rechten Seite zu erreichen. Sie zerren an dem Seil, ohne dass einer vorankäme. Ein weiteres Bild zeigt zunächst die Ratlosigkeit und das Nachdenken der Esel. Schließlich finden sie zu einer Lösung, indem sie sich gemeinsam zunächst zu dem einen Heuhaufen begeben und diesen zusammen auffressen und sich dann in trauter Zweisamkeit dem anderen Heuhaufen widmen. Aus den daraus entstandenen Texten der Schülerinnen und Schüler wurden mehrere sprachliche Fehler herausgegriffen, in vier verschiedene Bereiche (Artikel, Rechtschreibung, Deklination sowie Vermischtes) eingeteilt, dementsprechend in das vorstehende Spielraster eingetragen und anschließend in der Klasse korrigiert.

Die Aufgaben lauten:

Punkte	Artikel	Rechtschreibung	Deklination	Vermischtes – Sätze mit zwei und mehr Fehlern
500	Heuhaufen	Sie beschprachen die Situaziun. (2 Fehler!)	Einer der Esel bekam ein klein Schock. (2 Fehler!)	Sie haben es nicht geschaft und haben aufgehört. Dann sahßen sie auf dem boden und überlegten was sie machen können.
400	Überlegung	Joker	Ihr Herrchen gab sie Futter.	Die Esel hatten eine idee. Die idee war, das sie zuerst den einen Haufen fressen und dan den anderen.
300	Joker	ein Alter man (2 Fehler!)	Sie zogen an den Seil.	Sie hatten sich ihren Plan zu wenig überleckt, deshalb knallt sie aneinander.
200	Bauernhof	Der Strick war ein bisjen zu kurz.	Joker	Erschöpft sezten sie sich einander gegen über.
100	Stall	Die Esel beissen in das Seil.	Beide Esel standen vor einen Heuhaufen.	Joker
50	Seil	Das Futter liegt Rechts und Links.	Es waren einmal zwei süße Eseln, die Hunger hatten.	Der besitzer bringte die Esel zurück in den Stall.

Die Lösungen:

Punkte	Artikel	Rechtschreibung	Deklination	Vermischtes – Sätze mit zwei und mehr Fehlern
500	der Heuhaufen	Sie besprachen die Situation.	Einer der Esel bekam einen kleinen Schock.	Sie haben es nicht geschafft und haben aufgehört. Dann saßen sie auf dem Boden und überlegten, was sie machen könnten.
400	die Überlegung	Joker	Ihr Herrchen gab ihnen Futter.	Die Esel hatten eine Idee. Die Idee war, dass sie zuerst den einen Haufen fressen und dann den anderen.
300	Joker	ein alter Mann	Sie zogen an dem Seil.	Sie hatten sich ihren Plan zu wenig überlegt, deshalb knallten sie aneinander.
200	der Bauernhof	Der Strick war ein bisschen zu kurz.	Joker	Erschöpft setzten sie sich einander gegenüber.
100	der Stall	Die Esel beißen in das Seil.	Beide Esel standen vor einem Heuhaufen	Joker
50	das Seil	Das Futter liegt rechts und links.	Es waren einmal zwei süße Esel, die Hunger hatten.	Der Besitzer brachte die Esel zurück in den Stall.

14 Der rasende Reporter

Claudia Grötzebach

Ziel	Dieses ausgesprochen kommunikative Bewegungsspiel dient dazu, Lernstoff einzuführen, zu vertiefen oder zu wiederholen.
Ursprung/Quelle	Vor Jahren erlebte ich diese Übung bei Axel Rachow als Kennenlernspiel. Ich setze sie nicht als Einstiegsübung ein, sondern als bewegtes Wissensspiel.
Lernstoff	Sie können letztlich jeden Lernstoff damit bearbeiten.
Anzahl der Teilnehmer	Fast unbegrenzt.
Dauer	Ungefähr eine halbe Stunde, je nach Anzahl der Fragen und Diskussionsbedarf.
Umfang	20–25 Fragen, Definitionen oder Ähnliches.
Materialien und Vorbereitung	»Der rasende Reporter« braucht wenig Vorbereitung. Sie versehen ein Blatt, am besten im Computer, mit einer Überschrift, den Spielregeln beziehungsweise der Spielanleitung und einer Tabelle von 4 × 4 oder 5 × 5 Zeilen. In die Zellen der Tabelle tragen Sie die Fragen, Definitionen oder Umschreibungen ein. Dieses Blatt wird anschließend in der Anzahl der Teilnehmer vervielfältigt und ausgegeben.

Materialien

- Teilnehmerunterlagen sowie
- Lösungsvorlage.

Ablauf und Spielregeln

Sie brauchen für den »rasenden Reporter« etwas freie Fläche; im Zweifelsfall können Sie die Teilnehmer aber auch zwischen Tischen und Stühlen laufen lassen, da es sich nur um eine Art »indirekten Wettbewerb« handelt.

Ziel ist es, so schnell wie möglich eine Zeile, eine Spalte oder eine Diagonale mit Autogrammen »voll« zu bekommen, im Idealfall sogar die ganze Tabelle. Das hängt von Ihren Anweisungen ab. Wer das schafft, schreit »Schlagzeile!«, »Skandal!«, »Extrablatt!« oder Ähnliches? und gewinnt (vielleicht) eine Kleinigkeit. Je nachdem, wie viele Spalten oder Tabellen voll sind, sollten die Gewinne unterschiedlich ausfallen.

Und wie wird gespielt? Die Teilnehmer brauchen jemanden, der die Antwort auf eine Frage, Definition oder Umschreibung weiß. Diese Person müssen sie unter den anderen Teilnehmern finden. Alle rasen also nach dem Startzeichen aufeinander zu und befragen sich zu den Fragen, Definitionen oder Umschreibungen. Ist ein »Wissender« gefunden, setzt dieser seine Unterschrift in das entsprechende Kästchen. Derjenige steht später bei der Auflösung dafür ein, dass er die Lösung beziehungsweise Antwort weiß.

Hat ein Teilnehmer das vereinbarte Signalwort gerufen, endet das Spiel vorläufig und Sie müssen es teilauswerten. Dazu prüfen Sie am besten erst einmal, wo eine Reihe, Spalte oder Diagonale betroffen ist, und machen die Probe, holen also die Antworten von denen ein, die behaupten, die Antworten zu wissen oder zu besitzen. Stimmen die Antworten, endet das Spiel, stimmen die Antworten nicht, machen Sie weiter, bis der nächste das Signalwort ruft.

Auswertung

Wenn Sie die Informationen vor Einführung eines neuen Themas nur vorstellen wollen, können Sie auf eine Auswertung verzichten.

Es bietet sich an, diese Informationen mit den Teilnehmern daraufhin durchzugehen, ob sie sie kennen. Damit erzielen Sie einen Wiedererkennungseffekt, der es den Teilnehmern leichter macht, die später vermittelten Inhalte aufzunehmen.

Und schließlich haben Sie die Möglichkeit, eine Lösungsvorlage auf einem Flipchart oder Plakat beziehungsweise Pinnwand anzubringen. Natürlich zunächst mit verdeckten Lösungen – Sie können dann die Lösung öffentlich und mit etwas Dramatik aufdecken.

Varianten

- Diese Variante können Sie als Einführung oder als Wiederholung einsetzen: In der Tabelle der Teilnehmerunterlage bringen Sie Informationen unter, die Sie behandelt haben oder behandeln werden. Diese Informationen sollten entweder in den Teilnehmerunterlagen stehen oder auf Plakaten (Flipchartbogen), die im Raum hängen.

Die Teilnehmer sollen dann herausfinden, welche Lerninhalte drankommen werden und welche nicht beziehungsweise welche behandelt wurden und welche nicht. Das schärft den Blick für das, was gelernt werden soll.

- In einer »Scherzversion« können Sie mit heiteren Varianten oder reinen Scherzfragen arbeiten. Dann dient das Spiel »nur« zur Auflockerung.

Gefahren und Risiken

Risiken birgt das Spiel nur durch Hindernisse, die im Raum liegen könnten oder dadurch, dass etwas umfallen oder heruntergeworfen werden kann. Im Eifer des Gefechtes kommt das schon einmal vor. Daher ist mir das Spielen auf einer Freifläche lieber.

Niveau und Vorkenntnisse

☑ Anfänger   ☑ Fortgeschrittene

Das Spiel ist sehr flexibel und kann für verschiedene Schwierigkeitsgrade ausgelegt werden.

Schwierigkeitskontrolle

Es empfiehlt sich ein längeres Liegenlassen beziehungsweise ein Probedurchlauf.

Raumbedarf

☑ Indoor   ☑ Outdoor

Werden bei der erstgenannten Variante die Informationen auf Flipchartbögen oder auf Plakatenim Unterrichtsraum aufgehängt, dann ist nur die Indoorvariante praktikabel. Doch wenn Sie mit den Teilnehmerunterlagen arbeiten, können Sie sich ebenso für die Outdoorvariante entscheiden.

Tipps

Im Allgemeinen ist der »rasende Reporter« ein Spiel, bei dem die Teilnehmer viel Spaß haben und sehr kommunikativ werden. Es braucht kaum Anwärmzeit, sondern funktioniert in der Regel sofort.

Mischen Sie am besten Fachinfos und Scherzfragen, das lockert auf …

Lernprozess und Kreislaufabschnitt

Dieses Spiel können Sie in allen Phasen des Lernprozesses einsetzen, je nachdem, wie Sie es auslegen.

Einführung	Primäraktivierung	Sekundäraktivierung	Transfer	Integration
☑	☑	☑	☑	☑

Lernkanal

Lernkanal (V-A-K): Das Spiel ist bewegungsintensiv, es gibt etwas zu schauen und die Teilnehmer müssen miteinander kommunizieren. Daher spricht es alle Lernkanäle an.

Visuell	Auditiv	Kinästhetisch
☑	☑	☑

Beispiel   Die Vorlage »Der rasende Reporter« für ein Rhetorikseminar sieht beispielsweise folgendermaßen aus:

Der rasende Rhetorik-Reporter!

Sammeln Sie so schnell wie möglich Autogramme!
Wenn Sie eine Längs-, Quer- oder Diagonallinie mit Unterschriften gefüllt haben, rufen
Sie laut »Extrablatt!«. Wenn Sie es als Erster schaffen, sind Sie der Rasende-Reporter-
Gewinner.

Achtung: Jede Person darf ihre Unterschrift höchstens zweimal auf dasselbe Blatt setzen. Wer in einem Kästchen unterschreibt, bürgt für die richtige Antwort.

Ich kann drei Vorteile der Stegreifreden nennen: *C. Müller*	Ich treibe täglich Sport:	Ich kann die zwei wichtigsten körpersprachlichen Kommunkations-faktoren nennen:	Ich bin in den letzten drei Monaten nicht ins Kino gegangen:
Ich bin Linkshän-der:	Ich habe schon Reden gehalten:	Ich besitze einen Hut: *B. Fritz*	Ich habe eine Metapher/ein Bild für eine Rede: »Eine Rede ist für mich wie …«
Ich kenne drei Regeln für »gute« Reden:	Ich weiß mindes-tens eine Gele-genheit, wo man keine Rede halten kann:	Eine unlesbare Unterschrift von irgendjemandem:	Ich lese gerne Comics:
Ich kenne drei Tipps für die Gestaltung von Manuskripten:	Ich habe im letzten Vierteljahr ein Knöllchen bekom-men:	Ich kenne drei Möglichkeiten, um die Redeangst zu dämpfen:	Ich weiß zwei Tipps, wie man Zuhörer aus dem Saal treibt:

15 Die dramatische Präsentation

Claudia Grötzebach

Ziel Ziel dieser Übung ist es, Begriffe (zum Beispiel Fachwörter oder Vokabeln) leichter oder schneller zu lernen, indem die Teilnehmer sie kreativ mit Gestik oder visualisierten originellen Darstellungen verknüpfen.

Ursprung/Quelle Ich persönlich kenne die Ursprungsversion für dieses Spiel zum einen aus meiner Ausbildung zur Suggestopädin bei Barbara von der Meden und Brigitte Schwitalla, zum anderen fand ich sie auch in dem Buch »Suggestopädie in Theorie und Praxis« (1986) von Donald H. Schuster und Charles E. Gritton.

Lernstoff Ursprünglich wurden mit der »dramatischen Präsentation« neue Vokabeln eingeführt, doch Fachbegriffe lassen sich auf diese Weise ebenfalls sehr gut einführen und lernen.

Anzahl der Teilnehmer Gespielt wird in zwei Gruppen, und damit sich alle gut einbringen können, sollten die Kleingruppen nicht mehr als sechs Personen umfassen. Damit liegt die ideale Gruppengröße bei zwölf Personen. Arbeiten Sie mit größeren Klassen, dann bilden sie vier Gruppen, teilen die Vokabelliste auf und lassen je zwei der vier Gruppen gegeneinander spielen.

Dauer   Ich rechne zwei bis fünf Minuten pro Vokabel (oder Fachbegriff) in der Vorbereitungszeit, plus etwa zwei bis vier Minuten pro Vokabel in der Präsentation.

Umfang   Meine Empfehlung liegt bei bis zu 30 Vokabeln oder Fachbegriffen, nicht mehr.

Materialien und Vorbereitung   Dieses Spiel braucht kaum Vorbereitung. Sie benötigen in der Basisvariante lediglich die vorbereitete Vokabel-, Schlüssel- oder Fachwörterliste. Nur wenn Sie die Variation spielen, in der Sie selbst die dramatische Präsentation vornehmen, sollten Sie sich diese vorab ausgedacht haben.

Hilfreich sind ansonsten neben den Vokabel- oder Fachwörterlisten zum Beispiel Vokabel- oder Fachwortkarten oder Plakate, Poster oder Flipchartbögen, auf denen die neuen Begriffe zu sehen sind.

Materialien

> - Begriffe- oder Vokabelliste,
> - dicke Stifte oder Kreide,
> - Flipchart oder Tafel,
> - Vokabelkarten oder Lernposter,
> - gegebenenfalls Süßigkeiten.

Ablauf und Spielregeln   Für die »dramatische Präsentation« bilden Sie zwei Kleingruppen. Jede der beiden Gruppen setzt sich nun mit der Vokabel- oder Begriffeliste auseinander und überlegt sich, wie sie die Begriffe besonders originell und damit möglichst einprägsam präsentieren kann. Auf diese Weise werden die neuen Begriffe intensiv besprochen, durchdacht und visualisiert, sowohl im Geiste wie auch praktisch.

Haben beide Gruppen die Liste bearbeitet und zu jedem Begriff eine originelle Präsentation gefunden, beginnt der Präsentationswettbewerb.

Der erste Begriff wird aufgerufen und nacheinander präsentieren die Gruppen ihren Präsentationsvorschlag. Jeder hat eine Stimme. Der Vorschlag, der die größte Zustimmung findet, gewinnt und wird zum Beispiel in Form einer Zeichnung als Lernhilfe festgehalten.

So wird mit jedem Begriff verfahren. Je nach Gruppe kann es sein, dass ein Gruppenmitglied alle Begriffe vorführt oder die Gruppenmitglieder sich alle an der Präsentation beteiligen. Ein guter Anreiz ist ein kleiner Preis, zum Beispiel ein Griff in einen Süßigkeitensack für alle.

Insbesondere wenn Sie diese dramatischen Präsentationen später noch einmal in der Primäraktivierung wiederholen oder als späte globale Wiederholung einsetzen wollen, zum Beispiel am Ende einer Stunde, eines Tages oder

Wochenendes oder auch eines Lernzyklus, lohnt es sich, diese schriftlich fest-
zuhalten, zum Beispiel auf Kärtchen, Plakaten oder Flipchartbögen. Diese Aufgabe können Sie auch als Lernauftrag in die Gruppen mit hineingeben. Die
Kärtchen dienen anschließend dem Wiederholen in einer späteren Lern- und
Bearbeitungsphase, zum Beispiel als Wiedererkennungsübung oder Wiederer-
kennungswettbewerb, Ratespiel oder Ähnliches.

Auswertung Im Rahmen eines Nachgespräches zu diesem Spiel erkläre ich meinen Teilnehmern die Wirkung dieser Übung. Insbesondere bei dem späteren Aufgreifen
dieses Spiels weise ich noch einmal darauf hin, wie viel die Teilnehmer mit
diesen originellen Merkhilfen damals behalten hatten.

Varianten
- Da »meine« Grundvariante doch relativ viel Zeit beansprucht, können Sie –
  wie es die meisten suggestopädischen Trainer und Lehrer praktizieren –
  selbst zu jedem neuen Begriff eine dramatische Präsentation vorbereiten
  und diese bei der Einführung der neuen Begriffe darstellen und später als
  Grundlage für die Wiederholungsvarianten nutzen.
- Anstelle von originellen Varianten werden den Sinn des Begriffes darstel-
  lende Varianten gesucht beziehungsweise angeboten. Dies hat bereits Maxi-
  milian D. Berlitz bewusst in seiner Art, Sprachen zu unterrichten, eingesetzt. Er formulierte nicht nur »I open the window«, sondern öffnete
  gleichzeitig das Fenster, damit die Teilnehmer im wahrsten Sinne des Wortes vorgeführt bekamen, was der Sinn dieses Ausdrucks war.

Gefahren und Risiken Weniger Begriffe sind mehr!

Niveau und Vorkenntnisse ☑ Anfänger   ☑ Fortgeschrittene

Schwierigkeitskontrolle Ist bei diesem Spiel nicht notwendig.

Raumbedarf ☑ Indoor   ☑ Outdoor
Im Haus spielt sich die »dramatische Präsentation« besser, da sich dort zum
Beispiel Plakate, Flipcharts und ähnliche Merk- und Visualisierungshilfen be-
finden.

Lernprozess und Kreislaufabschnitt	Die dramatische Präsentation ist eigentlich eine klassische suggestopädische Einführungsübung. Fachbegriffe oder neue Vokabeln werden den Teilnehmern oder Schülern zum ersten Mal in Verbindung mit einer dramatischen Präsentation vorgeführt. Die dramatische oder originelle Präsentation soll dabei als »Merkhilfe« dienen. So eingeführt, kann sie zudem nach der Einführung des neuen Lernstoffes wiederholt und vertieft werden und – zum Beispiel am Ende eines Lernzyklus – als globale Wiederholung eingesetzt werden.

Einführung	Primäraktivierung	Sekundäraktivierung	Transfer	Integration
✓	✓	☐	☐	✓

Lernkanal	**Lernkanal (V-A-K):** Angesprochen werden alle Kanäle. Die Teilnehmer bekommen den neuen Begriff vorgelesen und dargestellt, sie lesen ihn auf einer Vokabelliste oder einer Karte, die Sie als Präsentationshilfe verwenden können, oder auf einem Plakat oder der Tafel..

Visuell	Auditiv	Kinästhetisch
✓	✓	✓

Beispiel Hier sehen Sie eine »dramatische Präsentation« zum Thema Rhetorik. Die Liste mit Begriffen wurde von einer meiner Seminargruppen zusammengetragen. Das Foto zeigt diese Begriffe auf »Loszetteln«.

Zu raten war Folgendes: Körperhaltung, Standpunkt, Diagnoseschema, Mimik, Stimme, Gestik, Blick sowie die lustige Dozentin.

16 Die verflixte Vier

Claudia Grötzebach

Ziel	Bei dieser Übung handelt es sich um einen kombinierten Lern- und Strategie-wettbewerb.
Ursprung/Quelle	Dieses Spiel geht – ebenso wie »4 gewinnt« – zurück auf ein bekanntes Kauf-spiel. Teilnehmer eines meiner Seminare in einem Hotel fanden eine überdi-mensionale Spielvariante und nutzten sie für eine Aufgabe, die ich ihnen ge-stellt hatte. Das fand ich so gut, dass ich seither diese Idee weiterverwende.
Lernstoff	Sie können bei diesem Spiel Fragen zum Lernstoff verarbeiten. Dabei verdient man sich sozusagen das Recht, einen Spielstein zu setzen.
Anzahl der Teilnehmer	Zwei Teilnehmer/Teams pro Spiel; daher wird bei einer größeren Gruppe pa-rallel gespielt.
Dauer	Bis zu 20 Minuten.
Umfang	16–42 Begriffe.
Materialien und Vorbereitung	Sie brauchen für dieses Spiel ein Spielbrett mit 6 × 7 Feldern. Für jedes Spiel benötigen Sie zudem eine entsprechende Anzahl von Spielsteinen, die Begriffe des Themas tragen sollten.

Ich selbst besitze zwar ein Originalspiel des Ravensburger Verlages, doch für die Alltagspraxis ist das etwas aufwendig. Daher habe ich laminierte Vorlagen erstellt. Eine einfache Tabelle, die Sie mit einem Schreibprogramm produzieren, bildet das Spielbrett. Wenn Sie die so erstellte Tabelle mit Fachbegriffen des Themas versehen oder blanko erstellen, dann haben Sie gleichzeitig eine Vorlage für die Spielsteine. Jeweils die Hälfte der Steine wird unterschiedlich markiert, sodass jeder der Spieler weiß, welche Steine ihm gehören.

Materialien

- Spielbrett sowie
- Spielsteine.

Ablauf und Spielregeln

Je ein Team erhält ein Spielbrett und einen Satz Spielsteine. Nun geht es darum, auf dem Spielbrett immer im Wechsel seine eigenen Spielsteine zu platzieren. Ziel dabei ist, »vier voll zu bekommen«, also vier eigene Steine waagerecht, senkrecht oder diagonal zu platzieren. So weit das Original. Nun aber kommt der zusätzliche Anspruch des Lernspiels, denn die vier Begriffe sollen inhaltlich zusammenpassen. Das ist schwierig. Aber dafür erlaube ich, dass inhaltlich auch die fremden Steine genutzt werden können. Wer mehr Steine in einer solchen inhaltlichen Reihe in der eigenen Farbe platzieren kann beziehungsweise die Reihe schließt, der muss sein Bemühen anzeigen mit einem Ruf »Die verflixte Vier gewinnt!«. Das Ganze ähnelt also einer Mischung aus »Scrabble« und »Vier gewinnt«. Wer glaubt, eine Viererreihe gelegt zu haben, und dies durch den entsprechenden Ausruf signalisiert, der muss seine inhaltliche Reihe überzeugend begründen können.

Auswertung

Das Spiel verlangt nicht nur eine strategische, sondern auch eine inhaltliche Auseinandersetzung, daher ist es so anspruchsvoll. Die Teilnehmer sollen über das Ergebnis diskutieren. Einen richtigen Erfolg erzielen Sie dann, wenn Ihre Teilnehmer anfangen, über die Ansätze auch inhaltlich zu diskutieren.

In der Auswertung sollten Sie genauer erörtern: Wer hatte mit welcher Reihe Erfolg? Welche Versuche sind gescheitert? Was wurde zum Beispiel übersehen? So arbeiten Sie ganz unauffällig das Thema immer wieder unter neuen Varianten und Ansätzen auf, die die Teilnehmer selbst entwickelt haben.

Gefahren und Risiken

Für dieses Spiel sind keine Risiken bekannt.

Niveau und Vorkenntnisse

☑ Anfänger   ☑ Fortgeschrittene

Das Spiel ist an alle Lernniveaus anpassbar.

| Schwierigkeitskontrolle | Achten Sie auf klare inhaltliche Bezüge. |

Raumbedarf ☑ Indoor ☑ Outdoor
Draußen besteht leider die Gefahr, dass die Spielmaterialien »vom Winde verweht« werden …

Tipps Beides, Spielbrett und Spielsteinvorlage, sollten Sie am besten laminieren; so halten die Spielvorlagen länger. Die Spielsteine werden zurechtgeschnitten. Wenn Sie für jeden Spielsatz eine andere Farbe wählen, können Sie die Sätze gut auseinanderhalten.

Wichtig noch ein letzter Tipp: Für die Spielsteine gilt, dass Sie Begriffe, die inhaltlich zusammenhängen, in eine Spalte oder eine Reihe schreiben oder legen.

Lernprozess und Kreislaufabschnitt

Dieses Spiel eignet sich weniger als Einführung in ein Thema oder erste Aktivierung des Gelernten, sondern ist gut platziert, wenn sich der neue Lernstoff bereits etwas gefestigt hat und kreativ weiterbearbeitet werden soll.

Einführung	Primäraktivierung	Sekundäraktivierung	Transfer	Integration
☐	☐	☑	☑	☑

Lernkanal

Lernkanal (V-A-K): Das Spiel bedient alle Lernkanäle.

Visuell	Auditiv	Kinästhetisch
☑	☑	☑

Beispiel Nachfolgend sehen Sie ein Beispiel für eine »Verflixte Vier« zum Thema »Schlagfertigkeit«. Die Spielsteine erstelle ich über eine ausgefüllte Spielbrettvariante, die ich dann zu Spielsteinen zerschneide (s. nächste Seite).

Anti-Ärger-Dialog	Ent-spannung	Die heitere Interpre-tation	Perspektiv-wechsel	Torero-strategien	Marionette	Klartext sprechen
Das Kompliment	Gummi-/Tanz-schritt-strategien	Abstand	Rückfrage	Differen-zieren (Thema verfehlt)	Rache/Revanche	Zielorien-tierung
Das übertriebe-ne Detail	Ignorieren	Die sachliche Feststel-lung	Scheinzu-stimmung	Umleitung	Flexibilität	Entschlei-erungs-strategien
Brüten/Kreisen	Inter-pretation	Gelassen-heit	Souveräni-tät	Unbere-chenbarkeit	Die Konfron-tation	Spiel
Der Praxistest	Explosion	Empathisch zustimmen (elegant beharren)	Stumme Geste	Ärgernis	Nutzen	Witz-technik
Die entgiftende Gegenfrage	Mit Charme und Esprit	Übung	Teekessel-Strategie	Zweisilbiger Kommentar	Vor-bereitung	Das unpassende Sprichwort

17 Die Essenzbahn

Claudia Grötzebach

Ziel	Das Ziel dieser Knobelei besteht darin, Regeln, Merksätze und ähnliche wichtige Lernsätze zu verankern, indem sie sozusagen erknobelt werden müssen.
Ursprung/Quelle	Das Spiel habe ich mir von Gudrun Wallenwein abgeschaut. Zunächst musste ich mich etwas damit anfreunden und es erschien dem Spiel »Sätze stellen« (s. S. 199 ff.) sehr ähnlich, doch hier kann ein komplexerer Inhalt verarbeitet werden als beim Sätze-Stellen. Damit ist die »Essenzbahn« durchaus anspruchsvoller.
Lernstoff	Gudrun Wallenwein verarbeitet in diesem Spiel Essenzen des Tages, Seminares oder Themas, daher auch der Name. Doch ich finde, dass darüber hinaus bei diesem Knobelspiel vor allem Merksätze, Regeln und ähnliche wichtige Inhalte bearbeitet werden können.
Anzahl der Teilnehmer	Zwei bis sechs Teilnehmer; gegebenenfalls arbeiten Sie mit mehreren Kleingruppen parallel.
Dauer	10–30 Minuten.
Umfang	Variabel, abhängig von der Satz- oder Regellänge, die Sie illustrieren wollen.

Materialien und Vorbereitung	Sie brauchen für dieses Knobelspiel nur eine attraktive, längliche beziehungsweise segmentierbare Vorlage, wie zum Beispiel eine Schlange, eine Bahn mit verschiedenen Waggons, einen Wurm mit einem segmentierten Körper, einen Tausendfüßler … Diese Vorlage kann aus Pappe, einem Laminat oder einem echten Spielzeug (zum Beispiel Spielzeugeisenbahn) bestehen.

Sie brauchen zudem einen Merksatz, eine Quintessenz oder eine Regel in Satzform. Die Regel schneiden Sie dann in Stücke. Dabei sollte es sich nicht um sinnvolle Wörter handeln wie beim Sätze-Stellen, sondern in wirklich sinnlose Teile, also Wortfetzen. Diese Stücke bringt man dann auf der Vorlage an, schreibt sie zum Beispiel darauf oder klebt sie auf, sodass jedes Segment Träger eines der »sinnlosen« Stücke wird.

Zur Kontrolle des Ergebnisses sollten Sie eine Vorlage mit den Merksätzen zur Hand haben oder diese zum Beispiel auf Lernplakaten anbringen. Das macht es den Teilnehmern deutlich leichter, die Essenzbahnen zu knacken.

Materialien

> • Segmentierbare Vorlage oder Spielzeug,
> • Merksätze, Quintessenzen oder Regeln in Satzform,
> • Lösungsvorlage.

Ablauf und Spielregeln

Verteilen Sie den Spielsatz auf die Gruppe. Diese knobelt nun, um den Merksatz oder die Essenz herauszubekommen.

Auswertung

Auch die »Essenzbahn« will ausgewertet sein. Fragen Sie zum Beispiel: Wie schwierig war es? Wann wurde der Satz gebraucht? Wie empfanden die Teilnehmer die Knobelei?

So kann man über die Auswertung noch einmal das Gelernte bearbeiten und neu im Gedächtnis verankern.

Varianten

• Sie lassen von den Teilnehmern selbst die Merksätze oder Quintessenzen erstellen und dann in Kleingruppen erknobeln.

• Sie arbeiten mit mindestens zwei Gruppen parallel und machen aus der Essenzbahn einen Wettbewerb, wer den oder die Sätze zuerst knackt.

• Arbeiten Sie mit Umschreibungen, die die Teilnehmer erknobeln müssen und lassen Sie sie dann die richtigen beziehungsweise originalen Quintessenzen erraten.

Niveau und Vorkenntnisse

☑ Anfänger   ☑ Fortgeschrittene

Dies Spiel ist anspruchsvoller als das Bewegungsspiel »Sätze stellen«, doch es ist an verschiedene Niveaus anpassbar und damit sehr vielseitig. Als thematische

Einführung könnte es ebenfalls genutzt werden, doch da scheint mir persönlich »Sätze stellen« geeigneter.

Gefahren und Risiken

Das Spiel ist risikolos. Wichtig ist, dass es für die Gruppen angemessen schwierig gestaltet wird.

Schwierigkeitskontrolle

Es empfiehlt sich, die Sätze länger liegen zu lassen und dann einmal selbst auszuprobieren, wie lange Sie brauchen, um die richtigen Sätze auszuknobeln.

Raumbedarf

☑ Indoor ☑ Outdoor

Das Spiel ist drinnen wie draußen einsetzbar, doch im Haus spielt es sich meist komfortabler.

Tipps

Sie können natürlich ohne jeden Schnickschnack nur mit den Satzstücken arbeiten, doch eine attraktive, schöne Vorlage wertet diese Knobelei auf.

Lernprozess und Kreislaufabschnitt

Die »Essenzbahn« ist anspruchsvoll, je nach Ausgestaltung. Während Sie »Sätze stellen« als Einführung oder Primäraktivierung – also relativ früh im Lernprozess – einsetzen können, bin ich bei diesem Spiel eher für einen Einsatz zu einem späteren Zeitpunkt, wenn die Lerninhalte schon einmal bearbeitet und gefestigt worden sind.

So kann es als kreative Bearbeitung, als Transferübung oder auch als späte Wiederholung zum Beispiel einer Lernsequenz, eines Tages oder eines Seminares fungieren. Unbenommen ist selbstverständlich auch der Einsatz als »Essenzbahn« wie bei Gudrun Wallenwein, der Ideenstifterin.

Einführung	Primäraktivierung	Sekundäraktivierung	Transfer	Integration
	☑	☑	☑	☑

Lernkanal

Lernkanal (V-A-K): Angesprochen werden bei diesem Spiel alle Lernkanäle. Denn mit der optischen Vorlage bekommen die Augen ihr Futter, es wird über den Merksatz oder die Quintessenz gesprochen und jeder kann sortieren, knobeln und in verschiedenster Form aktiv werden.

Visuell	Auditiv	Kinästhetisch
☑	☑	☑

Beispiel

Ein Beispiel für eine »Essenzbahn« zum Thema »Schlagfertigkeit«, die ich gezeichnet habe. Der Essenzsatz lautet:

Unberechenbarkeit ist das vielleicht wichtigste, aber auch schwierigste Grundprinzip der nonaggressiven Schlagfertigkeit.

Die Aufteilung des Essenzsatzes in Silben mache ich am liebsten anhand einer Tabelle. Zum einen habe ich so einen besseren Überblick, zum anderen erstelle ich die Essenzbahn gerne im Computer. Anschließend kann ich nämlich die eingescannten Vorlagen als Grafiken in die Tabelle einfügen. So kann ich die Vorlage unendlich oft wieder ausdrucken.

Unber	ech	en	barke
it	ist	d	as
vie	l	le	icht
wicht	ig	ste,	ab
er	au	ch	sch
wie	rig	ste	Grund
prinz	ip	de	r
non	ag	gre	ssi
ven	Schlag	fertig	keit.

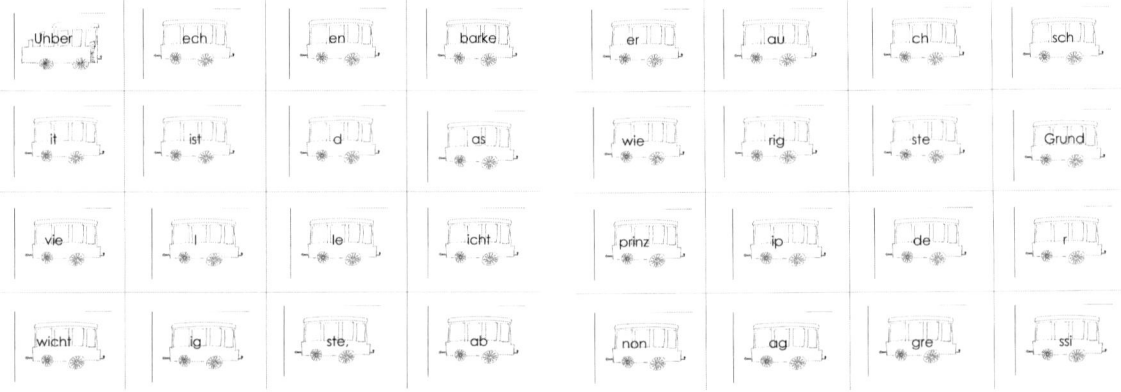

Die Vorlagen muss ich dann nur noch zerschneiden und zu Arbeitspäckchen zusammenpacken.

18 Lern-Domino

Claudia Grötzebach

Ziel	Das Ziel des Lern-Dominos ist es, Informationen, Definitionen und Inhalte gezielt zu wiederholen und zu festigen.
Ursprung/Quelle	Das Lern-Domino ist eine Variation des bekannten Zahlendominos. Ich habe es im Rahmen meiner Suggestopädieausbildung bei Barbara von der Meden und Brigitte Schwitalla kennengelernt.
Lernstoff	Sie können mit dem Lern-Domino besonders gut Fachwörter, Vokabeln oder Definitionen vermitteln oder wiederholen, im Kern also zweigliedrige Informationen.
Anzahl der Teilnehmer	Eine bis sieben Personen. Eine kleinere Gruppe ist vorteilhafter, da in kleineren Gruppen alle stärker aktiviert werden. Je größer die Gruppe, desto geringer die Mitmachmöglichkeiten für Einzelne und desto schlechter können alle sehen und die Informationen bearbeiten.
Dauer	10–25 Minuten. Je mehr Karten Sie pro Domino verwenden, desto länger dauert das Spiel.
Umfang	Bis zu 30 Karten pro Spiel.

Materialien und Vorbereitung

Geringer Materialverbrauch und wenig Vorbereitung.

Die Erstellung per Hand: Sammeln Sie zum Beispiel Vokabeln und ihre Übersetzung, Begriffe und ihre Definitionen oder auch Satzanfänge und ihre Fortsetzungen. Legen Sie die Aktenstreifen oder Moderationskarten quer vor sich hin. Die Dominokarten werden optisch zum Beispiel durch einen Strich in zwei Spalten geteilt. In der rechten Spalte notieren Sie die Vokabel, in der linken Spalte einer anderen Dominokarte die Übersetzung.

Die Erstellung per Computer: Fertigen Sie das Domino am Computer an, brauchen Sie zunächst ein Word-Dokument mit einer zweispaltigen Tabelle. In die rechte Spalte tragen Sie zum Beispiel den Fachbegriff einer Definition ein, in die linke die passende Umschreibung oder Erläuterung. Nach dem Ausdrucken müssen Sie die Tabelle dann nur noch zerschneiden.

Materialien

- Dominokarten (aus kartoniertem Papier, Aktenstreifen oder Pinnwandkarten).

Ablauf und Spielregeln

Beim normalen Zahlendomino werden die Spielsteine auf die Spieler verteilt. Die Spieler müssen ihre Steine dann schnellstmöglich ablegen. Dabei werden immer zwei gleiche Zahlen aneinander gelegt. Diese Regeln werden in leichter Variation auf das Lern-Domino übertragen.

Bilden Sie zunächst Kleingruppen. Dann verteilen Sie die Lern-Dominos auf die Gruppen. Jeder erhält mindestens eine Karte. Sie können jetzt eine beliebige Karte in der Mitte des Raumes platzieren und die Spieler ihre Karten anlegen lassen. Wichtig dabei ist, dass die Teilnehmer viel miteinander diskutieren und kombinieren, denn das hilft wesentlich, die Informationen zu wiederholen, vielfältig zu verarbeiten und zu festigen.

Auswertung

Sie können das Lern-Domino selbst auswerten und zu den Teilnehmern oder den Gruppen gehen. Das Ergebnis können Sie anhand Ihrer Vorlage überprüfen.

Günstig ist es, den Lernstoff auf Plakaten zu platzieren und den Teilnehmern die Auswertung selbst zu überlassen, zum Beispiel in einem Plenumsgespräch. Das erhöht den Lerneffekt. Gerade bei der Wettbewerbsvariante können Sie die Auflösung spannend gestalten und mit viel Unterhaltungseffekt versehen.

Varianten

- Sie verteilen mehrere gleiche Spielsätze auf die einzelnen Kleingruppen und lassen diese parallel arbeiten.
- Sie verteilen verschiedene Lern-Dominos im Raum und lassen die Gruppen die Dominos wie bei einem Stationenlernen durchlaufen. Bei dieser Varian-

te besteht allerdings die Gefahr, dass sich die Gruppen nach der zweiten oder dritten Variante langweilen, da Sie die Methode nicht variieren. Ich empfehle daher, diese Variante eher bei einer Wiederholung einzusetzen und dann mit einem Wettbewerbscharakter zu versehen, zum Beispiel mit einer maximalen Bearbeitungszeit und/oder einer Punktevergabe für Richtigkeit.

- Lassen Sie das Lern-Domino von den Teilnehmern während des Unterrichtes erstellen.
- Spielen Sie das Lern-Domino als Wettbewerb mit mehreren Gruppen parallel. Das ist eine Variante für zweite oder dritte Wiederholungen, zum Beispiel in der Sekundäraktivierung oder der Integration. Dabei erhalten die Spieler mehrere Dominokarten, die sie verdeckt ablegen oder halten. Wer seine Karten als Erster richtig anlegen kann, gewinnt.

Gefahren und Risiken   Bei diesem Spiel sind mir keine Risiken bekannt.

Niveau und Vorkenntnisse   ☑ Anfänger   ☑ Fortgeschrittene
Das Lern-Domino ist eher leicht, aber als Trainer oder Lehrer kann es passieren, dass man manchmal den Schwierigkeitsgrad doch unterschätzt.

Schwierigkeitskontrolle   Da wir den Schwierigkeitsgrad des Lern-Dominos leicht unterschätzen, lohnt sich ein Selbst- oder Fremdversuch. Ich selbst habe mir angewöhnt, ein neues Lern-Domino zunächst liegen zu lassen und es nach ein paar Tagen dann selbst zu legen. So habe ich zumindest eine ungefähre Vorstellung, wie schwierig es ist und wie lange man braucht, um es zu lösen.

Raumbedarf   ☑ Indoor   ☑ Outdoor
Ich selbst spiele es üblicherweise drinnen, doch Sie können das Spiel natürlich (zum Beispiel bei schönem Wetter) nach draußen verlegen.

Tipps   Für das Lern-Domino ist es sinnvoll, die Anfangs- und die Schlusskarte zu markieren, zum Beispiel mit dem Wort »Start« beziehungsweise »Ende« oder einem (möglichst selbsterklärenden) Bild, um Missverständnisse und Irritationen zu vermeiden.

Gestalten Sie das Lern-Domino groß genug, dass es von mehreren Personen selbst mit etwas Abstand gut gelesen werden kann. Insbesondere wenn Sie es als »Bodenvariante« gestalten, sollten Ihre Karten gut lesbar sein. Laminieren Sie das Material, dann hält es länger.

Lernprozess und Kreislaufabschnitt	Das Lern-Domino ist an verschiedenen Stellen im Lernprozess einsetzbar. Sie können es schon für die erste Einführung wichtiger Schlüssel- oder Lernbegriffe anwenden. Dann empfiehlt sich eine leichte Variante oder eine eher geringere Kartenzahl. Nach der Einführung eines neuen Stoffes, wenn es daran geht, das Gelernte wiederzuerkennen und zu festigen, ist das Lern-Domino ebenfalls gut platziert. Und schließlich können Sie es nehmen, wenn Sie den Stoff nach längerer Zeit noch einmal wiederholen wollen.

Einführung	Primäraktivierung	Sekundäraktivierung	Transfer	Integration
✓	✓	☐	☐	✓

Lernkanal	**Lernkanal (V-A-K):** Das Spiel eignet sich für alle Lerntypen, insbesondere auch für Kinästheten, da es zum Beobachten, miteinander Reden und körperlicher Bewegung einlädt.

Visuell	Auditiv	Kinästhetisch
✓	✓	✓

Beispiel Das Lern-Domino kann zum Beispiel folgendermaßen aussehen:

START	Welche Rede dauert drei bis fünf Minuten?

Stegreifrede	Welche Sprache ist nicht die Sprache des Wortes?

Körpersprache	Wie nennt man das zarte Spiel der Gesichtszüge?

Mimik	Wie nennt man die Kunst des geschickten Umgangs mit dem Wort?

Rhetorik	Ein Redeschema ist nichts anderes als ein …

logischer Gedankengang	ENDE

19 Drei Adjektive

Claudia Grötzebach

Ziel	Ziel ist es, Informationen, die den Teilnehmern auf den Rücken geheftet worden sind, durch Befragen der Mitspieler herauszufinden. So wird der Lernstoff noch einmal intensiv erforscht, besprochen, durchdacht und im Gedächtnis mit vielen Assoziationen verknüpft abgespeichert.
Ursprung/Quelle	Diese Übung habe ich dem Buch »Suggestopädie in Theorie und Praxis« (1986) von Donald H. Schuster und Charles E. Gritton entnommen. Sie ist nach deren Angaben ursprünglich von Beverley Galeyan für den Fremdsprachenunterricht entwickelt worden, doch lässt sie sich gleichermaßen für andere Themen und Stoffbereiche einsetzen.
Lernstoff	Mit diesem Ratespiel können Sie Fremdsprachen, aber auch Fachinhalte, Begriffe und Formulierungen vertiefen und wiederholen. Damit ist diese Übung relativ breit einsetzbar.
Anzahl der Teilnehmer	Bis 30 Teilnehmer.
Dauer	Ungefähr 10–30 Minuten, da nicht jeder mit jedem sprechen muss.
Umfang	Variabel.

<table>
<tr><td>

Materialien und Vorbereitung

</td><td>

Dieses Spiel braucht wenig Vorbereitung und Material. Eingesetzt werden lediglich Zettel, die den Teilnehmern zum Beispiel mit Sicherheitsnadeln oder Kreppband auf den Rücken geheftet werden. Sie können Ihren Teilnehmern aber ebenso ein Plakat mit einer Kordel um den Hals hängen. Dickere Papiere sind dann besser geeignet, da sich die Stifte darauf beim Schreiben auf dem Rücken nicht durchdrücken.

Jeder Teilnehmer erhält einen Stift. Filzstifte sind besser geeignet, da man damit etwas größer schreibt und sie weniger störanfällig sind als Kugelschreiber. Sie können allerdings bei schlechter Papierqualität durchfärben.

Dann beginnt die Vorbereitung. Jedem Teilnehmer wird ein Papier beziehungsweise eine Pappe auf den Rücken geheftet und ein Stift in die Hand gedrückt. Im Original gehen nun alle im Raum herum und überlegen sich nette Adjektive zu den anderen Teilnehmern. Diese netten Attribute werden dann auf den Rücken geschrieben, insgesamt drei pro Person. Wichtig dabei ist, dass die Teilnehmer nicht wissen, welche positiven Eigenschaften ihnen zugeschrieben werden!

In meiner Lernspielvariante überlegen sich die Teilnehmer Begriffe, Definitionen oder Regeln, die ihrer Meinung nach wichtig sind. Diese (aber immer nur einen) notieren sie dann auf dem Rücken eines Teilnehmers.

</td></tr>
</table>

Materialien

- Papier oder Pappen für Rückenschilder,
- Sicherheitsnadeln, Kreppband oder Kordel,
- Stifte, am besten Filzstifte,
- CD-Player sowie
- Musik (CDs).

Ablauf und Spielregeln

Das Spiel beginnt, wenn die Rückenschilder eines jeden Teilnehmers mit Adjektiven beschriftet wurden. Diese Begriffe müssen die Teilnehmer nun herausfinden, indem sie die anderen Mitspieler befragen.

Dazu geht man in der Gruppe umher und stellt den anderen Mitspielern Fragen zum Begriff: »Bin ich …?« Der Befragte antwortet nun, wenn die Frage beziehungsweise Annahme zutreffen sollte: »Ja, du bist …« Trifft die vermutete Beschreibung nicht zu, dann bestätigt der Befragte: »Ja, du bist auch …« und ergänzt vielleicht noch eine hilfreiche Information.

Nach Ablauf der Spielzeit wird aufgelöst beziehungsweise kontrolliert, ob alle Teilnehmer ihre Begriffe auf ihrem Rücken herausgefunden haben.

Auswertung

Im Auswertungsgespräch frage ich die Teilnehmer, wie schwer ihnen die Übung gefallen ist und was sich im Laufe des Spiels verändert hat. So nehmen sie den Übungseffekt dieses Spieles (noch einmal) bewusst wahr. Zur Auswertung können Sie außerdem die Schilder mit den »Rückeninformationen« an die Wand hängen. Das ist sinnvoll, wenn Sie zum Beispiel noch einmal einen Überblick über den Lernstoff schaffen oder neue Assoziationen setzen wollen.

- Sie vertiefen auf diese Art und Weise Schlüsselwörter oder Definitionen, die Sie frei erfragen lassen.
- Zum Einsatz als *Fragespiel* im Fremdsprachenunterricht können Sie Frage- und Antwortformulierungen auf die Rückenschilder schreiben.
- Mit *Musik* können Sie diese Übung ebenfalls gestalten. Lassen Sie flotte Musik laufen, während die Teilnehmer dazu umhergehen. Wenn Sie die Musik stoppen, wenden sich die Teilnehmer einem der Umstehenden zu und das Frage-Antwort-Spiel beginnt. Nach kurzer Zeit lassen Sie die Musik weiterlaufen.
- *Einer nach dem anderen.* Dazu geht ein einzelner Kandidat in der Gruppe umher und fragt die anderen Mitspieler: »Bin ich …« Der Befragte antwortet nun, wenn die Frage beziehungsweise Annahme zutreffen sollte: »Ja, du bist …« Trifft die vermutete Beschreibung nicht zu, dann bestätigt der Befragte: »Ja, du bist auch …« und ergänzt: »… und …« nennt dann eines der Adjektive, die sich auf dem Rücken befinden. So vertiefen die Teilnehmer nicht nur Sprachkenntnisse, Vokabeln und Formulierungen, sondern erfahren auch noch Nettes über sich selbst. Der zweite Kandidat spielt erst, wenn das erste »Rätsel« gelöst wurde. Diese Variante dauert länger und ist nur für kleinere Gruppen geeignet.
  Nach Ablauf der Spielzeit wird aufgelöst beziehungsweise kontrolliert, ob alle Teilnehmer die ihnen zugeschriebenen Adjektive herausgefunden haben. Meist ergibt sich eine Menge Freude und eine gute Stimmung, wenn die positiven Eigenschaften dann noch einmal diskutiert werden.
  Es kann durchaus sinnvoll sein, die Pappen zu zerschneiden, sodass jedes Adjektiv noch einmal für sich allein steht. Dann können die Teilnehmer diese Begriffe zum Beispiel außerdem noch thematisch sortieren.

Niveau und Vorkenntnisse   ✓ Anfänger   ✓ Fortgeschrittene

Schwierigkeitskontrolle   Wählen Sie stets Begriffe, die die Teilnehmer bereits gelernt haben. Sie können das Spiel zusätzlich vereinfachen, wenn diese Begriffe auf Plakaten an der Wand sichtbar sind.

Raumbedarf	☑ Indoor ☑ Outdoor

Wenn Sie Lernplakate als Hilfen einsetzen wollen, dann bleibt nur die Indoorvariante.

Gefahren und Risiken

Räumen Sie nach Möglichkeit Hindernisse aus dem Weg, über die die Teilnehmer stolpern könnten.

Eine weitere Gefahr besteht darin, dass die Teilnehmer den Lerneffekt zu gering schätzen. Daher ist das Auswertungsgespräch wie beschrieben sehr wichtig, um bewusst zu machen, wie schwer die Übung manchen anfangs gefallen ist und wie sie zunehmend leichter wurde.

Lernprozess und Kreislaufabschnitt

Dieses Spiel ist als Wiederholung von Lernstoff und Schlüsselbegriffen gut geeignet. Für den Fachunterricht lässt es sich meines Erachtens sowohl als Erstvertiefung wie auch als spätere, modifizierte Vertiefung und Wiederholung einsetzen.

Im Fremdsprachenunterricht ist dieses Ratespiel eher komplex, da die Begriffe zum Teil in einen neuen Kontext (Fragen …) eingebunden werden. Damit setzt es Anforderungen und ist eher als spätere Vertiefung (Sekundäraktivierung oder Transfer) geeignet.

Einführung	Primäraktivierung	Sekundäraktivierung	Transfer	Integration
☐	☐	☑	☑	☐

Lernkanal

Lernkanal (V-A-K): Angesprochen werden bei diesem Ratespiel alle Lernkanäle.

Visuell	Auditiv	Kinästhetisch
☑	☑	☑

Beispiel

Die »Drei Adjektive« aus einem Chinesisch-Training können folgendermaßen aussehen:

Drei Adjektive

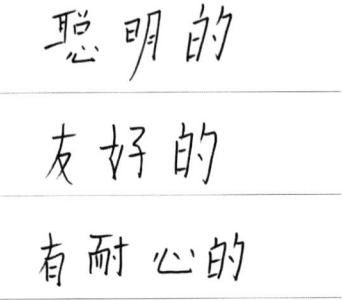

20 **1, 2 oder 3**

Claudia Grötzebach

Ziel	Bei diesem Spiel verbindet sich ein Wissensspiel, bei dem aus drei Antwortvarianten die richtige ausgewählt werden muss, mit moderater Bewegung. Es eignet sich daher sehr gut, um Müde munter zu machen.
Ursprung/Quelle	Das Spiel ist bekannt geworden durch Michael Schanze, der es früher im Fernsehen in der gleichnamigen Kindersendung spielte. Dabei spielten mehrere Mannschaften gegeneinander. Wer auf eine Wissensfrage die richtige von drei Antwortvarianten getroffen hatte, bekam einen Ball. Je besser die einzelnen Mitspieler, desto mehr Bälle errang das Team.
Lernstoff	Mit »1, 2 oder 3« können Sie sehr variabel arbeiten. Sie können nach verschiedensten Daten und Fakten fragen. Scherzfragen können dem Ganzen zusätzlich eine witzige Note verleihen.
Anzahl der Teilnehmer	Fast unbegrenzt.
Dauer	10–25 Minuten.

Umfang	10 bis 20 Fragen.
Materialien	Der Materialbedarf für die Basisversion ist sehr begrenzt. Sie brauchen dazu eigentlich nur drei Moderationskarten, die mit einer »1«, einer »2« und einer »3« beschriftet werden. Ansonsten ist nur eine Freifläche notwendig.

Materialien	<ul><li>Moderationskarten,</li><li>Kreppband,</li><li>Filzstift und</li><li>Schilder.</li></ul>

Vorbereitung	Sie benötigen drei Schilder (mit einer »1«, einer »2« und einer »3«) und eine Liste mit Wissens- und/oder Scherzfragen, die jeweils drei Antwortvarianten anbieten.
Ablauf und Spielregeln	Schaffen Sie sich eine Freifläche, auf der die Spieler genug Platz haben, auch wenn sich alle für ein und dieselbe Antwortvariante entscheiden sollten. Diese Freifläche wird in drei Abschnitte oder Räume aufgeteilt. An einem Ende der Freifläche bringen Sie dann die drei Zahlenkuller oder -schilder für alle gut sichtbar an, zum Beispiel an der Wand oder einer bis drei Pinnwänden. Gegebenenfalls können Sie die Schilder auf den Boden legen. So werden die drei Abschnitte jeweils einer Zahl, die für eine Antwortvariante steht, zugeordnet. Streifen aus Kreppband, die Sie mit einem Filzstift farbig markieren können, unterstreichen den Raumteilungseffekt zusätzlich. Die Farben der Streifen und der Schilder sollten zueinander passen, zum Beispiel rotes Schild = rote Streifen, blaues Schild = blaue Streifen, gelbes Schild = gelbe Streifen.

Bei »1, 2 oder 3« handelt es sich um eine Art Abstimmung mit den Füßen. Zum Spielbeginn fordern Sie die Gruppe auf, sich frei im Raum zu bewegen. Dann lesen Sie Ihre Frage vor und bieten drei Antwortvarianten an: 1. = …, 2 = … oder 3 = … Nach einer Bedenkzeit, in der die Teilnehmer sich immer noch frei im Raum bewegen können, also die möglichen Antwortvarianten »durchgehen«, müssen sie sich entscheiden und auf eine Antwortfläche stellen.

Das Ende der Bedenkzeit markieren Sie deutlich mit einer stehenden Redewendung. Bei Michael Schanze lautete diese: »1, 2 oder 3, ob du Recht hast oder nicht, zeigt dir gleich das Licht!«, denn die richtige Antwortvariante wurde mit einem Licht, das anging, gekennzeichnet

In der beschriebenen Basisvariante spielt einfach jeder gegen jeden. Es bleibt dabei, nach jeder Frage die richtige Antwort zu geben und gegebenenfalls nachzufragen, warum sich (hoffentlich) einzelne Spieler für eine falsche Antwortvariante entschieden haben.

Anfangs habe ich gedacht, es sei sinnvoll, drei Plakate mit den verschiedenen Antwortvarianten aufzuhängen, doch die Zahlenkuller reichen. Die Fragen und Antwortmöglichkeiten lese ich laut vor.

Auswertung

Die Auswertung erfolgt direkt nach jeder Frage. Günstig ist es, nicht nur die richtige Antwort zu nennen und mit den Teilnehmern kurz zu klären, warum das die richtige war beziehungsweise woher sie das wussten, sondern auch die anderen Teilnehmer zu fragen, weshalb Sie sich für eine falsche Variante entschieden hatten. Jene, die falsch lagen, frage ich meist zuerst – dabei gibt es meist sehr interessante Gedankengänge zu hören.

Ob Sie dem Spiel den Wettbewerbscharakter lassen, können Sie selbst entscheiden. Er bietet sich an, wenn das Spiel einer Wiederholung dienen soll.

Varianten

- Sie können »1, 2 oder 3« spielen, indem Sie jeden gegen jeden spielen lassen und Punkte vergeben. Empfehlenswert als Belohnung sind meines Erachtens Süßigkeiten, kleine Nachdenkkarten oder sonstige Kleinigkeiten, die den Teilnehmern Freude bereiten.
- Günstiger ist es, den Wettbewerb in Teams statt zwischen Einzelteilnehmern auszutragen. Dann fällt individuelles Versagen nicht so ins Gewicht. Sie müssen keine Punkte vergeben, aber sie können es.
- Scherzfragen statt ernst zu nehmender Wissensfragen sind ebenfalls eine Variante, um das Spiel aufzulockern. In dem Fall sollte das Spiel aber nicht zu lange dauern. Ich mische gerne Scherzfragen unter die Wissensfragen. Das kommt sehr gut an.

Gefahren und Risiken

Gesichtsverlust durch falsche Antworten.

Niveau und Vorkenntnisse

☑ Anfänger   ☑ Fortgeschrittene

Sie können dieses Spiel, was den Schwierigkeitsgrad angeht, sehr flexibel auslegen. Damit ist es für alle Niveaus verwendbar. Wollen Sie das Spiel sehr einfach halten, können Sie Fragen an die bearbeiteten Lerntexte oder Lehrbuchinhalte anlehnen. Wollen Sie das Spiel anspruchsvoller gestalten, dann variieren Sie die gelernten Informationen.

Schwierigkeitskontrolle

Wie bei anderen Spielen auch, empfiehlt sich das Liegenlassen für eine Weile, um dann den Schwierigkeitsgrad zu kontrollieren.

Raumbedarf	✓ Indoor	✓ Outdoor

Tipps Wenn Sie die Fassung »Jeder gegen jeden« spielen lassen, verzichten Sie besser auf eine sichtbare Punkteübersicht. Das frustriert jene Teilnehmer, die mehrere falsche Antworten wählten und nun langsam aber sicher in den Punkten zurückfallen.

Ähnliches empfehle ich für den Wettbewerb in Gruppen. Witziger ist es, wenn Sie einfach nur Süßigkeiten aus einer Schale ziehen lassen. Sollte Ihnen aber bei einem Wettbewerb doch die Stimmung abrutschen, dann gestalten Sie die Spielregeln einfach um.

Lernprozess und Kreislaufabschnitt

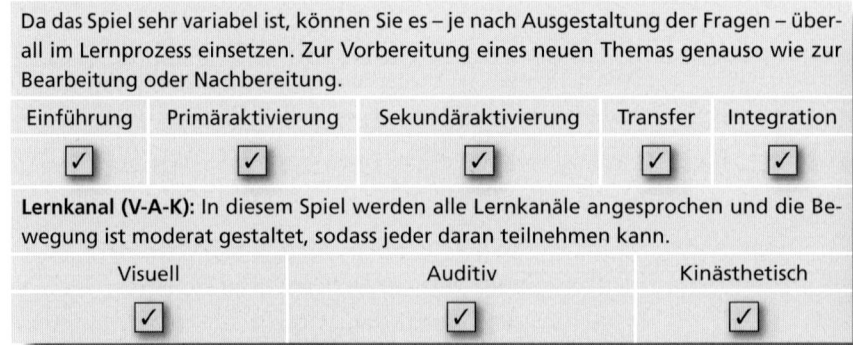

Da das Spiel sehr variabel ist, können Sie es – je nach Ausgestaltung der Fragen – überall im Lernprozess einsetzen. Zur Vorbereitung eines neuen Themas genauso wie zur Bearbeitung oder Nachbereitung.

Einführung	Primäraktivierung	Sekundäraktivierung	Transfer	Integration
✓	✓	✓	✓	✓

Lernkanal

Lernkanal (V-A-K): In diesem Spiel werden alle Lernkanäle angesprochen und die Bewegung ist moderat gestaltet, sodass jeder daran teilnehmen kann.

Visuell	Auditiv	Kinästhetisch
✓	✓	✓

Beispiel »1, 2 oder 3 …?« zum Thema »Rhetorik« sehen Sie auf den folgenden Karten:

Frage: **Es gibt im Wesentlichen drei Arten von Pannen. Welche sind es?**
- Geplante Pannen, Sabotage, peinliche Pannen.
- Organisatorische Pannen, menschliches Versagen, technische Pannen.
- Unwichtige Pannen, fremdverschuldete Pannen, selbstverursachte Pannen.

Frage: **Was ist der Unterschied zwischen Redeangst und Lampenfieber?**
- Es handelt sich in beiden Fällen um Einbildungen, die genetisch prädestiniert sind.
- Es gibt keinen Unterschied und beide sind positiv, weil sie uns wachsam machen.
- Beides sind Stresszustände, die sich nur graduell unterscheiden. Lampenfieber wirkt sich meist positiv aus, Redeangst dagegen meist negativ.

21 Fun Cards

Claudia Grötzebach

Ziel	Bei den Fun Cards werden Ihre Teilnehmer in »bewegter Form« veranlasst, sich gelernte oder zu lernende Begriffe zwei- bis dreimal anzuschauen und so intensiv einzuprägen. Darüber hinaus werden diese Begriffe besprochen und geklärt.
Ursprung/Quelle	Diese Idee stiftete Claudia Feichtenberger für unser gemeinsames Buch »Trainieren mit Herz und Verstand«.
Lernstoff	Vermitteln können Sie jeglichen Lernstoff, vor allem aber Fakten, Begriffe, Vokabeln, Ereignisse und Ähnliches.
Anzahl der Teilnehmer	Bis etwa 15, ansonsten werden die Gruppen zu groß. Gegebenenfalls sollten Sie mit Paaren arbeiten.
Dauer	Ungefähr 30 Minuten.
Umfang	Ungefähr 30 Karten.
Materialien und Vorbereitung	Stellen Sie Kärtchen her, auf denen jeweils Fachbegriffe, Fremdwörter, Vokabeln, Formeln und Ähnliches geschrieben oder gemalt stehen, die direkt mit den Inhalten zusammenhängen, um die es in der Einheit geht.

Schreiben oder malen Sie möglichst groß und sauber (fertigen Sie gegebenenfalls die Kärtchen mithilfe des Computers an), das fällt besonders leicht, wenn Sie Plakatschreiber mit abgeschrägter Spitze verwenden.

Verteilen Sie diese Fun Cards im Raum zum Beispiel auf dem Boden, auf Fensterbänken, angelehnt an Gegenstände, angepinnt …

Materialien	• Fun Cards.

Ablauf und Spielregeln Gespielt wird in drei Runden.

Erste Runde: Laden Sie Ihre Gruppe ein, sich durch den Raum zu bewegen und die Kärtchen anzuschauen. Das geht sehr gut mit Musikuntermalung; so können Sie gleichzeitig ein Zeitlimit setzen.

Zweite Runde: Bitten Sie Ihre Gruppe, sich die Kärtchen noch einmal anzuschauen und eine Karte auszuwählen, mit der sie absolut nichts anfangen können. Zu dieser Karte sollen sie sich dann eine witzige Interpretation ausdenken. Wahlweise können Sie auch die Karten wählen lassen, zu denen den Teilnehmern witzige, skurrile und ähnliche Definitionen oder Umschreibungen einfallen.

Dritte Runde: Erarbeiten Sie im Plenum die Inhalte der Kärtchen. Befragen Sie zuerst den, dessen Karte erarbeitet wird: Kennt er den Begriff? Wie kam er auf die Definition? Womit kann er nichts anfangen? Was genau könnte es sein? – Erkundigen Sie sich, wer ähnliche Probleme damit hat, dann, wer den Begriff vielleicht schon kennt und so weiter. Erst danach sollten Sie selbst zu der Karte Stellung nehmen, wenn das noch erforderlich sein sollte.

Auswertung Eine Auswertung über die Plenumsrunde hinaus ist nicht notwendig.

Varianten
- Lassen Sie die Fun Cards im Anschluss an die Spielrunden nach Themen sortieren. Wenn Sie sie anschließend gut sichtbar auslegen, anpinnen oder aufkleben, entfalten sie als Wiederholung und Orientierung zusätzlich Wirkung. So machen sich die Teilnehmer schnell mit neuen beziehungsweise frisch gelernten Begriffen vertraut.
- Sie können ebenso mit den Begriffen anfangen, die die Teilnehmer (gut) kennen.
- Sie können selbstverständlich auch mit Bildmotiven und Symbolen arbeiten.
- Sehr gut gefällt mir eine Variante, bei der Sie die Teilnehmer nach der Orientierungsphase einladen, zu Musik im Raum umherzugehen. Wenn die

Musik stoppt, dann sollen sich alle auf Ansage zu der Karte beziehungsweise zu dem Begriff stellen, den sie gut kennen oder mit dem sie eine (und sei es noch so wilde) Assoziation verknüpfen. Dabei kann es ruhig »unsinnig« zu gehen. Ich frage dann, was die entsprechenden Teilnehmer wissen oder mit dem Begriff verknüpfen.

- Sie können die Teilnehmer bei der letztgenannten Variante zu der Karte beziehungsweise dem Begriff hinlaufen lassen, die sie nicht kennen oder zu dem ihnen irgendein »spekulativer Unsinn« einfällt.

Gefahren und Risiken

Lassen Sie die Diskussion nicht schleifen, sondern gestalten Sie die Auswertung dynamisch, also eher etwas temporeich. Es sollten keine Längen aufkommen.

Niveau und Vorkenntnisse

☑ Anfänger ☑ Fortgeschrittene

Schwierigkeitskontrolle

Es ist keine notwendig.

Raumbedarf

☑ Indoor ☐ Outdoor

Wegen der Materialien ist dieses Spiel ein klassisches Spiel für drinnen.

Tipps

Bei meinen spekulativen Varianten frage ich nicht alle Teilnehmer bei jedem Stopp ab, sondern immer nur vier oder fünf oder jene, die bei einer Karte stehen. Bei der nächsten Runde wähle ich dann eine andere Karte und die dabei Stehenden aus. Das vermeidet Längen.

Lernprozess und Kreislaufabschnitt

Diese Übung eignet sich meiner Erfahrung nach sehr gut als Einführung in ein neues Thema. Es werden jene Begriffe besprochen, die die Teilnehmer herausgepickt haben.

Die Begriffe werden bewusst zur Kenntnis genommen, geklärt und so vertieft. Damit eignet sich die Übung auch als Primär- oder Sekundäraktivierung.

Als sinnvoll empfinde ich sie aber auch als Wiederholung und Klärung zum Ende einer Unterrichtssequenz, eines Tages oder Seminares.

Einführung	Primäraktivierung	Sekundäraktivierung	Transfer	Integration
☑	☑	☑	☑	☑

Lernkanal

Lernkanal (V-A-K): Angesprochen werden bei dieser Übung alle Lernkanäle.

Visuell	Auditiv	Kinästhetisch
☑	☑	☑

Nachfolgend sehen Sie einige Begriffekarten aus meinem Schlagfertigkeitstraining:

Torerostrategie

Vorlage

Opfer

22 Lern-Glücksrad

Claudia Grötzebach

Ziel Bei diesem Spiel handelt es sich um einen Ratewettbewerb, bei dem Begriffe, Formeln, Definitionen und anderes mehr in Teams um die Wette geraten werden. So wiederholen die Teilnehmer den Lernstoff in variierter und heiterer Form.

Ursprung/Quelle Dieses Spiel ist bekannt aus der Fernsehsendung »Glücksrad«. Als Lernspiel habe nicht ich es entdeckt, sondern die Teilnehmer eines meiner Rhetoriktrainings. Die Idee entpuppte sich bei der Vorführung als so gut, dass ich sie gleich in dieses Buch mit aufnahm. Sie brauchen dazu übrigens kein Rad wie im Fernsehoriginal!

Lernstoff Wiederholt werden bei diesem Spiel Begriffe, aber auch Persönlichkeiten, Daten und Formeln.

Anzahl der Teilnehmer Eigentlich unbegrenzt, doch die Zahl der Rateteams sollte nicht zu groß werden, das Maximum sehe ich bei vier Teams.

Dauer Ungefähr eine halbe Stunde, das hängt allerdings von der Anzahl der vorbereiteten Begriffe ab.

Umfang	5–15 Begriffe, je nach Schwierigkeitsgrad.

Materialien und Vorbereitung

Bereiten Sie zunächst eine Liste mit den zu suchenden Begriffen, Daten, Formeln oder Definitionen vor. Die Schreibweise sollte korrekt sein. Sie machen sich das Leben leichter, wenn Sie die Suchbegriffe durchnummerieren.

Auf einem Flipchart, einer Tafel oder mithilfe von Moderationskarten bringen Sie dann Platzhalter für die Suchbegriffe an. Jeder Platzhalter (das kann ein Unterstrich oder ein Kasten sein) steht für einen Buchstaben des zu suchenden Begriffes.

Legen Sie dann fest, welche Punktzahl die Teilnehmer maximal pro Suchbegriff gewinnen können: 10, 20, …, 100. Von dieser maximalen Punktezahl werden dann Punkte subtrahiert, wenn die Teilnehmer Buchstaben kaufen, um das gesuchte Wort zu erraten.

Eine Eieruhr oder ein Teatimer sind nützlich, um die maximale Ratezeit zu begrenzen.

Materialien

- Flipchart (Tafel, Pinnwand),
- Liste mit Suchbegriffen,
- Gewinnpunktezahl oder Würfel,
- dicke Filzstifte,
- Eieruhr oder Timer,
- gegebenenfalls Preise.

Ablauf und Spielregeln

Im Original wurde dieses Spiel mit Einzelpersonen gespielt, insgesamt mit bis zu vier Personen. Doch da die Zahl unserer Seminarteilnehmer meist darüber liegt, bilden Sie am besten zwischen zwei und vier Kleingruppen. Diese Kleingruppen spielen dann gegeneinander. Am besten losen Sie aus, welches Team beginnen darf.

Auf einem Flipchartbogen wird ein zu suchender Begriff mit Platzhaltern vorgestellt. Die maximal zu gewinnende Punktzahl schreiben Sie in eine Ecke des Charts. Dort können Sie zudem notieren, wenn sich die Punkte durch den Kauf von Buchstaben reduzieren.

Das spielende Team darf Buchstaben kaufen: Ein Konsonant kostet üblicherweise einen Punkt, ein Vokal (die sind ja seltener) kostet zwei Punkte. Meistens bekommt das spielende Team einen Konsonanten zum Start geschenkt. Den darf es sich aussuchen.

Diese Buchstaben tragen Sie auf den Platzhaltern ein und das Team knobelt, um welches Wort es sich handeln könnte. Zu gewinnen ist die aktuelle (gegebenenfalls reduzierte) Punktezahl. Da – je nach Schwierigkeitsgrad – die

Ratephasen sehr lang werden können, lohnt es sich, mit Zeitlimits zu arbeiten, je nach Schwierigkeitsgrad länger oder kürzer. Kann das erste Team den Suchbegriff nicht erraten, so wandert das Raterecht nach Ablauf des Zeitlimits an das nächste Team. Knackt auch dieses den Begriff nicht, so geht der Ratestab weiter. Das Team, das den Suchbegriff findet, darf beim nächsten Begriff weiterraten.

Je mehr Teams mitspielen, desto kürzer sollte die Ratezeit bemessen sein, damit sich keine Längen entwickeln und die einen alles abräumen, während die anderen zunehmend frustrierter werden.

Das Lern-Glücksrad ist ein Glücksspiel; daher ist es günstig, diesen Charakter ein wenig durch die Moderation zu betonen und den etwas übertrieben jovialen Moderatorenstil (den finden Sie auch bei den Ansagern von Boxkämpfen) zu imitieren. So wirkt das Spiel, das teils ganz schön schwierig werden kann, nicht so ernst.

Varianten	● Sie lassen die Ratebegriffe von den Teilnehmern zusammentragen. Dann kann es günstig sein, etwas Zeit zwischen Zusammentragen und Spiel vergehen zu lassen.
	● Lassen Sie, bevor die Teams zu raten beginnen, die mögliche Punktezahl würfeln.
Gefahren und Risiken	Bei diesem Spiel können sich Längen einschleichen. Daher empfehle ich, anfangs schneller zu spielen, also eher kürzere Phasen zu planen, und diese bei Bedarf etwas zu verlängern.
Niveau und Vorkenntnisse	☑ Anfänger ☑ Fortgeschrittene Das Niveau hängt sehr von der Auswahl Ihrer Begriffe ab.
Schwierigkeitskontrolle	Das Spiel kann ziemlich anspruchsvoll sein, weil den Rateteams keine inhaltlichen Hilfen gegeben werden. Wollen Sie es leichter gestalten, dann beschränken Sie sich auf wichtige Schlüsselwörter. Leichter wird es auch, wenn Sie Begriffe zum Beispiel aus Überschriften im Text oder von Plakaten und Flipcharts verwenden, die im Unterricht gebraucht wurden, und die Teilnehmer dort spicken lassen. Darauf, dass spicken erlaubt ist, sollten Sie immer mal wieder hinweisen, bis die Teilnehmer sich trauen.
Raumbedarf	☑ Indoor ☐ Outdoor
Tipps	Accessoires und etwas Schauspielern helfen, das Spiel witzig zu gestalten.

Lernprozess und Kreislaufabschnitt	Das »Lern-Glücksrad« lässt sich sehr gut als Wiederholung und Festigungsübung im Lernprozess einsetzen.				
	Einführung	Primäraktivierung	Sekundäraktivierung	Transfer	Integration
	☐	✓	✓	✓	☐

Lernkanal	**Lernkanal (V-A-K):** Angesprochen werden alle Lernkanäle, da die Teams die Köpfe zusammenstecken und kooperieren dürfen und sollen. Gerade wenn Sie darauf hinweisen, dass es erlaubt ist, die Plakate und Flipcharts zum Spicken zu nutzen, gibt es viel, sehr viel »Augenfutter«.		
	Visuell	Auditiv	Kinästhetisch
	✓	✓	✓

Beispiel Beim »Lern-Glücksrad« zum Thema »Rhetorik« waren fünf Begriffe zu erraten. Nachfolgend sehen Sie die Plakate, die die Teilnehmer eines meiner Seminare erstellt haben.

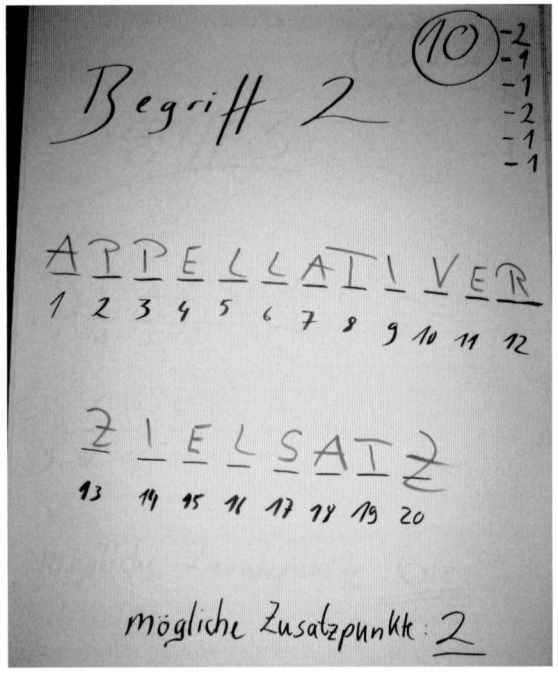

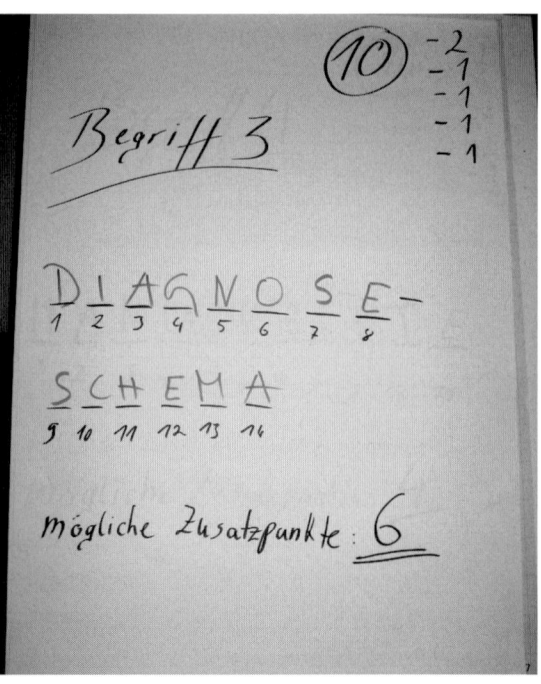

23 Grafische Wörter

Claudia Grötzebach

Ziel	Ziel ist es, Schlüsselbegriffe, Fachvokabular oder Vokabeln oder die richtige Schreibweise zu wiederholen, indem sie als Knobelei präsentiert werden.
Ursprung/Quelle	Die Idee habe ich bei Gudrun Wallenwein (s. 2003, S. 112: Wörter im Versteck) gefunden und setze sie leicht verändert ein.
Lernstoff	Sie können jedes Thema bearbeiten, Sachthemen genauso wie Sprachen. Sehr schön eignet sich dies Spiel für den Schreibunterricht.
Anzahl der Teilnehmer	Sie können dieses Spiel bei fast jeder Teilnehmergröße einsetzen.
Dauer	15–20 Minuten.
Umfang	5–15 Begriffe.

Materialien und Vorbereitung	Erstellen Sie zunächst eine Liste mit Begriffen, die Sie als grafische Wörter bearbeiten wollen. Hilfreich ist es – aus meiner Sicht –, sie nach Anzahl der Buchstaben zu sortieren.

Erstellen Sie zunächst eine Liste mit Begriffen, die Sie als grafische Wörter bearbeiten wollen. Hilfreich ist es – aus meiner Sicht –, sie nach Anzahl der Buchstaben zu sortieren.

Diese Wörter werden dann mit durcheinandergewirbelten Buchstaben in grafischen Formen versteckt.

Dann gestalten Sie grafische Formen, die aus kleinen Kästchen gestaltet werden. Jedes Kästchen steht für einen Buchstaben. Auch hier ist es – gerade wenn Sie öfter damit arbeiten wollen – nützlich, die Formen nach der Anzahl der Buchstaben durchzunummerieren.

Nun müssen Sie nur noch schauen, wie Sie die Schlüsselwörter »konfus« in die grafischen Formen einfügen können.

Sie können mit Karteikarten arbeiten und die grafischen Wörter sozusagen aus dem Hut zaubern, Sie können die grafischen Wörter auch auf Folie kopieren oder schreiben und diese dann mit einem Overheadprojektor zum Beispiel an die Wand projizieren. Das ist bei großen Gruppen sehr nützlich.

Eine Liste mit der Auflösung der Wörter verhindert peinliche Blackouts, insbesondere wenn man das Spiel einmal längere Zeit nicht genutzt hat.

Materialien

- Liste mit Begriffen sowie
- Karten oder Kästchen für die grafischen Formen.

Ablauf und Spielregeln

Bei diesem Spiel geht es darum, die in der grafischen Form versteckten Wörter möglichst schnell zu finden.

Sie können die grafischen Wörter der ganzen Gruppe präsentieren und so jeden gegen jeden spielen lassen. Dazu wird ein Wort nach dem anderen präsentiert. Immer wenn ein Worträtsel gelöst ist, folgt das nächste.

Auswertung

Um den Bezug zum Lernstoff beziehungsweise den Nutzen des Spieles herauszuarbeiten, können Sie spielimmanent auswerten oder explizit. Eine immanente Auswertung haben Sie mit der dritten Spielvariante. Da wird der Bezug und Nutzen schon spielimmanent klar. Explizit ausgewertet wird, wenn Sie nach dem Spiel ein Auswertungsgespräch führen und fragen: Wo wurden die Begriffe bearbeitet? Oder: Was bedeutete der Begriff … noch?

Varianten

- Lassen Sie Paare oder Kleingruppen gegeneinander spielen.
- Präsentieren Sie alle grafischen Wörter gleichzeitig. Wer die meisten Wörter in einer bestimmten Zeit löst, der gewinnt. Das geht in der Fassung »jeder gegen jeden« oder im Kleingruppenwettbewerb.

- Kombinieren Sie das Finden der grafischen Wörter mit einer zweiten Aufgabe. Der oder die Teilnehmer können einen zweiten Punkt gewinnen, wenn sie noch sagen können, wo beziehungsweise in welchem Zusammenhang sie das Wort gelernt oder bearbeitet haben.
- Wenn Sie kleine Beutelchen mit je einem Satz grafischer Wörter zusammenstellen und diese auf Kleingruppen verteilen, können Sie einen ganz sanften Wettbewerb durchführen. Arbeiten Sie am besten mit einer vorgegebenen Zeit. Anschließend wird verglichen, welche Gruppe welche Wörter gefunden hat. Das ist eine sehr gute Übung für inhomogene Gruppen.
- Sie können die Teilnehmer in Kleingruppen die grafischen Wörter selbst erstellen und dann von einer anderen Gruppe spielen lassen.

Gefahren und Risiken Wenn einzelne, leistungsstarke Teilnehmer das Spiel dominieren, sollten Sie eine Gruppenvariante durchführen, damit die langsameren Teilnehmer nicht frustriert und demotiviert werden.

Niveau und Vorkenntnisse ☑ Anfänger   ☑ Fortgeschrittene

Schwierigkeitskontrolle Auch bei diesem Spiel sollten Sie vorher vielleicht einen Testdurchlauf machen oder die Wörter nach einigem Liegenlassen selbst probieren.

Raumbedarf ☑ Indoor   ☑ Outdoor
Wenn die Materialien es hergeben, können Sie das Spiel draußen spielen.

Tipp Ich finde es ausgesprochen ansprechend, wenn die Form des grafischen Wortes und dessen Aussage zusammenpassen. Das erhöht den Behaltenseffekt.

	Dieses Spiel ist an sich nicht sonderlich schwierig. Je komplexer die Begriffe, desto anspruchsvoller wird es. Da die gelernten Begriffe unverändert bearbeitet werden, eignet sich dieses Spiel als erste Festigung des Gelernten. Gut ist es gleichermaßen als Einführung, wenn Sie zum Beispiel auf bereits bekanntem Wissen aufbauen, oder als spannender Abschluss einer Lernsequenz, eines Tages oder eines Seminares.

Lernprozess und Kreislaufabschnitt

Einführung	Primäraktivierung	Sekundäraktivierung	Transfer	Integration
✓	✓	☐	☐	✓

Lernkanal

Lernkanal (V-A-K): Angesprochen werden alle Lerntypen. Da gibt es nicht nur etwas zu sehen und zu tun, sondern auch zu besprechen. Wenn Sie Einzelarbeit planen, dann bieten sich den auditiv veranlagten Lernern weniger Möglichkeiten, doch wenn Sie mit Paaren oder Kleingruppen arbeiten, dann haben die Auditiven reichlich Gelegenheit, sich einzubringen.

Visuell	Auditiv	Kinästhetisch
✓	✓	✓

Beispiel Grafische Wörter zum Thema »Schlagfertigkeit« können zum Beispiel sein:

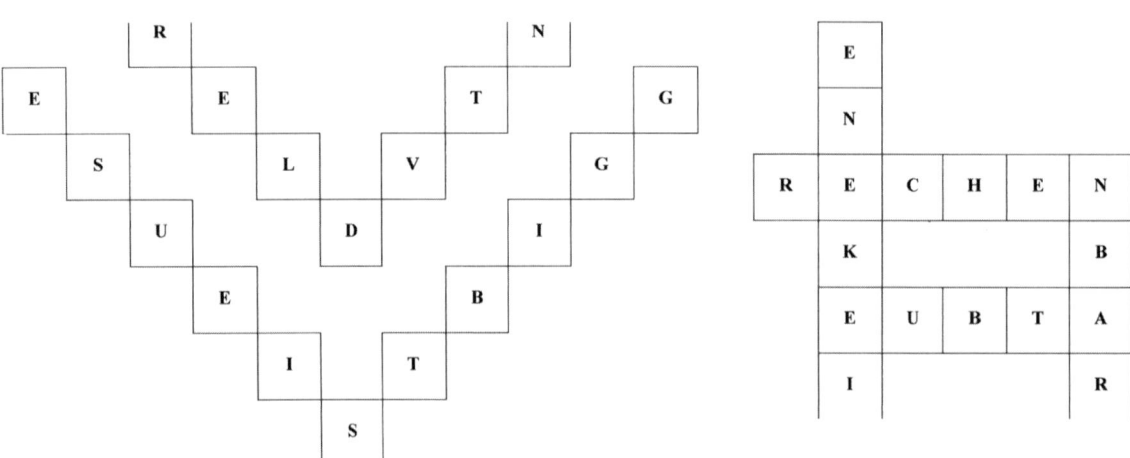

24 Ja/Nein-Spiel

Claudia Grötzebach

Ziel	Einführung, Vertiefung oder Wiederholung von Lernstoff in einer bewegten Form.
Ursprung/Quelle	Ich habe dieses Spiel in der Ausbildung zum Spielmoderator bei Axel Rachow und Amelie Funke erlebt. Es ist eine Variation eines Fragespiels, das in Rhetoriktrainings (im weitesten Sinne) gerne eingesetzt wird, um den Umgang mit geschlossenen Fragen zu üben.
Lernstoff	Mit diesem Spiel können Sie alles, was Sie vermittelt haben, aufgreifen. Es muss allerdings in geschlossene Fragen gekleidet werden. Das kann schon mal die eine oder andere Begrenzung ergeben.
Anzahl der Teilnehmer	8–30 Teilnehmer. Es braucht wie beim »Begriffe-Wettrennen« eine Mindestzahl, damit das Spiel in Schwung kommt, aber es ist auch von der Anzahl der Fragen abhängig, mit der Sie arbeiten. Jeder sollte mindestens zwei- bis dreimal an die Reihe kommen.
Dauer	Ungefähr eine halbe Stunde.

Umfang	Bis zu 30 Karten (Begriffe) für eine Spielrunde.

Materialien und Vorbereitung

Für dieses Spiel brauchen Sie kaum Material. Nachdem Sie eine Liste mit Fragen angefertigt haben, die mit »Ja« oder »Nein« zu beantworten sind, gilt es, den Raum vorzubereiten. Schaffen Sie eine Freifläche. An das eine Ende stellen Sie zwei Stühle. Auf einem Stuhl bringen Sie das Schild »Ja«, auf dem anderen das Schild »Nein« an. Empfehlenswert ist es, hinter die zwei Stühle einen Tisch zu platzieren. Dann brauchen Sie nur noch zwei Schilder: eines mit »Ja«, eines mit »Nein« beschriftet.

Am anderen Ende der Freifläche markieren Sie mit dem Kreppband eine Startlinie.

Räumen Sie alle Hindernisse und Stolperfallen auf der Spielfläche aus dem Weg!

Materialien

- Ja/Nein-Fragelisten
- Ja-Schild
- Nein-Schild
- zwei Stühle
- ein Tisch
- Freifläche
- Kreppband

Ablauf und Spielregeln

Bilden Sie zwei Teams. Beide Teams spielen gegeneinander. Die Teams stellen sich hinter der Startlinie in einer Reihe auf. Der Erste in der Reihe beginnt.

Sie stellen nun Ihre erste Frage und die beiden ersten Teammitglieder müssen sich entscheiden, welche Antwort richtig ist: »Ja« oder »Nein«. Dementsprechend gilt es, auf dem »richtigen« Stuhl Platz zu nehmen. Wer zu spät kommt … hat Pech gehabt. Das Team mit den meisten richtigen Antworten gewinnt.

Auswertung

Bei diesem Spiel haben Sie keine andere Wahl. Nach jeder Frage und nachdem sich die Spieler ihren Platz erkämpft haben, müssen Sie die richtige Antwort bekannt geben.

Varianten

- *Gewinne:* Günstig ist es, kleine Gewinne für jede richtige Antwort auszugeben, zum Beispiel Süßigkeiten, die Sie ziehen lassen. Am Ende des Spiels können Sie die richtigen Antworten addieren (lassen) und einen Sieger küren (aber Sie müssen das nicht). Ich mache das jeweils von der Gruppe und der Stimmung abhängig.

- *Tischvariante:* Wenn Sie Teilnehmer haben, die nicht wirklich gerne rennen oder laufen beziehungsweise Bewegungseinschränkungen haben, dann bietet sich eine Tischvariante an. Legen Sie zum Beispiel die Ja- und Nein-Schilder auf einen Tisch und platzieren Sie die Gruppe in der Nähe in zwei Reihen. Die Teilnehmer müssen sich dann vor das entsprechende Schild stellen. Sie können diesen Platz übrigens mit einem Quadrat aus Kreppband als »Stellfläche« markieren. Bei dieser Variante müssen die Teilnehmer nur noch kurze Strecken zurücklegen und sich auch nicht hinsetzen. Das ist weniger anstrengend.

- *Bodenvariante:* Diese Variante bietet sich ebenfalls für Bewegungsunwillige oder für Teilnehmer mit Bewegungseinschränkungen an. Legen oder kleben Sie die Ja- und Nein-Schilder auf den Boden und platzieren Sie die Gruppe in der Nähe in zwei Reihen. Nach jeder Frage stellen sich die Spieler, die an der Reihe sind, auf das jeweilige Schild.

  Auch bei dieser Variante müssen die Teilnehmer nur noch kürzere Strecken zurücklegen und sich nicht hinsetzen. Das strengt nur wenig an.

- *Qietschervariante:* Ebenfalls körperlich weniger belastend ist die Qietschervariante. Dabei platzieren Sie die Ja- und Nein-Schilder auf einen Tisch. Platzieren Sie die Gruppe in der Nähe in zwei Reihen, wie bei der Tisch- oder Bodenvariante. Vor die Schilder platzieren Sie zwei »Quietscher« mit unterschiedlichen Tönen. Sie können dazu zum Beispiel quietschende Gummienten, Hundespielzeug, eine Glocke oder eine Trommel nehmen. Die Teilnehmer, die nun mit der Beantwortung der Frage an der Reihe sind, müssen versuchen, den jeweiligen Quietscher zuerst zu erreichen.

Gefahren und Risiken

Da es sich um ein Bewegungsspiel mit Wettbewerbscharakter handelt, drohen schon Gefahren. Achten Sie darauf, dass der Jagdinstinkt der Teilnehmer nicht überhand nimmt.

Eine große Gefahr besteht darin, dass die Stühle kippen können, weil sich begeisterte Spieler zu schwungvoll darauf niederlassen. Daher ist ein Tisch hinter den beiden Stühlen ganz nützlich, um ein solches Umkippen zu verhindern.

Niveau und Vorkenntnisse

☑ Anfänger   ☑ Fortgeschrittene

Absolut flexibel, da die gestellten Fragen schwerer oder leichter gehalten werden können.

Schwierigkeitskontrolle Haben Sie die Fragen vorbereitet, dann testen Sie sie nach längerem Liegenlassen selbst. Sie können sie natürlich ebenso im Unterricht oder Training immer mal wieder an den Teilnehmern gestreut austesten.

Raumbedarf ✓ Indoor ✓ Outdoor
Das Spiel lässt sich durchaus auch nach draußen verlegen.

Tipps Bei den ersten Fragen empfehle ich, keine langen Wartezeiten aufkommen zu lassen, sondern recht zügig zu spielen, damit die Teilnehmer sich auf das Spiel einstellen und in Schwung kommen. Später, wenn alle »infiziert« sind, gilt es oft, etwas Schwung aus dem Spiel zu nehmen, damit keiner im Spielfieber übertreibt.

Lernprozess und Kreislaufabschnitt Sie können dieses Spiel in allen Phasen des Lernprozesses einsetzen und heiter oder ernsthaft auslegen. Für eine erste Festigung des Gelernten würde ich eher zu ernsteren Fragen tendieren, doch gerade für eine zweite beziehungsweise spätere Wiederholung bietet sich eine Mischung der Fragen (heiter und ernst) an.
Da es sich um ein Bewegungsspiel handelt, ist es zudem wunderbar geeignet, um Müde wieder munter zu machen.

Einführung	Primäraktivierung	Sekundäraktivierung	Transfer	Integration
✓	✓	✓	✓	✓

Lernkanal **Lernkanal (V-A-K):** Auch mit diesem Bewegungsspiel werden alle Lernkanäle angesprochen. Die Visuellen sehen zwar die Fragen nicht, da sie vorgelesen werden, doch sie können den Bewegungsvorgang beobachten. Falls Sie die Fragen auf große Karten schreiben, gibt es auch Lernstoff zu sehen. Angesprochen werden besonders Auditive und Kinästheten, die sich hier in Sprache und Bewegung wieder richtig austoben können.

Visuell	Auditiv	Kinästhetisch
✓	✓	✓

Beispiel Aussagen für das Ja/Nein-Spiel zum Thema »Rhetorik« können beispielsweise sein:

Dauert die Stegreifrede drei bis fünf Minuten?	Ja
Ist die verbale Sprache die Sprache des Wortes?	Nein
Nennt man das zarte Spiel der Gesichtszüge Mimik?	Ja
Nennt man die Kunst des geschickten Umganges mit dem Wort Rhetorik?	Ja
Ist ein Redeschema nichts anderes als der Aufbau einer Rede?	Ja

25 Jazz-Chant

Karin Faatz-Rockstroh

Ziel	Einüben von Wortschatz und Grammatik im Fremdsprachenunterricht.
Ursprung/Quelle	Kennengelernt habe ich dieses Spiel im Laufe meiner Suggestopädieausbildung bei Brigitte Schwitalla und Cornelia Zarth.
Lernstoff	Wiederholen von Wortschatz (zum Beispiel Kleidungsstücke) oder Einüben und Vertiefen von Grammatikstrukturen. Auch im Fach- und Sachunterricht einsetzbar.
Anzahl der Teilnehmer	Maximal zwölf Teilnehmer; zwei Gruppen.
Dauer	Circa 20 Minuten.
Umfang	Eine Wortkarte pro Teilnehmer ist ideal. (Aufhören, wenn es am schönsten ist!)
Materialien und Vorbereitung	Jeder Teilnehmer erhält Karten, auf die er jeweils ein Lernwort schreibt. Diese werden an die Tafel oder das Flipchart gepinnt, wenn der Teilnehmer an der Reihe ist. Günstig ist es, wenn passende Accessoires (zum Beispiel Kleidungstücke) zur Verfügung stehen.

| Materialien | ● Karten mit Lernworten,
● Tafel oder Flipchart. |

Ablauf und Spielregeln

Der Trainer schreibt einen vorbereiteten (Muster-) Dialog für alle gut sichtbar an. Die Teilnehmer teilen sich in zwei Gruppen auf. Eine Gruppe stellt sich in einer Reihe vor der linken Seite des Dialogs, die andere Gruppe vor der rechten Seite auf. Vorher hat jeder Teilnehmer ein Lernwort auf eine Karte geschrieben. Die Einführung erfolgt anhand des notierten Dialogs durch den Trainer. Ein Teilnehmer der linken Seite sagt sein Wort, zeigt die entsprechende Karte, zeigt seinen Gegenstand oder zieht sich das Kleidungsstück über. Nun beginnt der Dialog zwischen den Teilnehmern auf der linken Seite und denen auf der rechten Seite. Dabei müssen die Teilnehmer auf die korrekte grammatische Form achten (vgl. Beispiel).

Daraus ergibt sich ein »Wechselgespräch«, ähnlich wie im Jazz, wenn zwei Sänger im Wechsel singen. Daher dürfte auch der Name des Spiels kommen.

Auswertung

Das Spiel soll vor allem Spaß machen! Eine Auswertung im Plenum kann dazu genutzt werden, zu wiederholende Themen festzulegen.

Varianten

● *Ohne Gruppenbildung:* Jeder Teilnehmer stellt sein Wort vor und die gesamte Restgruppe reagiert.
● *Als Paarübung:* Zwei einzelne Teilnehmer sprechen im Wechsel.
● *Im Einzeltraining:* Der Trainer übernimmt eine der Rollen.
● *Als schriftliche Übung für zu Hause:* Die Teilnehmer fertigen nach einem Muster verschiedene Dialoge an.

Gefahren und Risiken

Mir sind keine bekannt.

Niveau und Vorkenntnisse

☑ Anfänger   ☑ Fortgeschrittene

Auch im Anfängerkurs ist dieses Spiel einsetzbar. Voraussetzung sind einfache Dialoge. Ideal ist es im Mittelstufenkurs, um zuvor geübte Strukturen auf eine abwechslungsreiche Art und Weise zu festigen.

Schwierigkeitskontrolle

Durch den Perspektivenwechsel muss der Teilnehmer gleichzeitig an mehrere grammatikalische Änderungen denken. Der Trainer sollte vorab genau überlegen, ob die Teilnehmer dazu bereits in der Lage sind.

Raumbedarf

☑ Indoor   ☐ Outdoor

Normaler Schulungsraum mit Tafel, Whiteboard oder Flipchart.

Tipps Achten Sie darauf, eine interessante Atmosphäre zu erzeugen und aufrechtzuerhalten. Fehler sind willkommen! Dabei ist eine ermutigende Haltung des Trainers förderlich.

Lernprozess und Kreislaufabschnitt

Einsetzbar als Wortschatzwiederholung in Verbindung mit Grammatikstrukturen. Gleichzeitig profitieren die Teilnehmer von der Übertragbarkeit des Wortschatzes auf andere Kontexte.

Einführung	Primäraktivierung	Sekundäraktivierung	Transfer	Integration
☐	☐	✓	✓	☐

Lernkanal

Lernkanal (V-A-K): Die Visualisierung ist genial, da sie für häufige Aha-Effekte während der Übung sorgt. Der Redeanteil jedes Teilnehmers ist sehr hoch. Wie von selbst entdecken die Teilnehmer ihre Lust, sich zusätzlich durch Gesten auszudrücken.

Visuell	Auditiv	Kinästhetisch
✓	✓	✓

Beispiel Hier Beispiele aus dem Französischunterricht.

J'aime <u>ton</u> **chapeau**. <u>Il</u> est nouveau?	⟹	Non, je l'ai depuis longtemps.
Où est-ce que tu l'as acheté?	⟹	A Paris!
<u>Il</u> est merveilleu<u>x</u>!	⟹	Merci pour le compliment!
J'aime <u>ta</u> **veste**. <u>Elle</u> est <u>nouvelle</u>?	⟹	Non, je l'ai depuis longtemps.
Où est-ce que tu l'as acheté<u>e</u>?	⟹	A Paris!
<u>Elle</u> est merveilleu<u>se</u>!	⟹	Merci pour le compliment!

26 Lern-Jeopardy

Claudia Grötzebach

Ziel	Es sollen möglichst viele gleiche beziehungsweise gemeinsame Assoziationen zu einem Fachbegriff oder gelernten Begriff gesammelt und dann strukturiert werden. So wird das Gelernte in einem anderen Kontext wiederholt und vertieft.
Ursprung/Quelle	Ideengeber für dieses Spiel war eine Fernsehsendung namens Jeopardy. Da wurde ein Team nach Assoziationen zu einem Begriff befragt. Jeder konnte eine Assoziation nennen, die er für diesen Begriff für sehr verbreitet hielt. Dann wurden die genannten Begriffe verglichen mit den häufigsten Assoziationen, die zuvor in einer Umfrage zusammengetragen worden waren. So entstand eine Rangliste der häufigsten und seltensten gedanklichen Verbindungen zu einem Begriff.
Lernstoff	Sie können dieses Spiel auf alle Lernstoffe anwenden.
Anzahl der Teilnehmer	10–15 Personen.
Dauer	Ungefähr 15–30 Minuten.

| Umfang | Ich würde mich auf die wichtigsten Begriffe, etwa 8–15, beschränken. Wenn die Gruppe darüber hinaus noch Freude an dem Spiel hat, können Sie es gegebenenfalls noch etwas ausdehnen. Sie können beispielsweise mit einer Gesamtzeitbegrenzung von 25 Minuten arbeiten. |

| Materialien und Vorbereitung | Vorbereiten sollten Sie einen Satz Begriffekarten, alternativ können Sie eine Liste der Schlüsselbegriffe des vermittelten Themas einsetzen. Günstig ist es, wenn Sie bereits Vorinformationen haben, welches die verbreitetsten Assoziationen zu einem Schlüsselwort sind (s. Assoziationen-Wettbewerb, S. 50 ff.). |

Sie können auch – zum Beispiel im Rahmen einer kleinen Wiederholung – die häufigsten Assoziationen zu den Begriffen abfragen und diese dann quantifizieren. Schauen Sie, welche Assoziationen geäußert werden und ob diese mehrfach oder nur einmal genannt werden. Je häufiger eine Assoziation genannt wird, desto mehr Punkte gibt es.

Eine weitere Möglichkeit besteht darin, auf Ergebnisse des Assoziationen-Wettbewerbes zurückzugreifen.

Das bedeutet für Sie: Das Lern-Jeopardy braucht eine gewisse Vorbereitung. Günstig ist es, bei diesen Vorab-Wiederholungen mit Moderationskarten oder einem Flipchart zu arbeiten und anschließend zu fragen, warum dem Teilnehmer gerade diese Assoziation in den Sinn kam. Zwischen dem eigentlichen Spiel und den Vorab-Wiederholungen sollte etwas Zeit liegen.

Ein Flipchart oder eine Pinnwand sind für die Auswertung sinnvoll. Mit einer Eieruhr stoppen Sie die vorgegebene Zeit, in der die Teilnehmer die Assoziationen sammeln.

Sie können die Auswertung an der Pinnwand oder am Flipchart durchführen. In der Variante ist die Pinnwand mit Nadeln und Pinnwandkarten und dicken Filzstiften für die Teilnehmer notwendig.

| Materialien | <ul><li>Begriffekarten,</li><li>Blankokarten oder Blankozettel,</li><li>Flipchart oder Pinnwand,</li><li>Eieruhr,</li><li>Stifte sowie</li><li>gegebenenfalls Pinnwandkarten und Nadeln.</li></ul> |

| Ablauf und Spielregeln | Beim Lern-Jeopardy handelt es sich um ein Assoziationsspiel. Es spielt jeder gegen jeden. Zu einem Begriff, den Sie nennen, sammeln die Teilnehmer innerhalb einer vorgegebenen Zeit (zum Beispiel 30 Sekunden oder eine Minute) so viele Assoziationen wie möglich. Diese Assoziationen werden auf beliebigen |

Zetteln, Karten oder Blättern notiert. Ist die Zeit abgelaufen, wird ausgewertet. Dazu werden die Assoziationen auf einen Flipchartbogen geschrieben oder an eine Pinnwand geheftet.

Sie können das Ganze auch etwas aufwendiger als Matrix gestalten, doch notwendig ist das nicht. Meist reicht eine einfache Auflistung der assoziierten Begriffe. Wer die häufigsten Nennungen hat, der gewinnt. Darin unterscheidet sich das Lern-Jeopardy vom Assoziationen-Wettbewerb. Es geht hier darum herauszufinden, welches die häufigsten, am weitesten verbreiteten Assoziationen zu einem Begriff, Thema oder einer Information sind. Diese werden gewertet und bringen Punkte.

Auswertung   Die fachliche Auswertung besteht darin, zu klären, welche Verbindung die Teilnehmer in den assoziierten Begriffen zu dem Fachbegriff sehen. Das kann Einblick in das Bild geben, das sich die Teilnehmer von der Materie gemacht haben. Hier und da können Sie dann zudem Missverständnisse klären.

Variante   • Lassen Sie die assoziierten Begriffe auf Pinnwandkarten schreiben. Dann haben Sie die Möglichkeit, die Karten für die Auswertung an einer Pinnwand anzupinnen. Überdies können Sie die Karten anschließend zu einer weiteren Übung einsetzen. Sie können beispielsweise ein Gesamtbild vom Thema legen lassen. Die Gruppe soll knobeln, wie Sie die Begriffe in einen Zusammenhang bringt, sei es als Grafik oder als Text. Diese Variante eignet sich als globale Wiederholung.

Gefahren und Risiken   Es sind keine bekannt.

Niveau und Vorkenntnisse   ☑ Anfänger ☑ Fortgeschrittene

Schwierigkeitskontrolle   Es ist keine notwendig.

Raumbedarf   ☑ Indoor ☐ Outdoor

Lernprozess und Kreislaufabschnitt	Sinnvoll erscheint mir dieses Spiel, das die Assoziationen der Teilnehmer zu einem Fachbegriff abfragt, als Einführung in ein Thema. Damit kann man eine ganze Menge Vorwissen abholen. Sinnvoll ist es zudem als eine erweiterte Bearbeitung des Gelernten, da auf diese Weise Zusammenhänge und gegebenenfalls Querverbindungen abgefragt, systematisiert und ausgebaut werden können. Schließlich macht es als Wiederholung nach längerer Zeit Sinn.

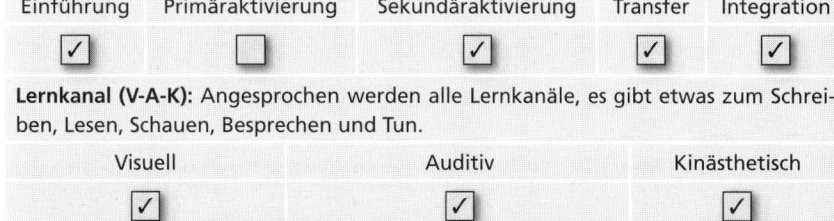

Einführung	Primäraktivierung	Sekundäraktivierung	Transfer	Integration
✓	☐	✓	✓	✓

Lernkanal	**Lernkanal (V-A-K):** Angesprochen werden alle Lernkanäle, es gibt etwas zum Schreiben, Lesen, Schauen, Besprechen und Tun.

Visuell	Auditiv	Kinästhetisch
✓	✓	✓

Beispiel	Hier ein Beispiel aus meinen Seminaren.

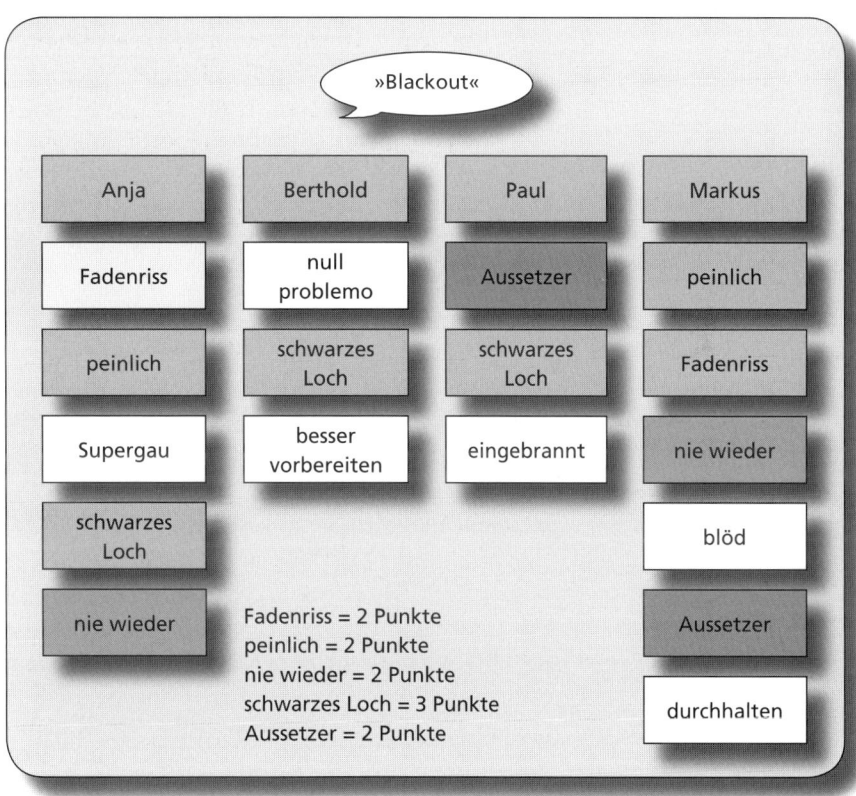

27 Lernkarten klatschen

Claudia Grötzebach

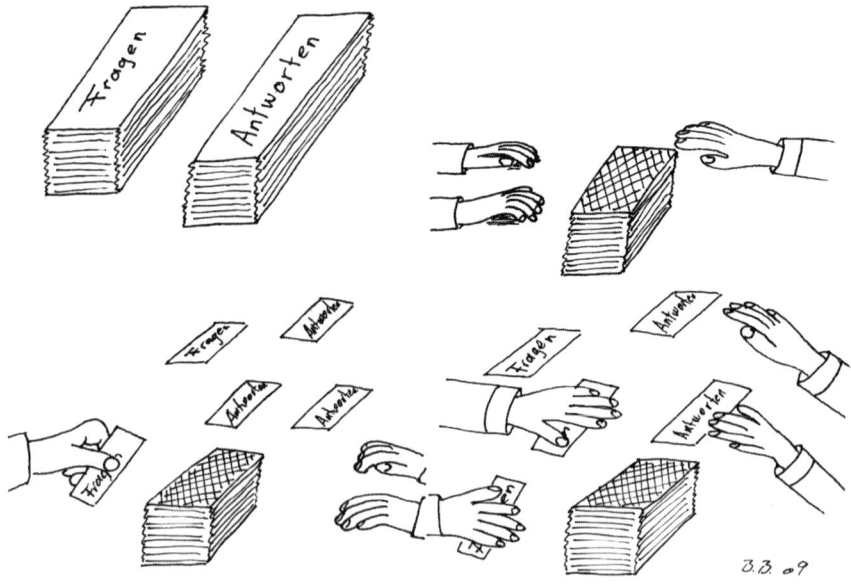

Ziel	Das unterhaltsame Lernen von Definitionen, Vokabeln und ähnlichen zweigliedrigen Informationen.
Ursprung/Quelle	Die Anregung zu diesem Spiel erhielt ich auf einem Flohmarkt. Dort sah ich ein Kaufspiel ähnlichen Namens. Es hat sehr viel Ähnlichkeit mit »Memory« und in der Praxis nehme ich auch die Karten eines Lernmemorys für dieses Spiel.
Lernstoff	Bearbeiten können Sie damit sehr gut zweiteilige Informationen wie zum Beispiel Vokabeln, Definitionen und vieles mehr.
Anzahl der Teilnehmer	Pro Spiel nicht mehr als zwei bis vier Teilnehmer, sonst wird es zu heftig. Lassen Sie am besten mehrere Kleingruppen parallel spielen.
Dauer	Je nach Kartenzahl 10–30 Minuten.

Umfang	20–40 Karten, also 10–20 Paare. Sie können bei dieser bewegungsintensiven Variante aber auch über diese Zahl hinausgehen, anders als beim Lernmemory.
Materialien und Vorbereitung	Sie brauchen Kartenpaare, die Sie beschriften, zum Beispiel aus kartoniertem Papier oder Karteikarten. Laminierte Fassungen halten länger. Teils können Sie gekaufte Memorykarten abwandeln. Wählen Sie zunächst die zu lernenden Informationen aus. Notieren Sie dann auf einer Karte zum Beispiel eine Vokabel oder den Fachbegriff und auf der zweiten Paarkarte die Übersetzung oder Definition.

Materialien

- Kartenpaare (Memory),
- Tische.

Ablauf und Spielregeln

Die Spielregeln sind denkbar einfach: Bilden Sie Kleingruppen von zwei bis vier Personen. Jede Gruppe erhält einen Satz »Lernkarten klatschen«. Die Karten werden verdeckt auf dem Tisch ausgebreitet und gemischt. Dann einigen sich die Spieler, wer beginnt, und der erste Spieler deckt eine Karte auf. Nun deckt der nächste Spieler eine weitere Karte auf. Der dritte Spieler deckt eine dritte Karte auf … es geht so fort und langsam werden immer mehr Karten aufgedeckt, wie Sie sich denken können. Was ist nun der Reiz des Spiels? Jeder Spieler der Runde muss bei jedem Aufdecken alle Karten daraufhin prüfen, ob inzwischen ein Paar aufgedeckt liegt. Sobald er eines sieht, darf er es sich grabschen, indem er in die Hände klatscht. Wer zuerst reagiert, gewinnt das Paar. Er darf es aus dem Spiel nehmen. Das Aufdecken wird fortgesetzt. Wer die meisten Paare erklatscht hat, gewinnt.

Ich gehe während des Spiels zwischen den Gruppen umher und stehe mit Rat und Tat zur Seite. Dabei weise ich schon mal auf übersehene Paare hin und setze hier und da schon mal die Spielregeln außer Kraft, insbesondere, wenn Teilnehmer etwas entmutigt sind.

Auswertung

Dieses Spiel ist wesentlich schneller und bewegungsintensiver als das Lernmemory, daher lohnt sich eine Auswertung während des Spielens nur eingeschränkt, zum Beispiel wenn ein Paar unklar ist. Doch ich spreche in einer Gesamtauswertung für die ganze Gruppe am Schluss unklare Paare an, frage nach Schwierigkeiten, Ärgernissen und Ähnlichem. Wenn Sie das Spiel als eine späte Wiederholung einsetzen, können Sie auf eine Auswertung verzichten.

Varianten	• *Bild-Wort-Kombinationen:* Sehr schön ist es, wenn Sie anstelle von Wortpaaren mit Bild-Wort-Kombinationen arbeiten. Das macht den Teilnehmern erfahrungsgemäß mehr Freude.
	• *Spielen mit verschiedenen Spielsätzen:* Sie können die Gruppen mit zwei verschiedenen Spielsätzen spielen und dann die Gruppen wechseln lassen. Das bietet sich an, wenn Sie relativ viele Informationen vermitteln wollen, die für einen einzigen Lernsatz einfach zu viel wären. Mehr als einen Wechsel empfehle ich aber nicht, weil es dann methodisch für die Teilnehmer zu langweilig wird. Sie können auch eine Runde Lern-Memory und eine Runde »Lernkarten klatschen« in dieser Wechselvariante miteinander kombinieren.

Gefahren und Risiken   Dieses Spiel kann entmutigen, wenn Sie es zu schwierig gestalten.

Niveau und Vorkenntnisse   ☑ Anfänger   ☑ Fortgeschrittene
Als Trainer unterschätzt man den Schwierigkeitsgrad leicht. Wenn alle Karten aufgedeckt sind und zu viele Paare nicht gefunden wurden, drehen die Spieler die verbliebenen Karten wieder um, mischen sie erneut und spielen in bewährter Weise weiter.

Schwierigkeitskontrolle   Selbsttest nach längerem Liegenlassen oder Probedurchlauf.

Raumbedarf   ☑ Indoor   ☑ Outdoor
Theoretisch können Sie das Spiel außerhalb von Räumen einsetzen, doch es besteht die Gefahr, dass die Karten weggeweht werden oder die Beschichtung der Karten blendet. Daher ist es für draußen nur bedingt geeignet.

Tipps   Sie können den Schwierigkeitsgrad steuern, indem Sie die Karten zweifarbig gestalten, zum Beispiel die Vokabel in einer Farbe und die Übersetzung in einer anderen.

	»Lernkarten klatschen« entfaltet seine Stärke vor allem in der Einführung eines neuen Themas, aber auch in der ersten Festigung und Vertiefung. Daneben lässt es sich in Wiederholungen des Lernstoffes nach längerer Zeit einsetzen. Für Abwandlungen oder den Transfer in die Praxis ist es weniger geeignet.				
Lernprozess und Kreislaufabschnitt	Einführung	Primäraktivierung	Sekundäraktivierung	Transfer	Integration
	✓	✓	☐	☐	✓
Lernkanal	**Lernkanal (V-A-K):** Da mit Begriffs- und/oder Bilderpaaren gearbeitet wird, spricht das Spiel Visuelle an. Der Auditive wird angesprochen, da sich die Spieler untereinander besprechen können und Kommentare abgeben. Und für den Kinästheten gibt es etwas mit den Händen zu tun.				
	Visuell		Auditiv		Kinästhetisch
	✓		✓		✓

Beispiele Sie sehen unten das Spiel »Lernkarten klatschen« zum Thema »Schlagfertigkeit«; ein Teil der Karten ist aufgedeckt:

28 Kettengeschichten

Marisa Frangipane

Ziel	Bildung eigener Sätze, die der Reihe nach kombiniert werden und schließlich eine Geschichte ergeben. Das Spiel hilft dabei, die Inhalte (eines Textes) noch besser im Gedächtnis abzuspeichern.
Ursprung/Quelle	Verschiedene, auch traditionelle Kinderspiele, wie zum Beispiel bei der Variante mit dem Faltblatt (s. Varianten). Ursprünglich dient dieses Spiel dem Sprachenlernen.
Lernstoff	Es lassen sich alle Lernstoffe auf diese Art behandeln, insbesondere Lerntexte, wie zum Beispiel suggestopädische Texte, lassen sich bearbeiten und wiederholen. Es wurde ursprünglich für den Fremdsprachenunterricht entwickelt, doch es lässt sich vergleichbar gut im Sach- und Fachunterricht einsetzen.
Anzahl der Teilnehmer	2–10 Personen.

Dauer	10–15 Minuten.
Umfang	Bis zu jeweils 18–25 Karten pro Spiel.
Materialien und Vorbereitung	Für dieses Spiel brauchen Sie lediglich einen Satz Karten wie Karteikarten oder kartoniertes DIN-A4-Papier, das Sie über den PC beschriften (zum Beispiel mit einer Tabelle in Word) und dann zerschneiden. Die Kartengröße sollte so groß sein, dass die Schrift darauf für alle Teilnehmer gut lesbar ist! So bereiten Sie für jedes Kapitel Ihres Textes einen Stapel Karten vor. Jede Karte enthält ein Wort oder eine Redewendung des Textes beziehungsweise des zu bearbeitenden Kapitels. Diese Karten benutzen Sie normalerweise zunächst für eine thematische Einführung, zum Beispiel eine Decodierung vor dem Aktivkonzert (s. Download). Sie zeigen die Karten und erklären zum Beispiel die Begriffe mit Mimik und Gestik.

Materialien	• 18–25 Karten pro Spiel.

Ablauf und Spielregeln	Es geht darum, eine Geschichte zu erfinden, die alle Vokabeln und Sätze auf den Karten enthält. Der Stapel liegt in der Mitte, der erste Teilnehmer dreht die oberste Karte um und beginnt die Geschichte mit einem oder mehreren Sätzen, für die er den Inhalt der ersten Karte aufgreift. Ist der zweite Teilnehmer an der Reihe, dreht er die zweite Karte um; er muss die Geschichte so fortsetzen, dass der Begriff auf seiner Karte zu dem vorher Erzählten passt. Das Spiel geht mit dem dritten Teilnehmer weiter. Bei diesem Spiel wird viel gelacht, weil die Geschichte oft sehr kreative und lustige Wendungen nimmt.
Auswertung	Eine Auswertung findet bei diesem Spiel nicht statt.
Varianten	• Verwenden Sie Bildkarten (entweder nur mit Bildern oder auch mit dem Begriff in der Fremdsprache). • *Durch Begriffe gesteuert (kombiniert mit einer Bildergeschichte):* In diesem Fall können Sie zum Beispiel Seiten aus Kinderbüchern wie »Inspektor Hauptwort« – ein spannendes Sprachbuch« von Amery und Osthecker (1983) einscannen oder die Sprache verändern (falls Sie kein Deutsch unterrichten). Danach wird die Geschichte von den Teilnehmern frei nacherzählt. Sie bilden Sätze, die jeweils den Begriff zum Bild enthalten. Wenn Sie das Spiel noch spannender gestalten wollen, können Sie ein Puzzle aus ei-

nem Bild schneiden und die Teilnehmer zuerst das Bild rekonstruieren lassen. Wer im Zeichnen begabt ist, kann selbstverständlich auch eigene Zeichnungen verwenden.

- *Faltblatt:* Das ist ein typisches Spiel, das ich bereits in der Schule gespielt habe. Jeder hat ein Blatt mit verschiedenen Feldern mit Hinweisen zum Text, den er schreiben soll (s. Abbildung). Jeder trägt zunächst einen Namen ein und faltet den Rand an der Trennlinie zum nächsten Feld, gibt sein Blatt an den rechten Nachbarn weiter und erhält das Blatt seines linken Nachbarn. Dann macht er die nächste Eintragung, faltet das Blatt an der nächsten Trennlinie und gibt es weiter, so geht es reihum. Am Ende entstehen lustige Geschichten, weil niemand wusste, was der Nachbar vorher oder danach geschrieben hatte. Der Trainer kann die Blätter sammeln und laut vorlesen; so hat er die Möglichkeit, eventuelle Fehler zu korrigieren.
- Sie wählen Begriffe, Bilder oder Sätze aus Ihrem Fachunterricht und bringen diese auf den Karten an. Bei dieser Variante besteht die Aufgabe der Teilnehmer darin, Geschichten mit diesen Fachbegriffen zu kreieren.

Gefahren und Risiken	Keine.

Niveau und Vorkenntnisse

☑ Anfänger   ☑ Fortgeschrittene

Leicht. Bei anspruchsvollen Texten (zum Beispiel im Business-Bereich) kann der Schwierigkeitsgrad dementsprechend erhöht werden.

Schwierigkeitskontrolle   Bei diesem Spiel ist keine nötig.

Raumbedarf

☑ Indoor   ☐ Outdoor

Aufgrund des Materials ist das Spiel besser für drinnen geeignet.

Tipps   Alle Karten offen hinlegen. Teilnehmer-Paare ordnen die Karten zunächst in derjenigen Reihenfolge, wie die Begriffe im Text erscheinen. Danach sollten sie einen Dialog erfinden (ähnlich dem im Text, aber nicht genauso wie im Original!), der diese Begriffe enthält.

Die Personen des Dialogs können auch Handpuppen sein, mit denen die Teilnehmer spielen. Hier kann sich ebenfalls eine Geschichte entwickeln. Die kinästhetische Komponente wird durch die Bewegungen der Puppen stark angesprochen.

Lernprozess und Kreislaufabschnitt	Lernprozess und Kreislaufabschnitt				
	Einführung	Primäraktivierung	Sekundäraktivierung	Transfer	Integration
	☑	☑	☐	☐	☐

Lernkanal	**Lernkanal (V-A-K):** Bei diesem Spiel werden alle Lernkanäle angesprochen.		
	Visuell	Auditiv	Kinästhetisch
	☑	☑	☑

Beispiel Für den Italienischunterricht können Bilder folgendermaßen aussehen:

29 Lern-Mau-Mau

Claudia Grötzebach

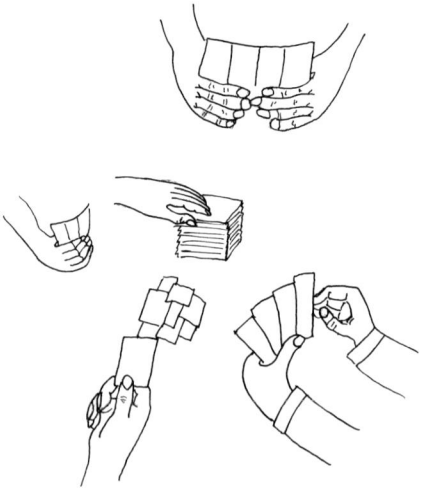

Ziel	Ziel dieses Kartenspiels ist es, alle seine Spielkarten so schnell wie möglich ab-zulegen. Unter lerntechnischen Gesichtspunkten wird bei diesem Spiel im wahrsten Sinne des Wortes unterschwellig gelernt. Nicht der Lernstoff steht im Vordergrund, sondern das Kartenspielen.
Ursprung/Quelle	Auf die Idee gekommen bin ich durch das Kinder-Mau-Mau von Ravensbur-ger. Die Spielregeln sind sehr leicht zu merken, das Spiel dauert nur wenige Minuten. Es ist ein Kombinationsspiel aus Strategie und Zufall, und ganz ne-benbei lässt sich so Lernstoff wiederholen.
Lernstoff	Und was lässt sich wiederholen, vertiefen und festigen? Eigentlich alles Mögli-che: Merksätze, Regeln, Vokabeln, Fachbegriffe, Ausspracheregeln und Ähnli-ches mehr …
Anzahl der Teilnehmer	2–4 Spieler pro Kartensatz. Bei größeren Gruppen arbeiten Sie mit mehreren Kartensätzen parallel in mehreren Kleingruppen.
Dauer	Das Spiel braucht unterschiedlich viel Zeit; wir haben im Original etwa fünf Minuten für eine Spielrunde gebraucht.

Umfang

Sie brauchen ein Kartenspiel mit etwa 30 Karten; im Original von Ravensburger sind es 31.

Materialien und Vorbereitung

Sie erstellen Spielkarten mithilfe von Blankokarten oder in einer Tabelle in Word. Wenn Sie mehrere gleiche Sätze erstellen, ist es geschickt, diese in unterschiedlichen Farben zu gestalten. Dann können Sie sie leichter auseinanderhalten, falls einmal etwas durcheinandergerät.

Auf diesen Karten gilt es zum Beispiel, wichtige Begriffe oder auch Merksätze oder Vokabeln zentral zu platzieren. In den Ecken bringen Sie Markierungen an, die verschiedene Bereiche darstellen:

- vier Farben (zum Beispiel rot, grün, gelb, blau),
- vier Symbole (zum Beispiel vier Tiere, vier Pflanzen oder vier sonstige Symbole),
- vier Aktionen: aussetzen, eine Karte ziehen, freie Farbwahl, zu bestimmende/freie Aktion.

Wenn Sie nun vier Farben mit vier Symbolen kombinieren, dann erhalten Sie bereits 16 Karten, hinzu kommen noch die Aktionskarten, die mit den vier Farben und vier Symbolen versehen werden. Wenn Sie drei Aktionskarten nehmen in vier Farben oder Symbolen, dann sind es noch einmal zwölf Karten. Dann sind Sie bei 28 Karten. Nun erstellen Sie noch zwei bis vier Karten mit freier Farbwahl. Je nachdem wie viele Karten Sie mit freier Farbwahl erstellen erhalten Sie 30–32 Karten.

Günstig für die freie Aktion ist es, Dinge darstellen oder sprechen zu lassen, zum Beispiel in dem Sinne, dass Lerninhalte erklärt, Vokabeln oder Fachbegriffe erläutert oder ein Dialog mit einem Mitspieler geführt werden soll.

Materialien

> - Einen oder mehrere Kartensätze.

Ablauf und Spielregeln

Mischen Sie den Kartensatz gut durch. Jeder Spieler erhält fünf Karten auf die Hand. Die restlichen Karten werden verdeckt als Abhebestapel in die Mitte der Spielerrunde gelegt. Die oberste Karte des Abhebestapels wird aufgedeckt neben den Stapel gelegt. Beginnen darf derjenige, der zum Beispiel als Letzter Geburtstag hatte. Dann spielt man im Uhrzeigersinn weiter.

Wer an der Reihe ist, spielt eine seiner Karten aus. Diese muss in Farbe, in der Zahl oder der Aktion mit der offenen Karte des Ablagestapels übereinstimmen. Hat dieser Spieler keine passende Karte, zieht er eine weitere vom Abhebestapel. Passt diese, darf er sie gleich ausspielen. Passt sie nicht, dann kommt der Nächste dran und die Karte muss behalten werden. Anschließend ist der linke Nachbar an der Reihe.

> Beispiel: Auf eine grüne Karte mit vier Tieren, Pflanzen … passt jede grüne Karte oder aber es kann eine rote, blaue oder gelbe Karte mit vier entsprechenden Symbolen abgelegt werden. Alle Aktionskarten in Grün passen ebenfalls.

Ist der Abhebestapel abgetragen, werden die abgelegten Karten – bis auf die oberste – neu gemischt und bilden, verdeckt gestapelt, den neuen Abhebestapel. Der Spieler, der seine vorletzte Karte ausspielt, ruft laut »Mau« und zeigt den Mitspielern damit, dass er gleich fertig ist. Vergisst der Spieler das, muss er zwei Karten ziehen – darauf achten alle! Wer seine letzte Karte ausspielt und »Mau-Mau« ruft, gewinnt.

Wird über mehrere Runden gespielt, dann zählen nach jeder Runde alle Spieler ihre Karten als Minuspunkte. Jede Karte zählt einen Punkt.

Mögliche Aktionskarten sind:

- *Aussetzen:* Der nächste Spieler setzt aus. Diese Karte darf man nur auf eine passende Farbe oder auf eine andere »Aussetzen«-Karte ausspielen.
- *Karte ziehen:* Der nächste Spieler nimmt eine Karte vom Stapel und darf keine seiner eigenen ausspielen. Diese Karte darf nur dann ausgespielt werden, wenn die Farbe die gleiche ist.
- *Freie Farbwahl!:* Der Spieler, der diese Karte auslegt, bestimmt die nächste Spielfarbe, die ausgespielt werden muss. Diese Karte darf auf jede andere Karte ausgespielt werden.
- *Mache …!:* Wird diese Karte ausgespielt, dann springen alle Spieler auf und führen die geforderte Aktion durch. Wer sitzen bleibt, zieht eine zusätzliche Karte vom Stapel. Diese Karte darf auf jede andere Karte ausgespielt werden.

Auswertung

Bei diesem Spiel frage ich nicht nur nach, wie es meinen Teilnehmern gefallen hat, sondern auch, welche Begriffe ihnen vielleicht unbekannt sind.

Variante

- Sie arbeiten stärker als im Original mit den Aktionskarten und lassen zum Beispiel stehende Redewendungen wiederholen, Dialoge führen, den Lernstoff durchbuchstabieren und Ähnliches mehr …

Gefahren und Risiken	Mir sind keine bekannt; aber Teilnehmer können das Spiel für zu kindisch halten. Daher ist es günstig, im Anschluss eine Aktivität durchzuführen, die zeigt, wie sehr sich der Lernstoff dadurch gefestigt hat.

Niveau und Vorkenntnisse

☑ Anfänger ☐ Fortgeschrittene

Dieses Spiel ist, da sehr leicht, besonders gut für Anfänger geeignet. Es hat auch einen leichten Pausencharakter, da das Wiederholen des Gelernten eher nebenbei geschieht.

Schwierigkeitskontrolle

Dieses Spiel bietet die Möglichkeit des latenten Lernens. Man wiederholt den Lernstoff eher nebenbei, während man das Kartenspiel spielt. Daher ist eine Schwierigkeitskontrolle eher unnötig.

Raumbedarf

☑ Indoor ☐ Outdoor

Der Materialien wegen ist dieses Spiel besser drinnen aufgehoben, doch grundsätzlich variabel.

Tipp

Mein Tipp, um die Zeit planen zu können, ist der Einsatz einer Eieruhr, mit der Sie zum Beispiel eine Spielzeit auf 15 oder 20 Minuten (oder auch eine andere Länge) begrenzen.

Lernprozess und Kreislaufabschnitt

Dieses Spiel eignet sich besonders gut als Einführung oder auch als Primäraktivierung, da die Spieler »nebenbei« lernen. Nicht der Lernstoff steht im Vordergrund, sondern das Spielen an sich und das Zurkenntnisnehmen des Lernstoffes auf den jeweiligen Spielkarten.

Das macht das Spiel unter Lerngesichtspunkten sehr einfach.

Sie können es zum Beispiel auch sehr schön einsetzen bei Sprachen, die anfangs schwierig zu lernen sind, wie das Chinesische. Damit lassen sich zum Beispiel die Ausspracheregeln üben und wiederholen.

Einführung	Primäraktivierung	Sekundäraktivierung	Transfer	Integration
☑	☑	☐	☐	☐

Lernkanal

Lernkanal (V-A-K): Alle Lerntypen werden mit dem Lern-Mau-Mau angesprochen.

Visuell	Auditiv	Kinästhetisch
☑	☑	☑

Beispiel So sehen bei mir die Karten für ein Lern-Mau-Mau zum Thema »Schlagfertig-keit« aus:

①	②	③	④
Stumme Geste	2-silbiger Kommentar	Die Umleitung	Das unpassende Sprichwort
+1			
Ignorieren	Torerostrategien	Souveränität	Aggression

30 Kreuzworträtsel

Claudia Grötzebach

Ziel	Mit dem Kreuzworträtsel werden Begriffe aufgrund von Umschreibungen, Definitionen oder Synonymen geraten.
Ursprung/Quelle	Die allseits bekannten Kreuzworträtsel.
Lernstoff	Es gibt keine Grenzen: Schlüsselwörter, Fachwörter, seminartypische Wörter, zum Beispiel Redewendungen, Bonmots und vieles mehr können geraten werden.
Anzahl der Teilnehmer	8–12 Personen, je nach Auslegung unbegrenzt.
Dauer	10–20 Minuten.
Umfang	8–15 Begriffe.
Materialien und Vorbereitung	Sie brauchen lediglich eine Liste mit Schlüsselbegriffen, die zu raten sind, sowie deren Umschreibungen. Diese Begriffe notieren Sie als Muster auf einem Flipchart und versehen die Begriffe mit Zahlen. Nun müssen Sie nur noch die Nummerierung mit den Umschreibungen in Einklang bringen und anschlie-

ßend die Kästchenvorlage für das eigentliche Kreuzworträtsel erstellen. Die Umschreibungen notieren Sie am besten auf einem separaten Flipchartbogen und hängen ihn gut sichtbar neben die Kästchenvorlage.

Gegebenenfalls müssen Sie die Nummerierung in der Kästchenvorlage mit Pfeilen versehen.

Materialien	• Liste mit Schlüsselbegriffen und deren Umschreibungen, • ein Flipchart, • zwei Flipchartbögen, • dicke Filzstifte, • Kreppband.

Ablauf und Spielregeln — Präsentieren Sie der Gruppe das Kreuzworträtsel. Lassen Sie alle gemeinsam arbeiten und knobeln.

Auswertung — Möglich, aber nicht nötig.

Varianten
- Geben Sie ein Blatt mit dem Kreuzworträtsel als Teilnehmerunterlage aus. Dann können Sie das Rätsel und die Umschreibungen auf einem Blatt anbringen und alle Teilnehmer haben die gleichen Informationen.
- Initiieren Sie einen Rätselwettbewerb: Wer das Rätsel als Erster löst, gewinnt eine Kleinigkeit.
- Lassen Sie ein oder mehrere Kreuzworträtsel von Kleingruppen entwickeln und dann wechselseitig spielen.

Gefahren und Risiken — Es sind mir keine bekannt.

Niveau und Vorkenntnisse — ☑ Anfänger   ☑ Fortgeschrittene

Schwierigkeitskontrolle — Selbstversuch nach längerem Liegenlassen oder Probedurchlauf.

Raumbedarf — ☑ Indoor   ☑ Outdoor
Mit dem Flipchart ist das Kreuzworträtsel eher ein Spiel für drinnen, doch im Blattformat/Teilnehmerunterlage können Sie es ebenfalls draußen spielen.

Lernprozess und Kreislaufabschnitt	Sie können das Kreuzworträtsel vor der Einführung eines neuen Themas spielen, dann führen Sie auf diese Weise neue Begriffe ein. Sie können es aber ebenso nutzen, um Gelerntes zu festigen und zu vertiefen. Wenn Sie mit ungewöhnlicheren Umschreibungen oder Logeleien arbeiten, bietet es sich als spätere, kreative Wiederholung und Vertiefung auch nach längerer Pause an.

Einführung	Primäraktivierung	Sekundäraktivierung	Transfer	Integration
✓	✓	✓	☐	✓

Lernkanal	**Lernkanal (V-A-K):** Kreuzworträtsel bieten allen Lernkanälen etwas. Visuelle können gucken, Auditive reden und vor sich hinmurmeln und die Kinästheten haben etwas zu tun.

Visuell	Auditiv	Kinästhetisch
✓	✓	✓

Beispiel Sie sehen nachfolgend ein Foto von einem Kreuzworträtsel, das die Teilnehmer meiner Seminare zum Thema »Rhetorik« angefertigt haben.

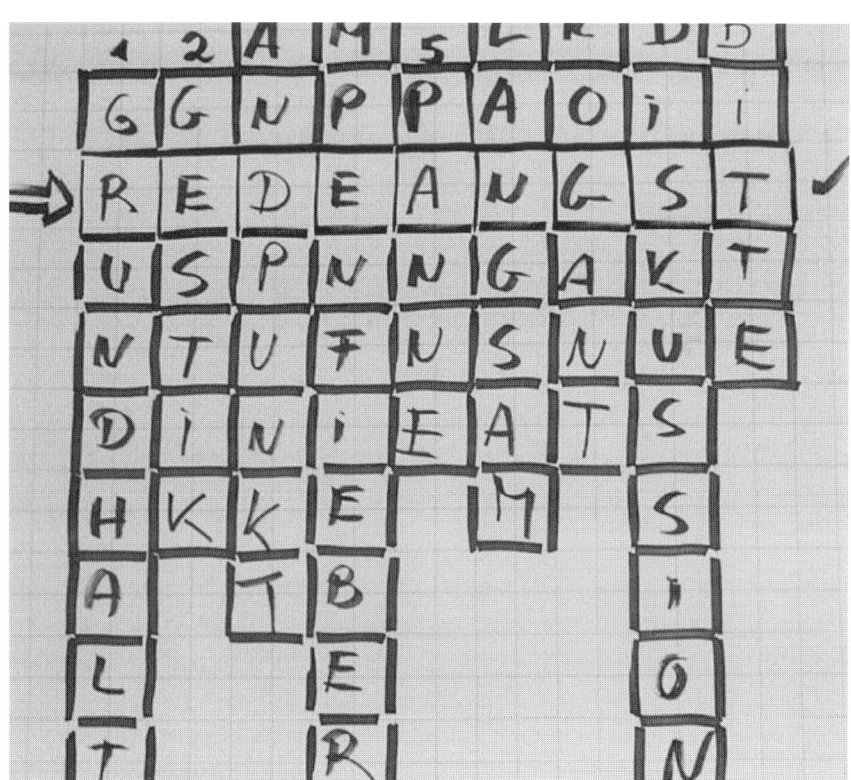

31 Mann und Frau

Claudia Grötzebach

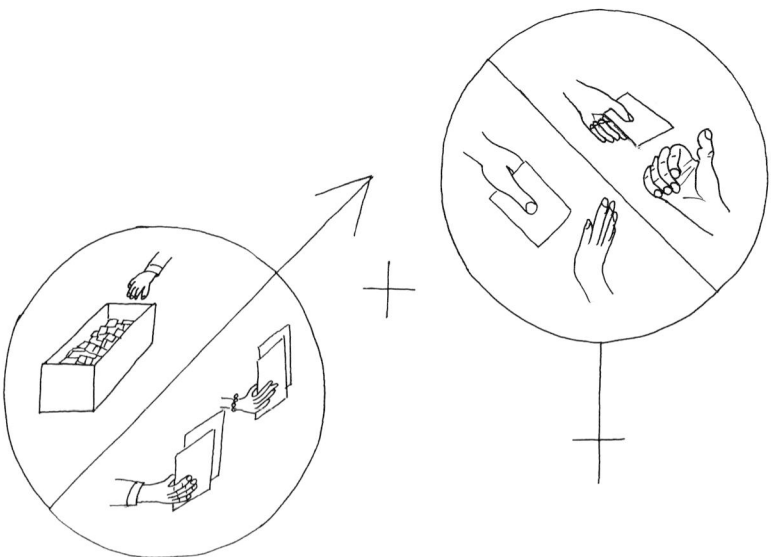

Ziel	Bei dieser Übung geht es darum, dass sich die Teilnehmer mit dem aktuellen Thema auseinandersetzen, die Begriffe konzentriert wahrnehmen, sich damit beschäftigen und die jeweilige die Paarkombination erkennen. Darüber hinaus hat sie einen kommunikativen Effekt, denn die Gruppenmitglieder kommen miteinander in Kontakt.
Ursprung/Quelle	Diese Übung erinnert an das Memory, aufgrund ihrer vergleichbaren Grundstruktur. Sie wurde von Claudia Feichtenberger für »Trainieren mit Herz und Verstand« (2006) zu Papier gebracht.
Lernstoff	Sie können jeglichen zweiteiligen Lernstoff bearbeiten.
Anzahl der Teilnehmer	Bis etwa 15 Teilnehmer.
Dauer	Ungefähr 30 Minuten.
Umfang	30–50 Karten.

Materialien und Vorbereitung	Für dieses Spiel brauchen Sie Kartenpaare mit Begriffen, die zwei Bedingungen erfüllen: Erstens müssen sie eindeutig zusammengehören und zweitens sollten sie natürlich eindeutig mit dem Thema zusammenhängen. Beispielsweise Mann und Frau, Himmel und Erde, vorher und nachher, to hide und verstecken, Controlling und Controller, Summe und +, innen und außen, Schaf und Lamm.

Diese Karten werden verdeckt im Raum verteilt oder in eine Box, Tüte oder Ähnliches gepackt.

Materialien	• Ein Kartensatz.

Ablauf und Spielregeln

Ziel des Spiels ist es, Kartenpaare zu finden. Bitten Sie die Teilnehmer zunächst aufzustehen und sich (wahllos) eine oder besser zwei Karten zu nehmen. Hat jeder seine Karte(n), gilt es, umherzugehen und sich mit den anderen Teilnehmern auszutauschen. Wer hat welche Karte, passt eine zu einer von meinen Karten? Ist er bereit zu tauschen, sodass jeder Paare hat?

Anschließend werden die Karten beziehungsweise ihre Inhalte in einer Plenumsrunde aufgearbeitet.

Auswertung

Über die Plenumsrunde hinaus braucht es keine Auswertung.

Varianten

- Die Paare können ebenso aus einer Wort- und einer Bildkarte bestehen.
- Bilden Sie Paare aus identischen Begriffen. Das ist sinnvoll, wenn es schwierig ist, eindeutige Paare zu finden: Ein Beispiel zur »Gewaltfreien Kommunikation« von Marshall Rosenberg (2006):
  – Beobachtung? und Beobachtung!,
  – Bewertung? und Bewertung!,
  – Gefühle ausdrücken? und Gefühle ausdrücken!,
  – Bedürfnisse? und Bedürfnisse!,
  – Bitte? und Bitte!,
  – Forderung? und Forderung!.
  So werden zwar nicht Begriff und Übersetzung beziehungsweise Definition gelernt, doch die komplementären Tätigkeiten beziehungsweise Geisteshaltungen. Das können Sie sicherlich auf Ihren Bereich übertragen.

Gefahren und Risiken

Lassen Sie die Diskussion nicht schleifen, sondern gestalten Sie die Auswertung dynamisch, also eher etwas zügiger.

Niveau und Vorkenntnisse	☑ Anfänger ☑ Fortgeschrittene Die Übung ist gut anpassbar.
Schwierigkeitskontrolle	Es ist keine notwendig.
Raumbedarf	☑ Indoor ☐ Outdoor Theoretisch ließe sich dieses Spiel auch im Freien spielen, doch dort könnten die Karten wegwehen.
Tipps	Wenn Sie keine Zeit haben, können Sie ebenso einen Satz Memorykarten für dieses Spiel nutzen beziehungsweise die Karten dieses Spieles als »Lern-Memory« einsetzen.

Lernprozess und Kreislaufabschnitt

Die Übung eignet sich als Einführung in ein neues Thema, aber auch als erstes Wiedererkennen sowie als unveränderte Wiederholung nach der Einführung eines neuen Themas.
Sinnvoll erscheint sie mir als Wiederholung am Ende eines Seminares, Tages oder einer Unterrichtssequenz.

Einführung	Primäraktivierung	Sekundäraktivierung	Transfer	Integration
☑	☑	☐	☐	☑

Lernkanal

Lernkanal (V-A-K): Die Übung spricht alle Lernkanäle an.

Visuell	Auditiv	Kinästhetisch
☑	☑	☑

Beispiel   Karten für »Mann und Frau« zum Thema »Schlagfertigkeit«:

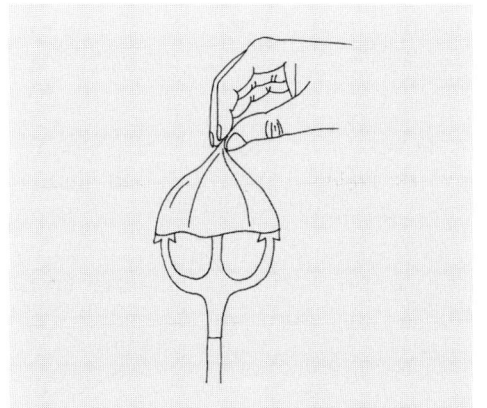

Entschleierungs-
strategien

Torerostrategien

32 Lern-Memory

Claudia Grötzebach

Ziel	Das unterhaltsame Lernen von Definitionen, Vokabeln und ähnlichen zweigliedrigen Informationen.
Ursprung/Quelle	Die Anregung zu diesem Spiel habe ich aus meiner Suggestopädieausbildung mitgenommen, als Ramiero Jerez eine Einführung in das Spanische gestaltete. Doch Sie finden auch Kaufvarianten in Buchläden und Museumsshops zu Themen wie Kunst, Stadtführung und Architektur, die Sie nutzen können.
Lernstoff	Bearbeiten können Sie damit sehr gut zweiteilige Informationen wie zum Beispiel Vokabeln, Definitionen und anderes mehr.
Anzahl der Teilnehmer	Pro Spiel sollten nicht mehr als zwei bis vier Teilnehmer beteiligt sein, sonst wird es zu langweilig. Lassen Sie am besten mehrere Kleingruppen parallel spielen.
Dauer	Je nach Kartenzahl 10–30 Minuten.

Umfang	20–40 Karten, also 10–20 Paare. Im Original hat Memory etwa 70 Kartenpaare. Doch Lern-Memorys sind üblicherweise anspruchsvoller, daher würde ich unter dieser Zahl bleiben.

Materialien und Vorbereitung

Sie brauchen Kartenpaare, die Sie beschriften, zum Beispiel aus kartoniertem Papier oder Karteikarten. Laminierte Fassungen halten länger. Teils können sie gekaufte Memorykarten abwandeln.

Wählen Sie zunächst die zu lernenden Informationen aus. Notieren Sie dann auf einer Karte zum Beispiel die Vokabel oder den Fachbegriff und auf der zweiten Paarkarte die Übersetzung oder Definition.

Materialien

- Kartenpaare (Memory),
- Tische.

Ablauf und Spielregeln

Die Spielregeln sind denkbar einfach. Bilden Sie Kleingruppen von zwei bis vier Personen. Jede Gruppe erhält einen Memorysatz. Die Karten werden verdeckt auf dem Tisch ausgebreitet und gemischt. Dann einigen sich die Spieler, wer beginnt, und der erste Spieler deckt zwei Karten auf. Da es sich meist nicht um ein zusammengehöriges Paar handelt, werden die Karten wieder umgedreht und der zweite Spieler deckt seinerseits zwei Karten auf. Dies geht so weiter, bis einer der Spieler ein Paar aufdeckt. Dann darf er dieses Paar aus dem Spiel nehmen und zwei weitere Karten aufdecken. Wer die meisten Paare aufdeckt, gewinnt.

Gehen Sie zwischen den Gruppen umher und stehen Sie mit Rat und Tat zur Seite. Sie dürfen die Spielregeln auch mal zum Beispiel mit Vorsagen außer Kraft setzen, insbesondere, wenn die Teilnehmer etwas entmutigt sind.

Auswertung

Auswerten können Sie das Spiel schon beim Umhergehen, doch es lohnt sich, als Abschluss eine Gesamtauswertung für die ganze Gruppe zu machen. Wenn Sie das Spiel als eine späte Wiederholung einsetzen, dann können Sie auf eine Auswertung verzichten.

Varianten

- Sehr schön ist es, wenn Sie anstelle eines Wortmemorys eines mit Bild-Wort-Kombinationen erstellen können. Das macht den Teilnehmern erfahrungsgemäß mehr Freude beim Spiel.
- Spielen mit verschiedenen Memorysätzen. Sie können die Gruppen auch mit zwei verschiedenen Memorys spielen lassen und nach dem ersten Durchgang die Gruppen wechseln lassen. Das bietet sich an, wenn Sie relativ viele Informationen vermitteln wollen, die für ein einziges Memory ein-

fach zu viel wären. Mehr als einen Wechsel empfehle ich aber nicht, weil es dann methodisch für die Teilnehmer zu langweilig wird.

Gefahren und Risiken

Dieses Spiel trägt keine Risiken in sich, doch es kann entmutigen, wenn sie es zu schwer gestalten.

Niveau und Vorkenntnisse

☑ Anfänger ☑ Fortgeschrittene

Das Spiel kann sehr unterschiedlich ausgelegt werden. Als Trainer unterschätzt man den Schwierigkeitsgrad leicht.

Schwierigkeitskontrolle

Es empfiehlt sich ein Selbsttest nach längerem Liegenlassen oder ein Probedurchlauf mit Testteilnehmern.

Raumbedarf

☑ Indoor ☑ Outdoor

Theoretisch können Sie das Spiel außerhalb von Räumen einsetzen, doch es besteht die Gefahr, dass die Karten weggeweht werden oder die Materialien blenden.

Tipps

Sie können den Schwierigkeitsgrad steuern, indem Sie die Karten zweifarbig gestalten, zum Beispiel die Vokabel in einer Farbe und die Übersetzung in einer anderen.

Lernprozess und Kreislaufabschnitt

Das Memory entfaltet seine Stärke vor allem in der Einführung eines neuen Themas, aber auch in der ersten Festigung und Vertiefung. Darüber hinaus lässt es sich in Wiederholungen des Lernstoffes nach längerer Zeit einsetzen.
Für Abwandlungen oder den Transfer in die Praxis ist es weniger geeignet.

Einführung	Primäraktivierung	Sekundäraktivierung	Transfer	Integration
☑	☑	☐	☐	☑

Lernkanal

Lernkanal (V-A-K): Da mit Begriffen und/oder Bilderpaaren gearbeitet wird, spricht das Spiel Visuelle an. Der Auditive wird angesprochen, da sich die Spieler untereinander besprechen können und Kommentare abgeben. Und für den Kinästheten gibt es etwas selbst zu tun.

Visuell	Auditiv	Kinästhetisch
☑	☑	☑

Beispiel Lern-Memorykarten zum Thema »Schlagfertigkeit« können Sie folgendermaßen gestalten:

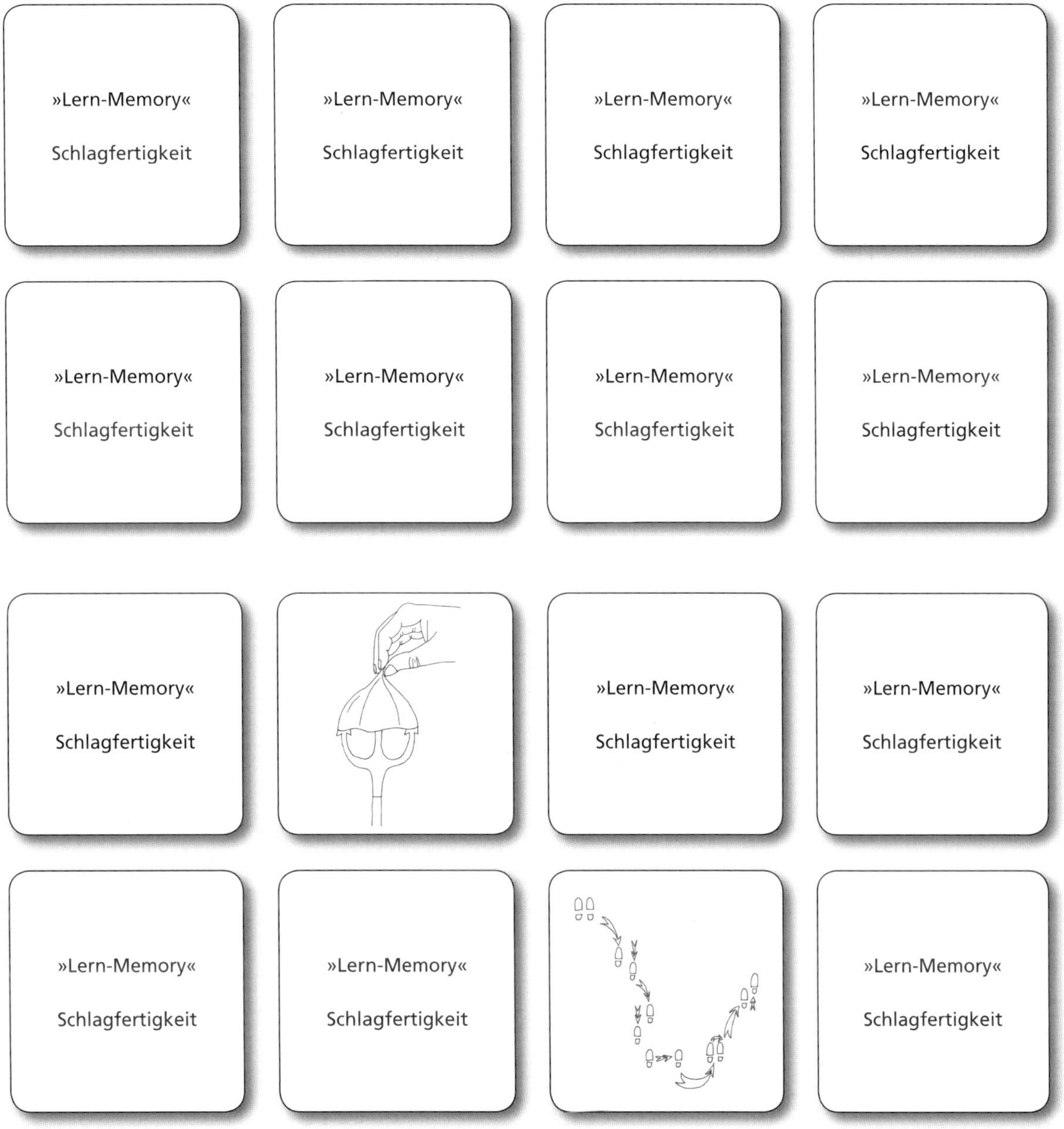

»Lern-Memory«

Schlagfertigkeit

»Lern-Memory«

Schlagfertigkeit

»Lern-Memory«

Schlagfertigkeit

»Lern-Memory«

Schlagfertigkeit

»Lern-Memory«

Schlagfertigkeit

»Lern-Memory«

Schlagfertigkeit

»Lern-Memory«

Schlagfertigkeit

»Lern-Memory«

Schlagfertigkeit

»Lern-Memory«

Schlagfertigkeit

»Lern-Memory«

Schlagfertigkeit

»Lern-Memory«

Schlagfertigkeit

»Lern-Memory«

Schlagfertigkeit

Schlagfertigkeit

»Lern-Memory«

Schlagfertigkeit

»Lern-Memory«

Schlagfertigkeit

»Lern-Memory«

Schlagfertigkeit

33 Metaphern finden

Claudia Grötzebach

Ziel

Bei diesem Spiel geht es darum, den Lernstoff zu bearbeiten, indem man ihn metaphorisch umschreibt. Besonders wirkungsvoll ist, dass nicht nur Begriffe, sondern auch die Inhalte – also der gesamte Lernstoff – noch einmal wiederholt, neu durchdacht, mit eigenen Vorstellungen, Fantasien und inneren Bildern verknüpft werden und darüber diskutiert wird. Dadurch entstehen oft sehr wirkungsvolle Beschreibungen, Erklärungen und Merksätze.

Ursprung/Quelle

Dieses Spiel geht auf eine Idee von Gudrun Wallenwein zurück, die es in etwas anderer Form unter dem Namen »Metaphern erfinden« (2003, S. 102) publiziert hat. Ich habe es für meine Arbeitspraxis umgemodelt.

Lernstoff

Bearbeiten lässt sich jeder Lernstoff.

Anzahl der Teilnehmer

Unbegrenzt.

Dauer

10–60 Minuten, je nach Ausgestaltung des Spiels und der Anzahl der Begriffe.

Umfang	Bis zu 50 Begriffe sollten oder können zusammengetragen werden, auch wenn im Spiel selten so viele Begriffe bearbeitet werden.
Materialien und Vorbereitung	Sie brauchen Begriffe aus dem Lerngebiet (maximal 50), die auf Karten geschrieben stehen.

Materialien

> ● Kartensatz mit Begriffen.

Ablauf und Spielregeln

Bei diesem Spiel geht es darum, Metaphern zu finden, die die Bedeutung des Gelernten in metaphorischer Weise wiedergeben. Es hat eine gewisse Ähnlichkeit mit dem Spiel »Präzise und kurz«, das auf Seite 188 ff. beschrieben wird.

Sie bilden am besten zwei Kleingruppen, die, wie bei einem Wettbewerb üblich, gegeneinander spielen.

Ziehen Sie nun einige Kärtchen mit Schlüsselbegriffen aus der Gesamtmenge und legen Sie sie gut sichtbar aus, zum Beispiel auf dem Boden; schreiben Sie sie eventuell zusätzlich auf eine Tafel oder ein Flipchart.

Dann bekommen beide Gruppen Zeit, um sich zu den Begriffen Metaphern, also bildreiche Beschreibungen, zu überlegen.

Nach Ablauf der Bearbeitungszeit, die je nach Anzahl der Begriffe länger oder kürzer ausgelegt werden sollte, werden die Metaphern vorgestellt. Ausgewertet wird unterschiedlich: Es kann die treffendste, die originellste, die bildreichste Metapher gewinnen. Dabei können Sie den Schiedsrichter spielen oder diese Aufgabe an die Gruppe delegieren. Da es nicht wirklich um den Gewinn geht, sondern um den Lerneffekt und die Nachhaltigkeit, funktioniert das Delegieren der Auswahl an die Gruppe recht gut.

Auswertung

Auch bei diesem Spiel ist es wichtig, den Sinn zu erläutern. Der liegt darin, wichtige Schlüsselbegriffe noch einmal kreativ zu bearbeiten und sie mithilfe von selbst entwickelten Metaphern zu erläutern. Das bewirkt oft, dass inhaltliche Missverständnisse, Verständnislücken oder Fehlinterpretationen aufgedeckt oder unauffällig beseitigt werden können. Damit beinhaltet das Spiel zudem eine wichtige Erfolgs- und Lernkontrolle.

Varianten

● Sie können die Metaphern auch in einem Ad-hoc-Wettbewerb suchen lassen. Dazu bilden Sie zwei Gruppen. Es spielen immer zwei Mitglieder – eines aus jedem Team – gegeneinander. Sie ziehen dazu für jedes Paar einen Begriff, es gibt eine kurze Bedenkzeit, dann müssen die Spieler ihre erläuternden, beschreibenden oder originellen Metaphern zu diesem Schlüsselbegriff präsentieren.

● Sie können ebenso mit je zwei Begriffen arbeiten. Dazu bereiten Sie nicht nur Schlüsselbegriffe des Lernstoffes vor, sondern auch andere, lernstofffremde Begriffe wie beispielsweise Berge, Seen, Sonne. Gut sind gegenständliche, bildreiche Substantive. Idealerweise werden diese auf andersfarbigen Karten notiert, so lassen sich beide Begriffsarten gut unterscheiden. Dann ziehen die Mitglieder von jeder Art einen Begriff und haben zu dem Lernbegriff eine Metapher zu bilden, die den Begriff der anderen Karte enthält.

● Sie können auch einen Wettbewerb inszenieren, wie ich ihn bereits beschrieben habe, oder ein Spiel mit allgemeinem Übungscharakter, ähnlich wie beim »Schnipselspiel« (s. S. 209 ff.).

Sie müssen die Begriffe nicht selbst vorbereiten, Sie können sie ebenso von den Teilnehmern vorbereiten beziehungsweise zusammentragen lassen. Das lässt sich auch in zwei Übungsteilen umsetzen, zum Beispiel einmal als »Sammeln von Wörtern« und zum anderen als Spiel »Metaphern finden«.

Gefahren und Risiken

Gefahren und Risiken gibt es bei diesem Spiel nicht. Wichtig ist aber auch hier, den Sinn zu erklären. Erläutern Sie, wie sich die Begriffe einprägen, indem man sich auf diese kreative Weise mit ihnen auseinandersetzt.

Niveau und Vorkenntnisse

☑ Anfänger ☑ Fortgeschrittene

Dieses Spiel ist für alle Lernstufen geeignet, da es ausschließlich darum geht, den Lernstoff in eigenen Bildern und adäquaten Vergleichen wiederzugeben.

Schwierigkeitskontrolle

Braucht es bei diesem Spiel nicht.

Raumbedarf

☑ Indoor ☑ Outdoor

Dieses Spiel können Sie gut sowohl im Haus wie draußen spielen. Aber oft sind die akustischen Bedingungen im Haus besser.

Lernprozess und Kreislaufabschnitt	Dieses Spiel ist eine sehr gute kreative Wiederholung und Bearbeitung bereits gelern-ten Stoffes. Es geht nicht nur darum, Begriffe zu wiederholen, sondern gerade Inhalte noch einmal bewusst zu bearbeiten. Durch seinen kreativen, bildhaften Gehalt ver-langt es eine gewisse Stoffbeherrschung, wird also eher in einem späteren Bearbei-tungsprozess eingesetzt.

Einführung	Primäraktivierung	Sekundäraktivierung	Transfer	Integration
☐	☐	✓	✓	✓

Lernkanal	**Lernkanal (V-A-K):** Bei diesem Spiel werden alle Lernkanäle angesprochen, wenn auch die Visuellen proportional etwas weniger.

Visuell	Auditiv	Kinästhetisch
✓	✓	✓

Beispiel	Folgende Metaphern wurden in einem Rhetoriktraining gefunden:

Begriff	Gruppe 1	Gruppe 2
Mimik	Das zarte Spiel der Gesichts-züge	Weder Clown noch Hampel-mann
Blackout	Kurzzeitiger Orientierungs-verlust	Signalunterbrechung
Manuskript	Gedächtnis aus Papier	Redelandkarte

34 Mischmasch

Claudia Grötzebach

Ziel	Das Ziel dieses Spiels ist, durchmischte Lernbegriffe wieder zu entschlüsseln. So wiederholen und vertiefen die Teilnehmer Gelerntes.
Ursprung/Quelle	Dieses Spiel habe ich von Gudrun Wallenwein (2003, S. 118) übernommen.
Lernstoff	Mit diesem Spiel kann jeder Lernstoff bearbeitet werden.
Anzahl der Teilnehmer	Es spielen immer zwei Personen. Doch je nach Variante ist die Zahl der Teilnehmer unbegrenzt.
Dauer	Eine Stunde.
Umfang	Zwölf Begriffe pro Teilnehmer.
Materialien und Vorbereitung	Sie brauchen für dieses Spiel lediglich eine Spielvorlage, das heißt ein Blatt, das drei Spalten à zwölf Zeilen umfasst.
Materialien	• Spielvorlage in der Anzahl der Teilnehmer.
Ablauf und Spielregeln	Ihre Teilnehmer suchen sich aus einem bearbeiteten Text zwölf möglichst schwierige Begriffe heraus. Diese Begriffe schreiben sie in die erste Spalte der Spielvorlage (A). Nun durchmischen Sie die Buchstaben dieser Wörter und schreiben diesen »Mischmasch« in die zweite Spalte (B). Spalte A wird nun weggefaltet, sodass diese Spalte nicht zu sehen ist. Anschließend tauschen je zwei Spieler ihre Blätter aus. Sie können aber auch das Blatt an den rechten

Teilnehmer weitergeben. Der muss nun versuchen, das »Mischmasch« aufzulösen. Das richtige Wort wird dann in die dritte Spalte (C) geschrieben. Sind die Partner (oder bei der »Weitergabevariante« die einzelnen Spieler) fertig, darf der letzte Spieler das Blatt auffalten und das Ergebnis prüfen.

Auswertung Ich frage bei diesem Spiel gerne nach, ob alle Begriffe bekannt waren. Dann bietet sich »Nachhilfe« oder Auffrischung des Wissens an. Sie können aber auch fragen, warum diese Begriffe so wichtig waren. Das gibt einen guten Einblick in die Erkenntnisse, die Ihre Teilnehmer aus dem Unterricht gezogen haben.

Varianten
- Sie können bereits im Vorfeld ein Blatt vorbereiten, das alle Teilnehmer dann zu bearbeiten haben.
- Sie spielen »Mischmasch« auf Zeit beziehungsweise um die Wette.
- Lassen Sie nicht nur Lernbegriffe zu, sondern auch heitere Begriffe oder persönliche Erkenntnisse. Das lockert auf.
- Lassen Sie Teams gegeneinander spielen.

Niveau und Vorkenntnisse ☑ Anfänger ☑ Fortgeschrittene
Das Spiel braucht den bearbeiteten Lernstoff, aber sonst verlangt es keinerlei Vorkenntnisse.

Schwierigkeitskontrolle Es ist keine notwendig.

Gefahren und Risiken Es sind keine bekannt. Wichtig ist nur, das Spiel nicht unnötig in die Länge zu ziehen.

Raumbedarf ☑ Indoor ☑ Outdoor
Sie können es sowohl drinnen als auch draußen spielen.

Lernprozess und Kreislaufabschnitt

»Mischmasch« unterstützt den Transfer des Gelernten vom Kurz- in das Langzeitgedächtnis.

Einführung	Primäraktivierung	Sekundäraktivierung	Transfer	Integration
☑	☑	☑	☐	☑

Lernkanal

Lernkanal (V-A-K): Das Spiel bedient alle drei Lernkanäle.

Visuell	Auditiv	Kinästhetisch
☑	☑	☑

Beispiel Das Blankoformular besteht aus einer dreispaltigen Tabelle:

Mischmasch		
A	**B**	**C**
1.	1.	1.
2.	2.	2.
3.	3.	3.
4.	4.	4.
5.	5.	5.
6.	6.	6.
7.	7.	7.
8.	8.	8.
9.	9.	9.
10.	10.	10.

Die Begriffe selbst können folgendermaßen aussehen:

Mischmasch		
A	**B**	**C**
1. IGNORIEREN	1. ORENREINIG	1.
2. UMLEITUNG	2. LEIMUNGUT	2.
3. TORERO	3. ROTORE	3.
4. RÜCKFRAGE	4. GERÜCKRAF	4.
5. REGENSCHIRM	5. SCHREINMERG	5.
6. SPIELBALL	6. SPILLELAB	6.
7. ENTSCHLEIERN	7. LEIERNSCHENT	7.
8. ENTSPANNUNG	8. PANNENTUNGS	8.
9. GRENZEN	9. ZENGREN	9.
10. INTERVENTION	10. VENTIONITERN	10.

35 Obstsalat

Claudia Grötzebach

Ziel »Obstsalat« ist ein Bewegungsspiel, bei dem einzelne Begriffe, Lerngegenstände, Vokabeln und Ähnliches mehr spielerisch wiederholt und gefestigt werden. Wichtig dabei ist, dass alle nicht nur in (körperliche) Bewegung kommen, sondern das Bewegungsspiel mit Lerneffekten verknüpft wird.

Ursprung/Quelle Dieses Bewegungsspiel habe ich in meiner Suggestopädieausbildung bei Barbara von der Meden und Brigitte Schwitalla kennengelernt.

Eine Beschreibung fand ich dann durch Zufall wieder in Frank Elstners Buch »Spiel mit: Das große Spiele-Buch des Deutschen Sportbundes für Sport, Spiel, Spaß« (1979, S. 173), und spontan kam mir der Einfall für eine Lernspielvariante.

Lernstoff Das Spiel vertieft in seiner einfachen Variante vor allem Schlüsselbegriffe des Gelernten. Sie können Fachbegriffe, Gegenstände wie zum Beispiel Obstsorten, chemische Elemente, Vokabeln und vieles mehr wiederholen und festigen.

In der Variante, in der die Oberbegriffe und das Mengenclustern eingesetzt werden, werden zudem Zusammenhänge im Lernstoff erarbeitet und Eigenschaften der Schlüsselbegriffe oder Lerngegenstände selbstständig erdacht und erarbeitet und in der Gruppe spielerisch vertieft. Ein toller Effekt!

Anzahl der Teilnehmer Es können 10 bis 60 Personen teilnehmen, so heißt es bei Frank Elstner, doch in der Praxis hängt die Anzahl der Teilnehmer vom Platz oder der Zahl der vorhandenen Stühle ab. Und die Anzahl von zehn Teilnehmern kann auch unterschritten werden.

Dauer Ich selbst spiele die Lernspielvariante nicht sehr lang, vielleicht zehn Minuten. Die Zeit stelle ich mit einer Eieruhr oder einem Teatimer ein, sodass alle wissen, wann Schluss ist.

Umfang Bei der anfänglichen Vergabe von Lernbegriffen empfiehlt sich eine Zahl zwischen fünf und zehn. Das hängt von der Zahl der Teilnehmer ab; es sollten pro Begriff mindestens zwei Teilnehmer eingeteilt werden, damit ein Tausch stattfinden kann.

Materialien und Vorbereitung Das Spiel braucht wirklich wenig Vorbereitung. Zunächst bilden Sie einen Stuhlkreis, die Innenfläche muss leer, also hindernis- und stolperfrei sein. Es gibt einen Stuhl weniger als Teilnehmer. Das heißt, ein Teilnehmer bekommt keinen Stuhl, sondern stellt sich in die Mitte des Kreises.

Dann sucht sich jeder einen Begriff aus dem Lernstoff heraus. Jeder der Begriffe muss mindestens zweimal in der Gruppe vorkommen, sonst kann kein Platztausch vorkommen. Es dürfen aber auch mehr als zwei Personen den gleichen Schlüsselbegriff erhalten oder wählen. Ich lasse die Teilnehmer gerne selbst wählen. Sie können auch selbst Schlüsselbegriffe vorbereiten und verteilen.

Materialien
●	Gegebenenfalls eine Liste mit Fach- oder Schlüsselbegriffen.

Ablauf und Spielregeln Das Spiel beginnt, wenn der Stuhlkreis gebildet ist und alle einen Lernbegriff erhalten haben. Ein Teilnehmer wird ausgelost und stellt sich in die Mitte. Er hat nun Narrenfreiheit und lässt die Puppen tanzen. Er ruft zum Beispiel »Kirschen« und alle »Kirschen« müssen aufstehen und ihre Plätze tauschen. Ziemlich schnell merken alle Beteiligten, dass es dabei darauf ankommt, schnell zu sein, da man sonst keinen Platz mehr bekommt, denn der Spieler im Zentrum hat zu jedem Platztausch die Freiheit, einen der frei werdenden Stühle zu erobern. Die Schnelligkeit siegt. Der, der keinen Platz mehr bekommt, wird der nächste Ansager und ruft unter Umständen »Alle Steinobstsorten wechseln die Plätze«.Dabei muss man ganz schön auf Zack sein, denn den Letzten beißen die Hunde.

»Obstsalat« wiederholt zum Beispiel nach einer Mittagspause, wenn das Mittagskoma zugeschlagen hat, das Thema des Vormittages noch einmal mit jeder Menge Bewegung. Die meisten Teilnehmer haben dabei eine Menge Spaß, da sie nicht nur Bewegung und einen Wettbewerb erleben, sondern außerdem einen gewissen Lerneffekt beobachten. Sie können übrigens zudem »Obstsalat« rufen, dann müssen alle Mitspieler den Platz tauschen.

Auswertung

Die Zuordnung zu Oberbegriffen ist bei diesem Spiel ein schöner Lerneffekt, den Sie noch einmal im Besonderen in der Auswertung des Spiels aufgreifen sollten. Damit zeigen und betonen Sie den Lernspielcharakter und vertiefen und erweitern das Gelernte.

Je nach Gruppe ist es sinnvoll, diese Zuordnung als Vorbereitung des Spiels durchzuführen.

Varianten

- Insbesondere in beengten Unterrichtsräumen (es gibt tatsächlich Veranstalter, die Tische und Stühle fest montieren lassen, damit es ordentlich aussieht), können Sie eine Variante im Stehen (zum Beispiel auf dem Flur oder in einem Teilbereich des Unterrichtsraumes) spielen. Unter Umständen brauchen Sie dazu etwas Kreppband, um auf dem Boden kleine Kreuze für die Plätze anzubringen. Aber meist ist das nicht nötig und das Spiel funktioniert auch ohne Markierung mit einem stehenden Kreis.

- Arbeiten Sie bei dieser Fortgeschrittenenvariante mit Oberbegriffen, gemeinsamen Eigenschaften und Ähnlichem. Die Schlüsselbegriffe sollten sich Kategorien, also Oberbegriffen zuordnen lassen. Bleiben wir bei dem Ursprungsbeispiel »Obstsalat«. Da gibt es Äpfel, Birnen, Erdbeeren, Pflaumen, Stachelbeeren, Bananen, Kiwi … Die lassen sich zuordnen: Kernobst, Beeren, Baumobst und so fort.
  Im Zweifelsfall gestalten Sie dazu zum Beispiel eine Vorübung, in der Sie die Begriffe entsprechend sortieren und zuordnen lassen …

Gefahren und Risiken

Da es sich hier um ein Bewegungsspiel handelt und auch ein wenig der Jagdtrieb geweckt wird, sollten Sie innerhalb des Spielkreises Hindernisse und Stolperfallen beseitigen. Achten Sie darauf, dass hinter den Stühlen und Plätzen keine gefährlichen Fallen vorhanden sind, falls mal ein Stuhl rutscht oder kippt.

Weisen Sie darauf hin, auf Brillen und Zerbrechliches zu achten …

| Niveau und Vorkenntnisse | ☑ Anfänger ☑ Fortgeschrittene |

»Obstsalat« ist ein einfaches und unproblematisches Spiel, das auf allen Lernniveaus eingesetzt werden kann.

Schwierigkeitskontrolle

Eine Vorübung macht das Spiel deutlich leichter, wenn Sie zum Beispiel eine Anfängergruppe haben oder die Materie schwierig ist. Wenn Sie während des Spieles beobachten, dass Ihren Teilnehmern manches inhaltlich immer noch unklar ist, können Sie jederzeit eine kurze(!) Erläuterung einschieben.

Raumbedarf

☑ Indoor ☑ Outdoor

Dieses Spiel, obwohl ein Bewegungsspiel, ist eigentlich eine klassische Variante für drinnen, doch ohne Stühle lässt sie sich auch gut im Freien einsetzen, zum Beispiel bei schönem Wetter.

Tipps

Weisen Sie bei der Einführung in dieses Spiel darauf hin, dass man ruhig kreative Zuordnungen und Mengenclusterungen vornehmen darf. Zum Beispiel Obstsorten, die am Baum hängen. Dann müssen sich die Teilnehmer Gedanken machen um die Art ihres Begriffes, unter welchen Oberbegriff sie fallen. So lernen sich spielerisch zusätzliche Eigenarten der Schlüsselbegriffe und des Lernstoffes.

Es ist hilfreich, nicht mehr als fünf Begriffe zu wählen.

Lernprozess und Kreislaufabschnitt

Sie können »Obstsalat« meines Erachtens an jeder Stelle im Lernprozess einsetzen. Das kann schon bei der Einführung in ein neues Thema sein, aber genauso auf allen Ebenen der Bearbeitung und Vertiefung des Gelernten.

Das hat allerdings auch damit zu tun, wie stark Sie auf das Arbeiten mit Oberbegriffen hinweisen. Wenn die Gruppe einmal gemerkt hat, wie herrlich man damit tricksen kann, dann wird diese ausgesprochen nützliche Art zu denken, die mit dem Weiterentwickeln des Gelernten viel zu tun hat, auch gerne eingesetzt.

Einführung	Primäraktivierung	Sekundäraktivierung	Transfer	Integration
☑	☑	☑	☑	☑

Lernkanal

Lernkanal (V-A-K): »Obstsalat« ist ein Spiel, bei dem vor allem der auditive und der kinästhetische Lernkanal bedient werden. Visuell wird der Lernstoff nicht aufgenommen, doch in der Praxis wirkt sich das in der Regel nicht negativ aus.

Visuell	Auditiv	Kinästhetisch
☐	☑	☑

Beispiel   Zum Thema Rhetorik kann »Obstsalat« folgendermaßen aussehen:

Oberbegriff:	Körpersprache	Redeaufbau
Unterbegriff:	Mimik	Gliederung
Unterbegriff:	Grundhaltung	Standpunktformel
Unterbegriff:	Gestik …	Diagnoseschema …

36 Präzise und kurz

Claudia Grötzebach

Ziel	Ziel des Wettbewerbes ist es, Lerninhalte so kurz und präzise wie möglich darzustellen beziehungsweise zu definieren.
Ursprung/Quelle	Die Anregung für diesen Wettbewerb habe ich dem Buch »Suggestopädie in Theorie und Praxis« von Schuster und Gritton (1986) entnommen. Aus deren Idee habe ich einen Wettbewerb gestaltet.
Lernstoff	Jeder Lernstoff kann mit diesem Wettbewerb bearbeitet und vertieft werden.
Anzahl der Teilnehmer	Bis 12 Personen.
Dauer	Eine halbe bis Dreiviertelstunde.
Umfang	Das ist etwas vom Lernstoff abhängig, aber etwa sechs Themenschwerpunkte oder Begriffe sind günstig.
Materialien und Vorbereitung	»Präzise und kurz« braucht fast keine Vorbereitung. Sie können mit einer Liste von Begriffen arbeiten, die Sie vorbereitet haben, mit den Plakaten und/oder Flipcharts, die Sie im Laufe der Lehrveranstaltung erstellt haben oder auch mit

einem Brainstorming, das Sie mit den Teilnehmern durchgeführt haben, um wichtige Begriffe des Lernstoffes zu sammeln. Schreiben Sie die Namen Ihrer Teilnehmer und die Begriffe für das Auslosen auf Papierschnipsel.

Materialien

- Namensliste,
- Begriffsliste,
- Eieruhr oder Teatimer,
- zwei Losboxen bzw. Lostüten oder Loskörbe.

Ablauf und Spielregeln

Bilden Sie Paare. Jedem Paar wird einer der zu erklärenden Begriffe oder Lerninhalte zugelost. Haben alle ihre Begriffe erhalten, dann muss jeder Teilnehmer diesen Begriff oder Inhalt so kurz und präzise wie möglich erläutern.

Alle Teilnehmer erhalten dafür Vorbereitungszeit und jedes Paar präsentiert dann seine jeweiligen Erklärungen, die maximal x Minuten dauern dürfen. Die Mitspieler dürfen bei Unklarheiten, Fehlern oder Ähnlichem unterbrechen und Anregungen geben. Anschließend präsentiert der Partner seine Erläuterung. Auch hier sind Unterbrechungen erlaubt. Die Restgruppe stimmt dann darüber ab, welche Erklärung ihr als die nützlichste erscheint. Sie kann dann in die Teilnehmerunterlagen eingehen oder den Teilnehmern in anderer Form zur Erinnerung zur Verfügung gestellt werden. Ein kleiner Preis für alle versüßt den Sieg oder zweiten Sieg.

Eine Eieruhr hilft, Zeitüberschreitungen zu vermeiden.

Auswertung

In der Auswertung frage ich stets, wie nützlich die Teilnehmer diese Erklärungen empfinden und wie sie die Übung empfunden haben. Dann stellt sich häufig heraus, welche Ansprüche eine solche – auf den ersten Blick sehr einfache – Übung stellt.

Varianten

- Sie lassen zwei Teams gegeneinander spielen, doch das braucht mehr Zeit, weil jedesTeam dann alle Begriffe bearbeiten muss.
- Sie können jeweils Paare gegeneinander spielen lassen. Das macht vielen Teilnehmern die Übung leichter.

Gefahren und Risiken

Es sind mir keine bekannt.

Niveau und Vorkenntnisse

☑ Anfänger   ☑ Fortgeschrittene

Es braucht schon Vorkenntnisse im Lernstoff, doch dabei macht es keinen Unterschied, ob es sich um Anfänger oder Fortgeschrittene handelt.

Schwierigkeitskontrolle	Ist hier nicht notwendig, da das bereits Erarbeitete noch einmal bearbeitet und auf den Punkt gebracht werden soll. Damit klären sich manche Irrtümer, Missverständnisse und Unklarheiten.
Raumbedarf	☑ Indoor ☑ Outdoor

Lernprozess und Kreislaufabschnitt

Dieser Wettbewerb findet am besten zum Ende einer Bearbeitung des Lernstoffes statt. Er hat etwas von einer Zusammenfassung und Vertiefung, da das Bearbeitete darin noch einmal mit eigenen Worten auf den Punkt gebracht wird.

Einführung	Primäraktivierung	Sekundäraktivierung	Transfer	Integration
☐	☐	☑	☑	☑

Lernkanal

Lernkanal (V-A-K): Angesprochen werden mit diesem Wettbewerb alle Lernkanäle.

Visuell	Auditiv	Kinästhetisch
☑	☑	☑

Beispiel

Aus einem »Schlagfertigkeitstraining« stammen folgende Begriffe und Erläuterungen:

Begriff: Torerostrategien
Definition Gruppe 1: Verteidigungsstrategien, die den Gegner ins Leere laufen lassen.
Definition Gruppe 2: Verteidigungsstrategien, die möglichst wenig Denkfähigkeit und Reaktion erfordern.

37 Lern-Puzzle

Claudia Grötzebach

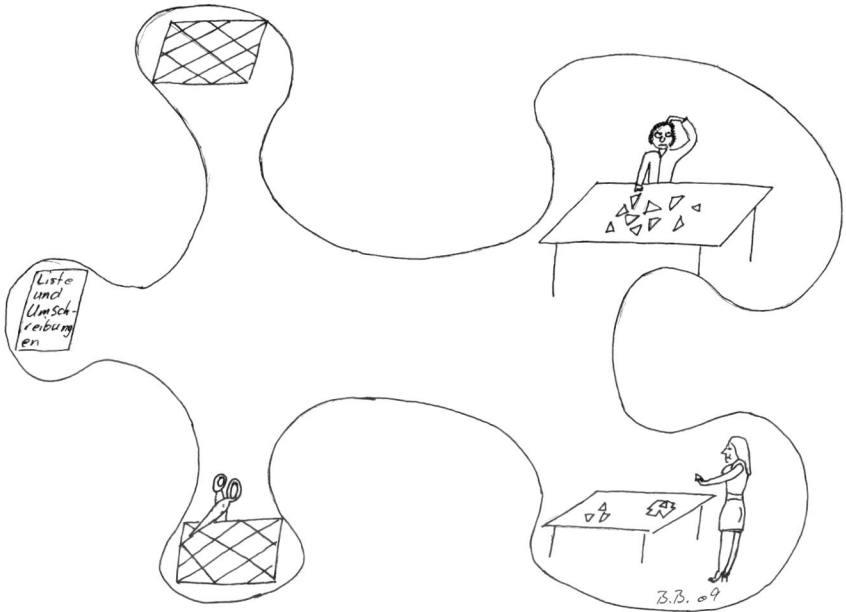

Ziel Wie bei einem normalen Puzzle wird versucht, ein Bild zu legen. Die Lern-Puzzles können sehr unterschiedlich gestaltet sein.

Ursprung/Quelle Ich habe mein erstes Lern-Puzzle in meiner Suggestopädieausbildung bei Barbara von der Meden und Brigitte Schwitalla erlebt. Werner Vetter hat dazu in »Spiele und Übungen für ein Training mit Herz und Verstand« (2008, S. 127) eine Anleitung für eine wunderschöne Variante des Puzzles beigesteuert.

Lernstoff Bearbeiten können Sie mit dem Lern-Puzzle fast jeden zweigliedrigen Lernstoff.

Anzahl der Teilnehmer Unbegrenzt.

Dauer 10–20 Minuten.

Umfang	Variabel. Je mehr Teile, desto länger dauert es.

Materialien und Vorbereitung

Suchen Sie Schlüsselbegriffe aus dem Lernstoff heraus und notieren Sie sie am besten in einer Liste. Daneben schreiben Sie nun Umschreibungen der jeweiligen Begriffe.

Haben Sie die Liste zusammengestellt, dann geht es an die Gestaltung des Puzzles. Sie können das Puzzle im Computer mit einem Schreibprogramm produzieren oder freihändig. Wenn Sie freihändig arbeiten, ist es meist leichter im DIN-A3-Format zu arbeiten.

Auf die Blankovorlage zeichnen Sie nun Linien, kreuz und quer. An die Schnittlinien schreiben Sie jetzt den Schlüsselbegriff und darüber oder darunter die Umschreibung. So komplettieren Sie das Lern-Puzzle. Sind alle Schnittlinien beschriftet, dann müssen Sie das Ganze nur noch so oft kopieren, wie Sie Exemplare brauchen. Anschließend werden die Puzzles in die Einzelteile zerschnitten.

Ich empfehle Ihnen – dann können Sie die Lern-Puzzles öfter verwenden – die Vorlagen vor dem Zerschneiden zu laminieren. Kartoniertes Papier ist ebenfalls dauerhafter als einfaches Papier. Ich arbeite bei meinen Lern-Puzzles in der Regel mit geraden Linien, so kann ich sie leicht mit einer Schneidemaschine zuschneiden.

Materialien

> • Begriffsliste mit Umschreibungen,
> • kartoniertes Papier,
> • Schneidevorlage.

Ablauf und Spielregeln

Gepuzzelt wird allein, zu zweit oder zu dritt. Also brauchen Sie bei größeren Gruppen meist mehr als ein Lern-Puzzle.

Bilden Sie Paare oder Kleingruppen, sofern Sie nicht einzeln puzzeln lassen wollen. Geben Sie die Puzzlesets an die Kleingruppen aus – und dann wird gepuzzelt was das Zeug hält.

Auswertung

Fragen Sie Ihre Teilnehmer, ob alle Begriffe und Umschreibungen klar waren. Insbesondere wenn Sie die Puzzler beobachtet haben, wissen Sie oft, wo eventuell inhaltliche Unsicherheiten vorlagen. Das können Sie in einer Auswertungsrunde noch einmal aufgreifen. Oft hat das einen animierenden Charakter.

Varianten

• Spielen Sie mit Schlüsselbegriffen und Fragen statt Schlüsselbegriffen und Umschreibungen.

- Witzige Umschreibungen und Scherzfragen können dem Puzzle eine heitere Note geben.
- Gestalten Sie Ihr Puzzle auf einem Bildhintergrund. Das macht es insbesondere als Einstiegsübung sehr leicht.
- Spielen Sie mit Sätzen und Schlüsselbegriffen, sodass der Satz eine Lücke enthält und der Schlüsselbegriff diese füllt.

Gefahren und Risiken	Keine vorhanden, nur manche Teilnehmer können die Übung als zu leicht empfinden.
Niveau und Vorkenntnisse	☑ Anfänger ☑ Fortgeschrittene
Schwierigkeitskontrolle	Das Puzzle ist in der Regel selbsterklärend. Daher braucht es normalerweise keine Schwierigkeitskontrolle.
Raumbedarf	☑ Indoor ☑ Outdoor Auch dieses Spiel ist ein klassisches Spiel für drinnen. Doch wenn Material und Wetter das erlauben, können Sie es ebenfalls draußen spielen.

Lernprozess und Kreislaufabschnitt

Je nach Variation können Sie das Puzzle in allen Teilen des Lernprozesses einsetzen.

Einführung	Primäraktivierung	Sekundäraktivierung	Transfer	Integration
☑	☑	☑	☑	☑

Lernkanal

Lernkanal (V-A-K): Das Puzzle spricht alle Lernkanäle an.

Visuell	Auditiv	Kinästhetisch
☑	☑	☑

Beispiel   Lern-Puzzles aus einem Kommunikationstraining und einem Training zum Thema Teamarbeit:

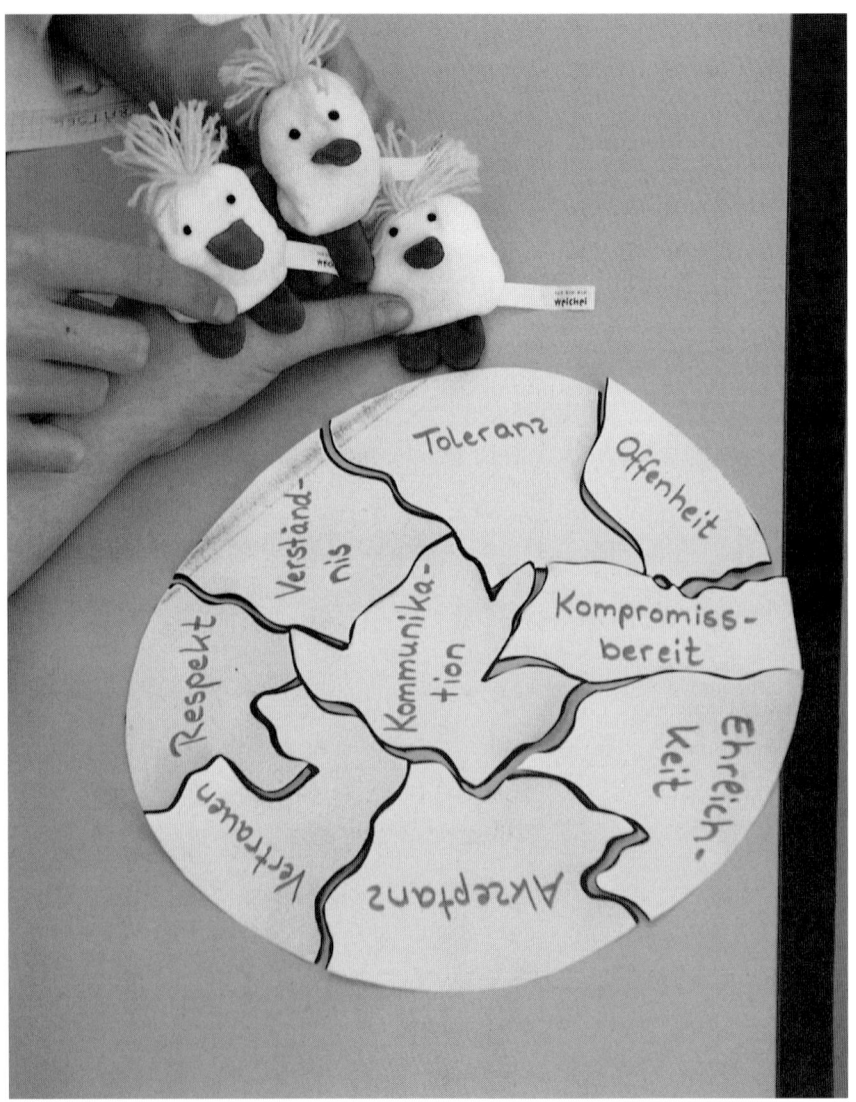

38 Lern-Quartett

Claudia Grötzebach

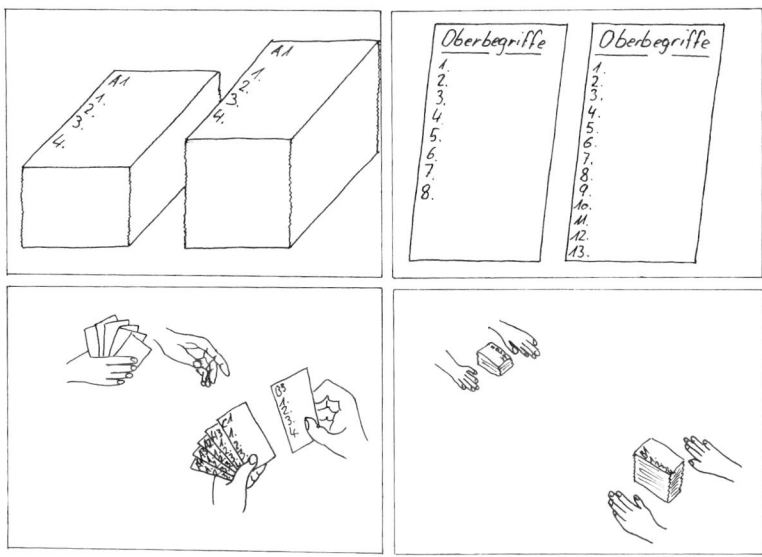

Ziel   Ziel ist es, wesentliche Schlüsselbegriffe modifiziert zu wiederholen, zu festigen oder zu erarbeiten.

Ursprung/Quelle   Ich habe dieses Spiel zum ersten Mal auf einem Lernkongress der DGSL e.V. erlebt und war begeistert.

Lernstoff   Bearbeiten lässt sich jeglicher Lernstoff.

Anzahl der Teilnehmer   Die Zahl der Teilnehmer sollte durch drei oder vier teilbar sein. Gespielt wird in kleinen Teams à drei oder vier Personen.

Dauer   Bis zu einer Stunde.

Umfang   Eine durch vier teilbare Zahl (gemäß den Spielkarten, üblich sind Sätze von 32 oder 52 Karten).

Materialien und Vorbereitung   Sie brauchen für dieses Spiel im Original einen Satz à 32 oder 52 Karten.

Legen Sie acht oder 13 Oberbegriffe fest und notieren Sie dazu je vier wichtige Unter- oder Schlüsselbegriffe auf der Karte beziehungsweise den Sets. Auf jeder Karte eines Lern-Quartetts stehen alle vier Begriffe und von ihnen ist auf jeder Karte jeweils ein Begriff markiert, sodass alle vier Karten jeweils zugeordnet werden können.

Oberbegriffe sind zum Beispiel Gliederungspunkte oder Aspekte eines Themas und vier Unterbegriffe, beispielsweise Funktionen, Eigenschaften oder Teilaspekte …

Materialien

- Ein Spielkartensatz (oder mehrere).

Ablauf und Spielregeln

Wie bei jedem anderen Quartett auch, kommt es beim Lern-Quartett darauf an, so viele Quartette wie möglich zusammenzubekommen. Vier Karten, wie der Name Quartett es besagt, bilden eine Serie oder ein Komplet. Wer die meisten Quartette zusammenträgt, der hat gewonnen.

Bilden Sie Gruppen von drei bis vier Teilnehmern und mischen Sie den Kartensatz gründlich durch. Alle Karten werden nun auf die Spieler einer Runde verteilt.

Zunächst ordnet jeder seine Karten und schaut, ob er bereits die Grundlagen für ein oder mehrere Quartette auf der Hand hat. Hat einer der Spieler tatsächlich schon jetzt ein Quartett vorliegen, legt er es beiseite.

Es beginnt der erste Spieler (das kann der älteste, der schönste oder ein ausgeknobelter sein). Er fordert nun von einem Spieler seiner Wahl eine Karte, die ihm vielleicht noch fehlt. Hat dieser die Karte, so muss er sie herausgeben und auch alle anderen geforderten Karten, die in seinem Besitz sind. Erst wenn er eine geforderte Karte nicht besitzt, verliert der erste Spieler sein Recht, und der ausgewählte Spieler darf sich an einen anderen mit seinen Forderungen wenden, um Quartette zusammenzutragen, bis auch dieser eine geforderte Karte nicht aushändigen kann. Dann geht das Forderungsrecht auf diesen über.

Bei diesem Spiel hilft nicht nur Wissen weiter, sondern auch Aufmerksamkeit, wer welche Karte forderte, um ein Quartett vollzubekommen.

Auswertung

Auf eine Auswertung im Besonderen verzichte ich. Ich frage üblicherweise nur nach, wie die Teilnehmer das Spiel empfunden haben.

Varianten

- Die Karten werden gemischt und jeder Spieler erhält lediglich vier Karten. Der Rest wird dann als verdeckter Stapel auf die Mitte des Tisches oder Platzes zwischen die Spieler gelegt. Der erste zieht dann die oberste verdeckte Karte vom Stapel und legt eine andere dafür neben den Stapel. Der nächste Spieler verfährt genauso. Hat einer vier passende Karten, so legt er dieses Quartett offen vor sich hin. Wer die meisten Quartette erwirbt, hat gewonnen.

- Gespielt wird wie in der vorhergehenden Variante: Die Karten werden gemischt und jeder Spieler erhält lediglich vier Karten. Der Rest wird dann als verdeckter Stapel auf die Mitte des Tisches oder Platzes zwischen die Spieler gelegt. Der erste Spieler zieht dann die oberste verdeckte Karte vom Stapel und legt eine andere dafür neben den Stapel. Der nächste Spieler verfährt genauso. Hat einer vier passende Karten, so legt er dieses Quartett offen vor sich hin. Damit hat der Erste, der ein Quartett zusammengetragen hat, gewonnen. Er scheidet nun aus und die anderen Spieler spielen weiter.

- Sie lassen das Spiel von den Teilnehmern vorbereiten.

Gefahren und Risiken

Es sind mir keine bekannt.

Niveau und Vorkenntnisse

☑ Anfänger   ☑ Fortgeschrittene

Es sind keine Vorkenntnisse notwendig, doch Sie können durch eine Auswertung auch eine anspruchsvollere Variante nutzen. Dann sollten Sie die Unterbegriffe jedoch in einem Auswertungsgespräch klären.

Schwierigkeitskontrolle

Bei diesem Spiel nehme ich keine vor.

Raumbedarf

☑ Indoor   ☑ Outdoor

Das Spiel ist für mich zwar eher ein Indoor-Spiel, doch es lässt sich, zum Beispiel bei schönem Wetter, auch draußen spielen.

Lernprozess und Kreislaufabschnitt

Eigentlich kenne ich dieses Spiel vor allem zur Wiederholung und Festigung. Doch Sie können es ebenso als Einführung in ein Thema nutzen, da ja alle Begriffe zu einem Thema auf den jeweiligen Karten stehen und kein Vorwissen voraussetzen.

Einführung	Primäraktivierung	Sekundäraktivierung	Transfer	Integration
☑	☐	☑	☑	☑

Lernkanal

Lernkanal (V-A-K): Angesprochen werden alle Lernkanäle.

Visuell	Auditiv	Kinästhetisch
☑	☑	☑

Beispiel   Quartettkarten zum Thema »Schlagfertigkeit«:

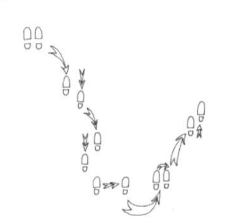

Scheinzustimmung

Emphatische
Zustimmung

Die entgiftende
Gegenfrage

Rückfrage

Stumme Geste

**Zweisilbiger
Kommentar**

Unpassendes
Sprichwort

Umleitung

Stumme Geste

Zweisilbiger
Kommentar

**Unpassendes
Sprichwort**

Umleitung

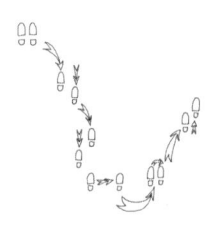

Scheinzustimmung

Emphatische
Zustimmung

**Die entgiftende
Gegenfrage**

Rückfrage

Stumme Geste

Zweisilbiger
Kommentar

Unpassendes
Sprichwort

Umleitung

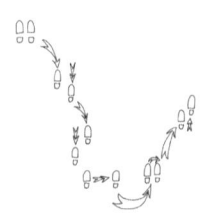

Scheinzustimmung

**Emphatische
Zustimmung**

Die entgiftende
Gegenfrage

Rückfrage

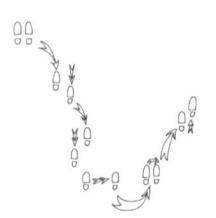

Scheinzustimmung

Emphatische
Zustimmung

Die entgiftende
Gegenfrage

Rückfrage

Stumme Geste

Zweisilbiger
Kommentar

Unpassendes
Sprichwort

Umleitung

39 Sätze stellen

Claudia Grötzebach

Ziel	Das Spiel »Sätze stellen« akzentuiert einzelne Informationen und hilft so, neue Themen einzuführen, bestimmte Informationen intensiver zu betrachten und sich besser einzuprägen.
Ursprung/Quelle	Auch dieses Spiel habe ich in meiner Suggestopädieausbildung bei Barbara von der Meden und Brigitte Schwitalla kennengelernt.
Lernstoff	Mit diesem Spiel können Sie einzelne Merksätze, wichtige Regeln und Schlüsselformulierungen betonen.
Anzahl der Teilnehmer	Abhängig davon, wie viele Wörter der Satz hat.
Dauer	5 Minuten.
Umfang	Die Sätze können normalerweise nicht sehr lang sein, da Trainingsgruppen meist nur 10–12 Teilnehmer umfassen.

Materialien und Vorbereitung	Es braucht lediglich einen geschriebenen Merk- oder Schlüsselsatz, der auf große Karten geschrieben und in einzelne Wörter zerlegt wird. Sie können auch mehrere Sätze einsetzen, wenn Sie mit Klassen oder in Fachseminaren tätig sind.

Darüber hinaus brauchen Sie noch etwas Freifläche, auf der sich die Teilnehmer bewegen können, um ihre Sätze zu stellen. Das kann unter Umständen auf einem Flur stattfinden. |

Materialien

- Ein Merksatz auf Karten.

Ablauf und Spielregeln	Sie verteilen die Karten auf Ihre Teilnehmer. Dann sollen sich Ihre Teilnehmer so aufstellen, wie sie glauben, dass der Satz lautet. Dabei wird meist hin- und hergelesen und kombiniert. So erhält der Satz viel Aufmerksamkeit und prägt sich ganz anders ein.
Auswertung	Ausgewertet wird der Satz im Anschluss, weil Sie den richtig gestellten Satz bestätigen oder einen Fehler korrigieren müssen. Dann lässt sich auch hinterfragen, inwiefern er zum Beispiel für das präsentierte Thema relevant ist oder warum Sie gerade diesen Satz ausgewählt haben. Ihnen kommen bestimmt entsprechende Ideen, die in ein reflektierendes Gespräch führen.
Varianten	• Sie können selbstverständlich auch eine Formel, eine Definition oder einen Ablauf stellen lassen.
• Nehmen Sie bei einer größeren Variante zwei Sätze, wenn das passt, zum Beispiel den eigentlichen Merksatz und einen Kommentar.
• Sie können auch eine heitere Bemerkung stellen lassen.
• Bei größeren Gruppen können Sie mit mehreren Gruppen arbeiten und diese parallel oder zeitlich nacheinander ihre Sätze stellen lassen.
• Gestalten Sie aus »Sätze stellen« einen Wettbewerb, indem Sie Gruppen gegeneinander spielen lassen oder die kürzeste Zeit stoppen.
Gefahren und Risiken	Es sind mir keine bekannt.
Niveau und Vorkenntnisse	☑ Anfänger ☑ Fortgeschrittene
Das »Sätze stellen« ist eine sehr einfache spielerische Übung, die für alle funktioniert.
Schwierigkeitskontrolle	Da sich die Sätze meist selbst erklären, ist keine notwendig.

Raumbedarf ☑ Indoor ☑ Outdoor
Sie können »Sätze stellen« im ganz normalen Unterricht integrieren; sie brauchen lediglich eine Freifläche. Bei schönem Wetter können Sie das Spiel durchaus draußen durchführen.

Tipps Statt mit Karten lässt sich zur Not auch mit normalem Papier arbeiten.

Lernprozess und Kreislaufabschnitt

»Sätze stellen« eignet sich meines Erachtens als Einführung, um wichtige Merksätze zu betonen und vielleicht Denkregeln für den zu vermittelnden Stoff auf den Weg zu geben.
In diesem Sinne ist es geeignet, um eine erste Festigung, eine unveränderte Wiederholung eines wichtigen Merksatzes durchzuführen.
Aber auch als eine späte Wiederholung einzelner wichtiger Schlüsselelemente kann es sinnvoll eingesetzt werden.

Einführung	Primäraktivierung	Sekundäraktivierung	Transfer	Integration
☑	☑	☐	☐	☑

Lernkanal **Lernkanal (V-A-K):** Angesprochen werden alle Lernkanäle. Es gibt Geschriebenes zu lesen, es muss kombiniert werden und alle müssen sich bewegen, um die richtige Reihenfolge herzustellen.

Visuell	Auditiv	Kinästhetisch
☑	☑	☑

Beispiel Ein Beispielsatz kann folgendermaßen lauten:

Unberechenbarkeit ist eines der Grundprinzipien der Schlagfertigkeit.

40 Scharade

Claudia Grötzebach

Ziel	Das Ziel ist, Schlüsselbegriffe auf eine »etwas andere Art« zu wiederholen.
Ursprung/Quelle	Die Scharade ist ein sehr altes Gesellschaftsspiel, bei dem pantomimisch dargestellte Begriffe, Sprichwörter und Redewendungen geraten werden.
Lernstoff	Sie können dieses Spiel auf alle möglichen Inhalte anwenden.
Anzahl der Teilnehmer	10–15 Personen, sonst dauert es zu lange.
Dauer	Etwa 20–30 Minuten.
Umfang	Offen, da es in der Ursprungsversion von den Teilnehmern abhängt.
Materialien und Vorbereitung	Sie brauchen nur kleine Kärtchen oder Zettelchen und eine Dose, Box oder Tüte, in die die Zettelchen dann geworfen werden. Wichtig ist, darauf zu ach-

ten, dass die Zettelchen undurchsichtig sind und die Begriffe nicht durchschimmern. Daher nehme ich gerne Moderationskarten, die ich zuschneide. Sie geben jedem Teilnehmer einen kleinen Packen dieser Blankokärtchen an die Hand. Sie können die Zettel oder Karten auch zentral deponieren und jeder Teilnehmer nimmt sich so viele, wie er braucht.

Lassen Sie die Teilnehmer dann im Raum umhergehen mit dem Auftrag, sich die Plakate, Charts, Übersichten, Teilnehmerunterlagen anzusehen. Im Idealfall lassen die Teilnehmer das Seminar Revue passieren. Dabei sollen sie die ihrer Meinung nach wichtigen Schlüsselbegriffe, Erkenntnisse und so weiter auf die Zettelchen schreiben. Je ein Begriff pro Zettel.

Die ausgefüllten Zettel werden gefaltet und dann in die Box oder in die Lostüte gesteckt. Mischen Sie alle Zettel gut durch.

Materialien	• Zettelchen oder Moderationskarten sowie • eine Losbox oder eine Lostüte.

Gefahren und Risiken Gefahren oder Risiken sind mir bei diesem Spiel nicht bekannt.

Ablauf und Spielregeln Bilden Sie zwei Teams. Abwechselnd kommt immer ein Spieler nach vorne, zieht einen Zettel und stellt den notierten Begriff pantomimisch dar. Beide Gruppen sollen erraten, was dargestellt wird. Wer den Begriff zuerst nennt, bekommt einen Punkt für sein Team. Das Team mit den meisten Punkten gewinnt.

Auswertung Es gibt für diese heitere Wiederholung eigentlich keine Auswertung, aber Sie können anschließend fragen, warum gerade diese Begriffe für die Teilnehmer wichtig sind. Das gibt Ihnen als Trainer oder Lehrer eine gute Rückmeldung zum Gelernten.

Varianten
- Sie können auch immer nur ein Team (im Wechsel) raten lassen.
- Sie können ebenso Merksätze, Sprichwörter oder Ähnliches raten lassen.
- Sie bereiten die Zettel selbst vor und dirigieren so die zu wiederholenden Begriffe stärker.

Niveau und Vorkenntnisse ☑ Anfänger ☑ Fortgeschrittene

Schwierigkeitskontrolle Eine Schwierigkeitskontrolle ist nicht notwendig.

Raumbedarf ☑ Indoor ☑ Outdoor

Tipps	Wenn Sie die gängigsten Begriffe sammeln und die Karten vielleicht zusätzlich laminieren, können Sie dieses Spiel mehrfach nutzen und in Ihren Trainings oder in der Schule wiederholt einsetzen.

Lernprozess und Kreislaufabschnitt	Dieses Spiel eignet sich besonders als Wiederholung in einem etwas ungewöhnlichen Zusammenhang. Damit ist es am besten eingesetzt, wenn Sie das Gelernte nach einer Festigung kreativ wiederholen oder verfremden wollen.

Einführung	Primäraktivierung	Sekundäraktivierung	Transfer	Integration
☐	☐	☑	☑	☑

Lernkanal	**Lernkanal (V-A-K):** Angesprochen werden alle Lernkanäle, da man die Begriffe auch anschauen, die Schlüsselwörter nachschauen und erinnern, darstellen und raten muss. Das Ganze findet kommunikativ statt und zugleich können die Teilnehmer etwas selbst tun.

Visuell	Auditiv	Kinästhetisch
☑	☑	☑

Beispiel	Für eine Scharade in einem Rhetoriktraining haben Teilnehmer zum Beispiel folgende Begriffe zusammengestellt, die sie pantomimisch dargestellt haben:

- Körperhaltung,
- Blick,
- die lustige Dozentin,
- Standpunkt,
- Diagnoseschema,
- Mimik,
- Stimme und
- Gestik.

41 Lern-Schnecke

Claudia Grötzebach

Ziel
Die Lern-Schnecke ist eine wirklich tolle Gemeinschaftswiederholung. Mit jedem Teilnehmer, der die Schnecke absolviert, schauen auch alle Mitspieler hin und wiederholen die Informationen ebenfalls, und das zwei-, drei-, viermal und noch öfter. Klasse!

Ursprung/Quelle
Diese Übung habe ich in meiner Suggestopädieausbildung bei Barbara von der Meden und Brigitte Schwitalla kennengelernt.

Lernstoff
Sie können damit zweigliedrigen Lernstoff wie Vokabeln, Fachbegriffe, Definitionen und Ähnliches mehr bearbeiten.

Anzahl der Teilnehmer
1–20, aber die Lern-Schnecke selbst sollte nur in Kleingruppen mit 2–6 Personen bearbeitet werden. Das bedeutet: Sie arbeiten parallel mit mehreren Kleingruppen.

Dauer
Etwa 20 Minuten.

Umfang
10–20 Karten.

Materialien und Vorbereitung

Bei den Lernkarten handelt es sich um zweiseitig beschriftete Karten, die Sie aus Pinnwandkarten herstellen können oder im Computer. Auf die Vorderseite der Karten platzieren Sie zum Beispiel die Vokabel oder den Fachbegriff. Auf der Rückseite die Übersetzung beziehungsweise Definition.

Dann brauchen Sie eine Freifläche, um die Karten in einer Reihe oder in Schneckenform auf dem Boden auszubreiten. Als Platzhalter brauchen Sie für jeden Teilnehmer eine Spielfigur, zum Beispiel Bauklötze in veschiedenen Farben und Formen oder Ähnliches. Im Notfall funktioniert es sogar mit Schlüsselbunden.

Materialien

- Lernkarten,
- Freifläche,
- Platzhalter.

Ablauf und Spielregeln

Zunächst breiten Sie die Lernkarten auf dem Boden aus, nun beginnt die Übung. Der erste Teilnehmer betrachtet die erste Karte, also den ersten Begriff oder die erste Vokabel. Nun versucht er sich an der richtigen Übersetzung oder Definition. Diese Angaben werden kontrolliert, indem die Karte umgedreht wird und dann so, verkehrt herum, liegen bleibt.

Stimmt die Übersetzung oder Definition im Wesentlichen, dann geht es mit der nächsten Karte weiter, bis zu der Karte, die der Teilnehmer nicht weiß oder falsch übersetzt oder definiert. Dort legt er seinen Platzhalter ab und der nächste Teilnehmer beginnt bei der Karte eins, bis er an die Grenzen seines Wissens stößt. So geht es weiter, bis der erste Teilnehmer wieder dran ist. Er setzt seinen Teil nun fort, indem er da weiter macht, wo sein Platzhalter liegt.

Auswertung

Gehen Sie zwischen den Gruppen hin und her. Bei anspruchsvollen Schnecken sollten Sie ruhig nachhelfen, zum Beispiel spielerisch vorsagen oder auf Plakate oder Flipchartbögen hinweisen, auf denen die entsprechenden Informationen stehen. Dabei können Sie das eine oder andere noch einmal wiederholen.

Nach einer Spielrunde empfiehlt es sich, die Gruppe im Plenum zusammenzurufen und Fragen oder Problemkarten zu klären. Es reicht meist schon zu fragen, wie es geklappt hat.

Varianten

- Spielen Sie mit Paaren. Das ist sehr nützlich, wenn die Lern-Schnecke schwieriger ist oder die Gruppe etwas Hemmungen hat. Die Partner können sich gegenseitig helfen.
- Sie können die Karten auch kleiner gestalten und eine Tischvariante daraus machen.

| Gefahren und Risiken | Es sind mir keine bekannt. Aber manchen Teilnehmern kommt die Lern-Schnecke anfangs etwas komisch, oft viel zu leicht vor. Daher braucht es etwas, bis der eine oder andere die Herausforderung annimmt. |

Niveau und Vorkenntnisse

☑ Anfänger   ☑ Fortgeschrittene

Die Lern-Schnecke ist einfach einzusetzen und auf jedes Lernniveau zuschneidbar.

Schwierigkeitskontrolle

Selbstversuch nach längerem Liegenlassen oder Probedurchlauf.

Raumbedarf

☑ Indoor   ☐ Outdoor

Da die Karten leicht wegfliegen können, empfiehlt es sich, die Lern-Schnecke drinnen zu spielen.

Tipps

Nehmen Sie die Lern-Schnecke nicht ganz ernst. Ermuntern Sie zum Vorsagen, zum Gucken … Das gibt ihr eine witzige Note …

Lernprozess und Kreislaufabschnitt

Die Lern-Schnecke bietet sich als erste oder auch als spätere Festigung und Wiederholung des Lernstoffes an.

Einführung	Primäraktivierung	Sekundäraktivierung	Transfer	Integration
☐	☑	☑	☐	☑

Lernkanal

Lernkanal (V-A-K): Die Lern-Schnecke spricht alle Lernkanäle an. Die Karten sind zu lesen, in den Gruppen spekuliert man und hilft sich gegenseitig und man hat Bewegung und Aktivität.

Visuell	Auditiv	Kinästhetisch
☑	☑	☑

Beispiel

Begriffe für eine Lern-Schnecke aus einem Schlagfertigkeitstraining können beispielsweise folgende sein:

Jeweils Vorderseite	Rückseite dazu
Torerostrategien	Angriffe ins Leere laufen lassen
Entschleierungsstrategien	Übergriffe aufdecken
Gummi- oder Tanzschrittstrategien	Elegant beharren
Die Perspektive wechseln	Den Sachverhalt von einer anderen Warte aus betrachten

Die heitere Interpretation

Benennt eine Beleidigung klar. Konfrontiert den Angreifer damit und fordert eine Entschuldigung

Scheinzustimmung

Rückfrage

Definiert Vorwürfe/ Beleidigungen positiv um und bestätigt diese

Zweisilbiger Kommentar

Zeigt dem Gegner Verständnis für seine Sichtweise – und beharrt

Insbesondere bei provokanten Fragen reagiert sie mit übertrieben und unpassenden Detailantworten

Interpretation

Umleitung

Differenzieren (Thema vertieft)

42 Schnipselspiel

Claudia Grötzebach

Ziel	Das Ziel ist, Schlüsselbegriffe auf eine »etwas andere Art« zu wiederholen.
Ursprung/Quelle	Das Original habe ich bei meiner ersten Ausbilderin, Maria von Harpe, kennengelernt und dann eine andere Version daraus kreiert, die Sie hier nachlesen können.
Lernstoff	Sie können dieses Spiel auf alle möglichen Inhalte anwenden.
Anzahl der Teilnehmer	10–15 Personen, sonst wird das Spiel etwas lang. Sie können in größeren Gruppen, aber auch mit Murmelgruppen (Zweiergruppen) arbeiten.
Dauer	Etwa 20–30 Minuten bei 10–15 Teilnehmern. Sie brauchen aber noch etwa 10–20 Minuten Zeit für die Vorüberlegungen in der Gruppe.
Umfang	Offen, da es in der Ursprungsversion von den Teilnehmern abhängt.
Materialien und Vorbereitung	Sie geben jedem Teilnehmer einen kleinen Packen Zettelchen an die Hand. Sie können diese auch zentral deponieren und jeden Teilnehmer so viele nehmen lassen, wie er braucht.

Die Teilnehmer sollen anschließend im Raum umhergehen und die Plakate, Charts und Übersichten oder auch die Teilnehmerunterlagen anschauen. Im Idealfall gehen die Teilnehmer das Seminar nochmals in Gedanken durch, lassen es Revue passieren. Dabei sollen sie die ihrer Meinung nach wichtigen Schlüsselbegriffe, zentrale Formulierungen oder Erkenntnisse auf die Zettelchen schreiben. Jeweils nur ein Begriff pro Zettel!

Die ausgefüllten Zettel kommen dann in die Box, Tüte oder wie auch immer Sie das handhaben wollen. Anschließend mischen Sie alle Zettel gut durch.

Materialien	
	● Zettel und
	● Losbox, -tüte oder Ähnliches.

Ablauf und Spielregeln

Sie lassen jeden Teilnehmer zwischen drei und fünf Zettel ziehen. Die gezogenen Begriffe sollen sie dann mindestens einmal unverändert in einem Wortbeitrag unterbringen.

Was das für ein Wortbeitrag ist, bleibt den Teilnehmern überlassen. Die Palette kann von einem Gedicht über einen Bericht, ein Märchen, eine Anekdote, ein Epos bis hin zu einem Lied oder Brief reichen. Alles ist erlaubt, ebenso Notizen. Dann werden die Geschichten nacheinander vorgetragen. Meist entstehen so sehr nette, skurrile Geschichten.

Auswertung

Es gibt für diese heitere Wiederholung eigentlich keine Auswertung, aber Sie können die Teilnehmer raten lassen, welche Begriffe gezogen worden sind.

Sie können zudem fragen, warum gerade diese Begriffe für die Teilnehmer wichtig sind. Das gibt Ihnen als Trainer oder Lehrer eine gute Rückmeldung über das Gelernte.

Varianten

● Sie können als Variante auch einzelne Begriffe ziehen und dazu eine kurze Rede von ein, zwei oder drei Minuten halten lassen.

● Sie können einzelne Begriffe ziehen und dann definieren lassen. Ergänzungen durch Dritte sind erlaubt (vgl. »Präzise und kurz«, S. 188 ff.).

● Sie bereiten die Zettel selbst vor und lenken so die Aufmerksamkeit stärker auf die zu wiederholenden Begriffe, die Ihrem Verständnis nach wichtig sind.

Gefahren und Risiken

Gefahren oder Risiken sind mir nicht bekannt.

Niveau und Vorkenntnisse

☑ Anfänger   ☑ Fortgeschrittene

| Schwierigkeitskontrolle | Eine Schwierigkeitskontrolle ist nicht notwendig. |

Raumbedarf ☑ Indoor   ☑ Outdoor

Tipps Wenn Sie die gängigsten Begriffe sammeln, können Sie dieses Spiel auch für die Zukunft vorbereiten.

Lernprozess und Kreislaufabschnitt Dieses Spiel eignet sich besonders als Wiederholung in einem etwas ungewöhnlichen Zusammenhang. Damit ist es am besten eingesetzt, wenn Sie das Gelernte nach einer Festigung kreativ wiederholen oder verfremden wollen.

Einführung	Primäraktivierung	Sekundäraktivierung	Transfer	Integration
☐	☐	☑	☑	☑

Lernkanal **Lernkanal (V-A-K):** Angesprochen werden alle Lernkanäle, da man die Begriffe studieren muss, die Schlüsselwörter nachschauen und sich daran erinnern soll, darüber reden kann und später etwas vorträgt. Zugleich ist jeder gefordert, selbst etwas zu tun.

Visuell	Auditiv	Kinästhetisch
☑	☑	☑

Beispiel Meine Universalvariante für das »Schnipselspiel« für Rhetorik- und Schlagfertigkeitstrainings habe ich immer dabei.

43 Schwarzer Lern-Peter

Claudia Grötzebach

Ziel	Beim Schwarzen Lern-Peter werden zweiteilige Informationen, zum Beispiel Vokabel und Übersetzung, Fachbegriff und Definition oder Ähnliches geübt beziehungsweise gefestigt.
Ursprung/Quelle	Es handelt sich um ein altes Kinderspiel mit Karten. Die Idee für das Lernspiel hat Marie Whisell van Deventer in »Trainieren mit Herz und Verstand« (2006, S. 117) gestiftet.
Lernstoff	Sie können jeglichen zweiteiligen Lernstoff vermitteln.
Anzahl der Teilnehmer	Zwei bis vier pro Kartensatz, gegebenenfalls spielen Sie parallel mit mehreren Kleingruppen. Im Original ist die Zahl nach oben unbegrenzt.
Dauer	Etwa 30 Minuten oder Sie geben ein Zeitlimit an.
Umfang	Im Original spielt man mit 31 Karten; Marie Whisell van Deventer nennt bis zu 50 Karten. Es handelt sich also um mindestens 15 Kartenpaare, zuzüglich dem Schwarzen Lern-Peter.
Materialien und Vorbereitung	Sie brauchen einen Satz Karten mit Paaren, wie im Original. Die Karten werden nach dem Memoryprinzip gestaltet. Auf eine Karte werden die Vokabeln,

auf die Paarkarte die Übersetzung beziehungsweise der Fachbegriff oder die Definition geschrieben. Eine Karte zeigt den Schwarzen Lern-Peter. Wählen Sie für die Kartensets verschiedenfarbiges Papier, dann können Sie die Sets gut voneinander unterscheiden. Gespielt wird, wie bei den meisten Kartenspielen, am Tisch. Gegebenenfalls können Sie mit der Eieruhr eine Maximalspielzeit angeben.

Materialien	• Ein Satz Karten oder mehrere Kartensets à etwa 15 Paaren und zuzüglich der »Schwarzer Lern-Peter«-Karte, • Tische, • gegebenenfalls Eieruhr.

Ablauf und Spielregeln

Beim Schwarzen Lern-Peter haben die Spieler so viele Kartenpaare wie möglich zu sammeln. Alle Karten werden gemischt, ausgeteilt und auf die Hand genommen. Nach Erhalt sollten alle ihre Karten auf Paare prüfen. Diese dürfen sie sofort ablegen, am besten offen, dann können alle die Richtigkeit prüfen und zugleich den Lernstoff ganz nebenbei lernen. Dann dürfen die Teilnehmer jeweils eine Karte des Nachbarn ziehen und so versuchen, Paare zu sammeln. Es beginnt zum Beispiel der jüngste Spieler. Passende Paare werden auf die Seite gelegt. Zieht ein Teilnehmer den Schwarzen Lern-Peter, muss er versuchen, diesen so schnell wie möglich loszuwerden. Wer zum Schluss den Schwarzen Lern-Peter in der Hand hält, hat verloren. Es gewinnt, wer die meisten Kartenpaare hat.

Auswertung

Eine Auswertung können Sie nach oder vor dem Spiel vornehmen. Legen Sie dazu die Karten aus und gehen Sie die Paare mit den Spielern durch. Während des Spiels zum Beispiel können sich die Teilnehmer in der Gruppe austauschen, ob ein Paar wirklich eines ist oder nur vermeintlich. Bei strittigen Fragen kann man Sie als Schiedsrichter anrufen.

Im Anschluss an das Spiel können Sie mit den Teilnehmern auch die Paare durchgehen und so eine Auswertung vornehmen.

Gefahren und Risiken

Mir sind keine bekannt.

Niveau und Vorkenntnisse

☑ Anfänger   ☑ Fortgeschrittene

Sie können Ihren Teilnehmern das Spiel leichter machen, indem Sie Paarsymbole als zusätzliche Informationen auf den Karten anbringen, zum Beispiel Kleeblätter oder Autos. Trotzdem werden Ihre Teilnehmer viel lernen, weil sich die Infos unterschwellig einprägen.

Schwierigkeitskontrolle	Mit Karten mit Begriffen oder Daten und den dazu passenden Beschreibungen, Antworten oder Formeln.

Raumbedarf ☑ Indoor   ☑ Outdoor

Tipps Ich feiere meine Paare immer mit viel Getöse, wenn ich mitspiele, denn so lenke ich die Aufmerksamkeit der Beteiligten auf die Paare und den Lernstoff.

Lernprozess und Kreislaufabschnitt

Das Spiel bietet sich als Einführung in ein Thema ein, aber auch als erste Festigung nach der Einführung eines neuen Lernstoffes.
Darüber hinaus können Sie es als späte Wiederholung zum Beispiel am Ende eines Seminares, einer Lernsequenz, eines Tages einsetzen.

Einführung	Primäraktivierung	Sekundäraktivierung	Transfer	Integration
☑	☑	☐	☐	☑

Lernkanal

Lernkanal (V-A-K): Das Spiel spricht alle Lernkanäle an.

Visuell	Auditiv	Kinästhetisch
☑	☑	☑

Beispiel für einen Schwarzen Lern-Peter zum Thema »Schlagfertigkeit«:

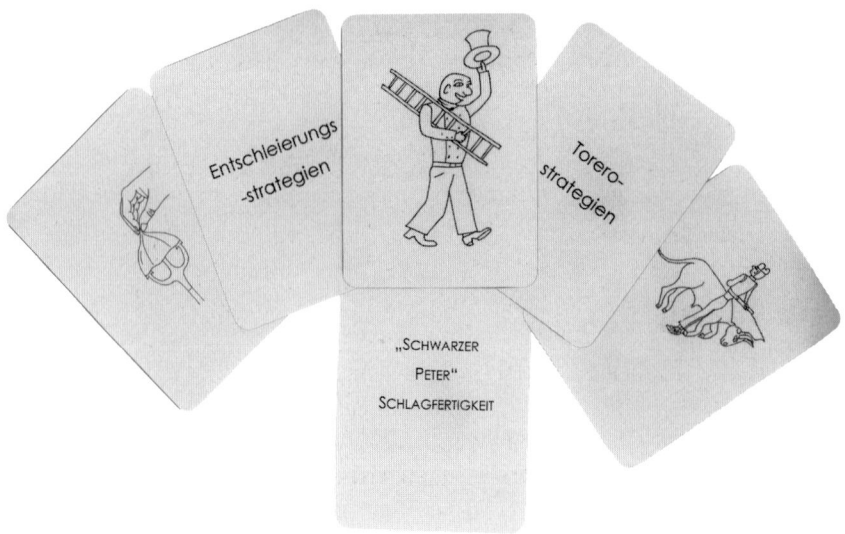

44 Lern-Scrabble

Claudia Grötzebach

Ziel	Wiederholung gelernter Informationen in einem Buchstabenspiel.
Ursprung/Quelle	Ideengeber für dieses Spiel ist das bekannte Gesellschaftsspiel »Scrabble«. Dabei werden Begriffe aus Buchstaben gelegt.
Lernstoff	Anwenden können Sie dieses Spiel auf jeden Lernstoff.
Anzahl der Teilnehmer	2–16 Personen. Mit einem Spielesatz können bis zu vier Spieler spielen.
Dauer	Einen Durchlauf, am besten mit Zeitbegrenzung.
Umfang	Bis zu 100 Buchstabenkarten.
Materialien und Vorbereitung	Das Lern-Scrabble spielen Sie am besten an Tischen in Kleingruppen bis zu vier Personen. Geben Sie jeder Gruppe ein Lern-Scrabble. Günstig ist es, eine Gesamtspielzeit vorzugeben. Wenn Sie eine Lernspielfassung selbst erstellen wollen, dann erstellen Sie bis zu 100 Buchstabenkärtchen. Wichtig ist, eine kleine Sichtblende anzufertigen, hinter der die Spieler ihre Buchstabenkärtchen vor den Blicken der Mitspieler geschützt auslegen können.

Materialien	• Ein bis vier Scrabbles oder selbsterstellte Spielsätze mit Buchstabensteinen (bis zu 100), • Sichtblenden in der Anzahl der Spieler.

Ablauf und Spielregeln

Das Lern-Scrabble ist denkbar einfach. Es wird nach den üblichen Regeln gespielt, doch die Spieler sollen Begriffe legen, die zum Unterricht beziehungsweise dem Gelernten passen.

Die Kleingruppe als Ganzes entscheidet in strittigen Fällen, ob ein Begriff durchgeht. Die Teilnehmer sollten dabei erklären, warum sie diesen und keinen anderen Begriff gelegt haben.

Für jene, die das Spiel noch nicht kennen: Jeder Mitspieler zieht sieben Buchstaben und ordnet diese hinter seiner Sichtblende. Der erste Spieler bildet ein Wort aus mindestens zwei Buchstaben und legt es senkrecht oder waagerecht aus. Pro Buchstaben kann er sich einen Punkt geben. Nun zieht er Buchstaben nach, bis er wieder sieben zur Verfügung hat. Dann legt der linke Nebenspieler ein Wort aus. Er kann an das Wort anlegen, es ergänzen oder ein eigenes Wort senkrecht oder waagerecht anlegen. Auch er rechnet seine Punkte aus, füllt seinen Buchstabenbestand auf, und das Recht zum Ausspielen wandert nach links weiter.

Das Spiel endet entweder nach einer bestimmten Zeit, wenn alle Buchstaben aufgebraucht oder wenn keine neuen Wörter mehr gelegt werden können. Es gewinnt, wer die meisten Punkte hat.

Erlaubt sind nur sinnvolle Wörter, keine Veränderungen durch Umlegen oder ähnliche Aktionen. Spielen können Sie auf jeder Freifläche.

Auswertung

Am besten gehen Sie von Gruppe zu Gruppe und nehmen wesentliche Punkte auf, sodass Sie diese im Anschluss ansprechen können.

Varianten

• Sie können einen Scrabblewettbewerb durchführen, jeweils die Gewinner einer Runde spielen gegeneinander, die zweitbesten und die drittbesten und so weiter. Diese Variante hängt natürlich auch von der Gruppengröße ab.
• Sie können einen Spielplan wie im Original anfertigen oder mit den Originalspielsätzen arbeiten. Das macht das Spiel etwas anspruchsvoller.

Gefahren und Risiken

Mir sind keine bekannt.

Niveau und Vorkenntnisse

☑ Anfänger   ☑ Fortgeschrittene

Schwierigkeitskontrolle

Da die Teilnehmer selbst kreativ werden, ist keine nötig.

Raumbedarf   ☑ Indoor   ☑ Outdoor
Lern-Scrabble spielt sich besser drinnen, insbesondere, wenn Sie mit selbst hergestellten Fassungen aus Papier oder Laminaten arbeiten. Die könnten draußen wegfliegen.

Tipps   Das Lern-Scrabble bietet Ihnen interessante Einblicke, wie die Teilnehmer Ihre Informationen aufgenommen haben. Gehen Sie daher immer wieder zwischen den Gruppen hin und her und halten Sie sich auf dem Laufenden.

Lernprozess und Kreislaufabschnitt

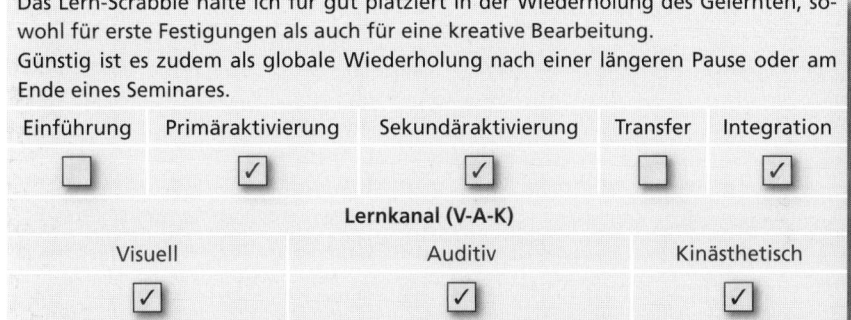

Das Lern-Scrabble halte ich für gut platziert in der Wiederholung des Gelernten, sowohl für erste Festigungen als auch für eine kreative Bearbeitung.
Günstig ist es zudem als globale Wiederholung nach einer längeren Pause oder am Ende eines Seminares.

Einführung	Primäraktivierung	Sekundäraktivierung	Transfer	Integration
	☑	☑		☑

Lernkanal

Lernkanal (V-A-K)		
Visuell	Auditiv	Kinästhetisch
☑	☑	☑

Beispiel   Das folgende Lern-Scrabble haben Teilnehmer in einem meiner Seminare gelegt:

45 Siebzehn und vier

Claudia Grötzebach

Ziel	Es handelt sich bei diesem Spiel um ein Rätsel, mit dem Gelerntes wiederholt wird.
Ursprung/Quelle	Dieses Spiel habe ich Gudrun Wallenwein (2003, S. 127) abgeschaut.
Lernstoff	Bearbeiten können Sie mit diesem Spiel jeglichen Lernstoff.
Anzahl der Teilnehmer	Unbegrenzt.
Dauer	Circa 30 Minuten.
Umfang	Variabel.
Materialien und Vorbereitung	Sie brauchen lediglich Begriffe des Seminarinhaltes.
Materialien	● Begriffe, die sich jeder Mitspieler überlegt.

Ablauf und Spielregeln	Ein Spieler überlegt sich einen Begriff oder ein Schlüsselwort aus dem Lerninhalt.

Diesen Begriff müssen die anderen Spieler erraten, dafür dürfen sie maximal 21 Fragen einsetzen. Nur geschlossene Fragen sind erlaubt und die Antwortmöglichkeiten, die der Spieler hat, beschränken sich auf die Varianten: »Ja«, »Nein«, »Vielleicht« oder »Ich weiß nicht«.

Fragen darf jeder in der Gruppe. Nach 21 Fragen wird das Rätsel aufgelöst – wenn es vorher nicht erraten wurde. Dann wird der Begriff eines anderen Spielers erraten.

Auswertung

Ich frage nicht nur, ob meine Teilnehmer das Spiel als schwierig empfunden haben, sondern auch, wann und wo wir die Begriffe behandelt haben.

Varianten

● Sie lassen nach Formeln, Ereignissen oder persönlichen Eindrücken fragen.
● Es ist zudem möglich, Rateteams zu bilden.

Gefahren und Risiken

Mir sind keine bekannt.

Niveau und Vorkenntnisse

☑ Anfänger ☑ Fortgeschrittene

Schwierigkeitskontrolle

Das ist bei diesem Spiel nicht notwendig.

Raumbedarf

☑ Indoor ☑ Outdoor

Das Spiel wird sicherlich eher drinnen gespielt, doch angesichts des einfachen Materialaufwandes lässt es sich genauso gut draußen spielen.

Tipps

Weisen Sie Ihre Teilnehmer zum Beispiel auf Plakate oder ähnliche Hilfsmittel hin. Das Spicken macht Spaß und erleichtert das Knobeln.

Lernprozess und Kreislaufabschnitt

Dieses Spiel lässt sich, je nach Variante, gut als eine erste, unveränderte Wiederholung gestalten oder als abschließende am Ende des Lernzyklus, Tages oder Seminares.

Einführung	Primäraktivierung	Sekundäraktivierung	Transfer	Integration
☐	☑	☐	☐	☑

Lernkanal

Lernkanal (V-A-K): Dieses Spiel spricht je nach Variante alle Lernkanäle an, im Original allerdings weniger den visuellen.

Visuell	Auditiv	Kinästhetisch
☐	☑	☑

Beispiel Beispielsweise können zum Begriff »Blackout« folgende Fragen gestellt werden:

Frage	Antwort
Handelt es sich um eine Aktion?	Nein
Handelt es sich um eine Überschrift?	Nein
Handelt es sich um ein Ereignis in diesem Seminar?	Nein
Handelt es sich um einen Begriff aus dem Lehrstoff?	Ja
…	

46 Silbenrätsel

Katharina Ramisch/Hans-Jürgen Ramisch

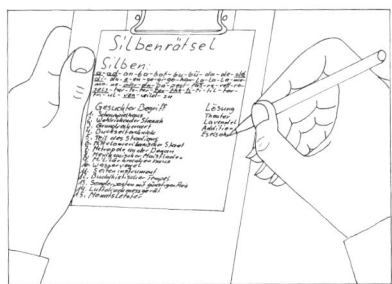

Ziel	Bei diesem Rätselspiel gilt es, Lernbegriffe zu finden.
Ursprung/Quelle	Diese Art von Rätsel kennen Sie aus vielen Zeitungen und Zeitschriften. Wir haben die Grundidee für Lernzwecke abgewandelt.
Lernstoff	Mit dieser Rätselart kann nahezu jeder Lernstoff bearbeitet werden.
Anzahl der Teilnehmer	Unbegrenzt.
Dauer	Je nach Schwierigkeitsgrad und Umfang beträgt der Zeitbedarf 10–30 Minuten. Sie können die Zeit auch mithilfe einer Eieruhr oder eines Teatimers begrenzen.
Umfang	Bis zu 20 Wörter beziehungsweise Suchbegriffe.
Materialien und Vorbereitung	Erstellen Sie zunächst eine Liste mit Suchbegriffen. Die Suchbegriffe werden danach in ihre Silben zerlegt. Die Silben sind dann alphabetisch zu sortieren. Jeder Suchbegriff wird umschrieben. Jeder Teilnehmer erhält ein Blatt mit den Umschreibungen und eine Komplettaufstellung der Silben.

Materialien

- Ein Blatt mit den Umschreibungen der Suchbegriffe und den alphabetisch sortierten Silben,
- Lösungsliste,
- eventuell Eieruhr oder Teatimer sowie
- möglicherweise Flipchart oder Tafel.

Ablauf und Spielregeln	Geben Sie das Rätselblatt an Ihre Teilnehmer aus. Nun darf jeder frei knobeln. Die Silben der gefundenen Begriffe werden auf der Silbenaufstellung ausgestrichen.

Das Rätsel endet, wenn der Erste alle Begriffe gefunden hat. Alternativ: wenn alle das Rätsel gelöst haben oder wenn die Zeit abgelaufen ist.

Auswertung   Gehen Sie alle noch nicht gefundenen Begriffe durch. Gerne frage ich auch, wann und wo beziehungsweise in welchem Zusammenhang ein Begriff behandelt wurde.

Varianten

- Sie können das Rätsel in Teams spielen lassen. Immer zwei oder drei Personen arbeiten an einem Rätsel gemeinsam.
- Spielen Sie das Rätsel um die Wette beziehungsweise auf Zeit.
- Sie können das Rätsel am Flipchart darstellen und alle gemeinsam spielen lassen. Idealerweise löst dann jeder ein Wort.
- Spielen Sie das Rätsel am Flipchart mit zwei Gruppen als Wettbewerb. Wer einen Begriff lösen kann, darf nach vorne stürmen, den Begriff eintragen und die entsprechenden Silben ausstreichen. Wer die meisten Begriffe gelöst hat, gewinnt.
- Sie können diese Art Rätsel auch in Kleingruppen von den Teilnehmern entwickeln und diese dann von einer anderen Gruppe lösen lassen.

Niveau und Vorkenntnisse   ☑ Anfänger   ☑ Fortgeschrittene
Diese Rätselart lässt sich leicht an unterschiedliche Lernniveaus anpassen.

Schwierigkeitskontrolle   Lassen Sie das Rätsel zunächst ein paar Tage liegen und probieren Sie es dann selbst aus. Wahlweise können Sie aber auch einen Probedurchlauf starten.

Gefahren und Risiken   Es sind uns keine Risiken bekannt.

Raumbedarf   ☑ Indoor   ☑ Outdoor
Sie können dieses Rätselspiel, je nach Variante, sowohl drinnen wie draußen spielen.

Tipps   Achten Sie darauf, dass das Rätseln nicht zu lange dauert.

	Diese Art von Rätseln können Sie in jedem Lernabschnitt einsetzen.				
Lernprozess und Kreislaufabschnitt	Einführung	Primäraktivierung	Sekundäraktivierung	Transfer	Integration
	✓	✓	✓	✓	✓

	Lernkanal (V-A-K): Dieses Spiel spricht jeden Lernkanal an.		
Lernkanal	Visuell	Auditiv	Kinästhetisch
	✓	✓	✓

Beispiel

Aufgabenstellung: In diesem Silbenrätsel verstecken sich fünfzehn Begriffe, die Sie erraten sollen. Bitte tragen Sie den gefundenen Begriff in den Lösungsbereich ein und streichen Sie die benötigten Silben in der Silbenliste durch. Viel Spaß!

a – ad – an – ba – bot – bu – bü – da – de – del – di – du – e – en – ge – gi – go – hon – la – la – la – me – mo – ne – ohr – on – pa – pest – ras – re – rett – ro – sels – tar – te – ter – ter – the – ti – ti – til – tor – tri – ul – ven – wild – za

Gesuchter Begriff	Lösung
1. Schauspielhaus	
2. Wohlriechender Strauch	
3. Grundrechenart	
4. Buchseitenknick	
5. Teil des Stadions	
6. Mittelamerikanischer Staat	
7. Metropole an der Donau	
8. Mexikanischer Maisfladen	
9. Militärkrankenhaus	
10. Wasservogel	
11. Saiteninstrument	
12. Buddhistischer Tempel	
13. Sonderposten mit günstigem Preis	
14. Luftdruckmessgerät	
15. Monatsletzter	

Lösung: 1. Theater, 2. Lavendel, 3. Addition, 4. Eselsohr, 5. Tribüne, 6. Honduras, 7. Budapest, 8. Tortilla, 9. Lazarett, 10. Wildente, 11. Gitarre, 12. Pagode, 13. Angebot, 14. Barometer, 15. Ultimo.

47 Stadt, Land, Fluss

Claudia Grötzebach

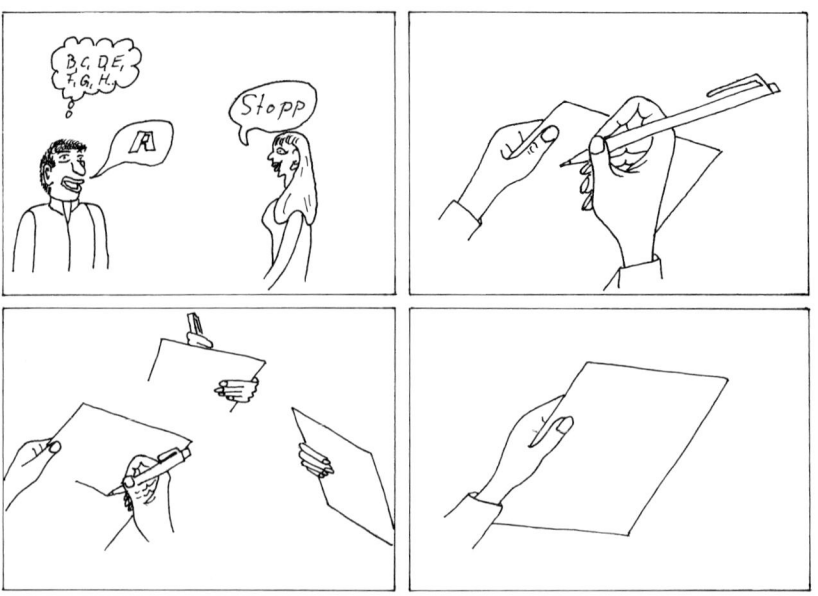

Ziel	Ziel ist es, durch einen Wettbewerb das Gelernte noch einmal kreativ zu wiederholen und zu vertiefen. Ein gelenkter Assoziationswettbewerb ist die Hülle für diese Vertiefung.
Ursprung/Quelle	Sie kennen sicherlich das alte Kinderspiel »Stadt, Land, Fluss«. Das bildet die Basis für dieses Lernspiel. Eine Variante dieses Spieles finden Sie bei Gudrun Wallenwein unter dem Titel »Wortkategorien« 2003, S. 109).
Lernstoff	Sie können damit die verschiedensten Begriffe und Inhalte aus dem Lern- oder Unterrichtsstoff wiederholen und vertiefen.
Anzahl der Teilnehmer	Ab vier Personen.
Dauer	Bis zu einer halben Stunde.
Umfang	Variabel.

| Materialien und Vorbereitung | Es braucht lediglich Papier und Stifte. Für diese Lernspielvariante des Kinderspieles empfehle ich aber, die Rubriken, mit denen Sie arbeiten wollen, vorab zu überlegen. |

Materialien

- Papier sowie
- Stifte.

Ablauf und Spielregeln

Jeder Teilnehmer schreibt nebeneinander auf ein Blatt die vereinbarten Rubriken.

Nun beginnt einer, das Alphabet aufzusagen, wobei er nur den Buchstaben »A« laut ansagt und alle anderen unhörbar weiterdenkt. Ein anderer Mitspieler ruft »Stopp« und der erste Teilnehmer nennt den Buchstaben, den er in diesem Augenblick gedacht hat. Sie können aber auch ein Alphabet vorbereiten, zum Beispiel auf Zetteln, und die einzelnen Buchstaben ziehen lassen.

Ist der zu spielende Buchstabe bekannt, schreiben alle Mitspieler so schnell wie möglich zu den jeweiligen Rubriken Begriffe auf, die mit dem genannten Buchstaben anfangen. Während man bei dem Kinderspiel vor allem nach Substantiven sucht, sollten Sie beim Lernspiel alles zulassen, Adjektive genauso wie Verben, Substantive oder damit assoziierte Begriffe. Sie sollten nur in irgendeinem Bezug zum Lernstoff stehen. Wer fertig ist, ruft »Halt!«. Nun darf niemand mehr etwas notieren.

Einer beginnt und nennt die Wörter seiner ersten Rubrik. Haben andere den gleichen Begriff notiert, wird dieser bei allen, die ihn haben, gestrichen. So bearbeiten Sie alle Rubriken. Schließlich bleiben nur noch wenige Begriffe übrig, die nur ein Einzelner notiert hat. Wer davon die meisten hat, ist Sieger. Aber Sie müssen das Spiel nicht – wie im Original – so schwer machen, Sie können zum Beispiel durchaus Mehrfachnennungen (ähnlich wie beim Lern-Jeopardy) werten.

Besonders interessant und vor allem effektiv ist dieses Spiel, wenn bei der Auflösung erklärt wird, wie die Assoziation zu dem Buchstaben in der einzelnen Rubrik zu erklären ist. Das vertieft den gelernten Stoff noch einmal inhaltlich.

Auswertung

Um den Bezug zum Thema im Besonderen herzustellen, frage ich an dieser Stelle nochmals bewusst nach den Begriffen und Erkenntnissen, die jetzt noch einmal neu oder in besonderer Weise bewusst geworden sind. Oft formulieren meine Teilnehmer dabei wieder neue Erkenntnisse, Zusammenhänge oder Bezüge, die sie durch dieses Spiel gewonnen haben.

Varianten	• Statt jeden gegen jeden spielen zu lassen, können Sie gut auch Kleingruppen gegeneinander spielen lassen.

- Statt jeden gegen jeden spielen zu lassen, können Sie gut auch Kleingruppen gegeneinander spielen lassen.
- Wenn Sie dieses Spiel als Auflockerung einsetzen wollen, können Sie es wie im Kinderspiel mit freien, verrückten oder sonstigen Varianten einsetzen.
- Bei Gudrun Wallenwein findet sich eine weitere Variante. Sie lässt – statt eines Alphabetroulettes – einen Begriff mit sechs Buchstaben waagerecht in einer Tabelle notieren, zum Beispiel L E R N E N. Senkrecht (links) lässt sie die vereinbarten Rubriken zum Lernstoff – entsprechend Stadt, Land, Fluss – notieren und dann müssen die Mitspieler zu den Rubriken entsprechende Begriffe zu dem Lernstoff finden, die eben mit L, E, R, N, E und N beginnen.

Gefahren und Risiken

Risiken, auch solche der Demotivation, habe ich bislang noch nicht erlebt. Aber sorgen Sie dafür, dass Ihre Teilnehmer das Spiel nicht ganz ernst nehmen. Es ist schwieriger, als man meint, die richtigen Begriffe zu finden.

Niveau und Vorkenntnisse

☑ Anfänger   ☑ Fortgeschrittene

Das Spiel lässt sich, obwohl nicht ganz einfach, gut bei allen Lernniveaus einsetzen.

Schwierigkeitskontrolle

Keine nötig und möglich, doch Sie sollten sich überlegen, in welche Bereiche sich Ihr Lernstoff gliedert. Zum Beispiel können bei einem Rhetorikseminar die Bereiche Körpersprache, Redearten, Manuskriptgestaltung und -handhabung, berühmte Redner die Grundlage für die Rubriken bilden.

Raumbedarf

☑ Indoor   ☑ Outdoor

Dieses Spiel ist immer und überall einsetzbar, solange man es irgendwie fertigbringt zu schreiben. Unter akustischen Gesichtspunkten ist es – insbesondere bei größeren Gruppen – aber drinnen oft angenehmer zu spielen.

Tipps

Eine oder mehrere Spaßrubrik(en) neben den unterrichtsbezogenen gibt dem Spiel mehr Leichtigkeit. Je leichter das Spiel werden soll, desto mehr freie oder Spaßrubriken sind sinnvoll.

Lernprozess und Kreislaufabschnitt	Das Spiel ist durchaus nicht einfach, sondern verlangt schon einen gewissen Einsatz. Daher bietet es sich als variierte Vertiefung und Festigung des Lernstoffes zu einem späteren Zeitpunkt des Lernprozesses an.

Einführung	Primäraktivierung	Sekundäraktivierung	Transfer	Integration
☐	☐	✓	✓	✓

Lernkanal	**Lernkanal (V-A-K):** Auch bei diesem Spiel werden alle Lernkanäle angesprochen. Es gibt, da es sich um ein Schreibspiel handelt, viel zu sehen und selbst zu tun, und durch die Auflösung oder durch Gruppenvarianten viel zu reden.

Visuell	Auditiv	Kinästhetisch
✓	✓	✓

Beispiel	Ein Beispiel für »Stadt, Land, Fluss« aus einem Rhetoriktraining:

Oberbegriffe	Körpersprache	Redeaufbau	Redevorbereitung	Städte
B	Blickkontakt	–	–	Berlin
R	Riechen	–	–	Rostock
F	fahrig	fundiert	fleißig	Frankfurt
S	Stand	Standpunktformel	sorgfältig	Stuttgart

48 Staffellauf

Heidrun Schmidt

Ziel	Brainstorming zur Wissensaktivierung und -festigung.
Ursprung/Quelle	Kennengelernt habe ich dieses Spiel in der Suggestopädieausbildung bei CELL in Wiesbaden.
Lernstoff	Material mit vielen Einzelfakten, die den Teilnehmern leicht einfallen.
Anzahl der Teilnehmer	Mindestens acht Teilnehmer, maximal 20 Teilnehmer.
Dauer	3–5 Minuten. Wenn es viele Teilnehmer sind oder es den Teilnehmern etwas schwerfällt, kann auch länger gespielt werden.
Umfang	Ein klar abgegrenztes Thema.
Materialien und Vorbereitung	Sie brauchen für das Spiel eine Freifläche, an deren einem Ende Sie eine Startmarkierung anbringen und an deren anderem Ende Sie die Flipcharts aufstellen. Geben Sie jedem Team oder auch jedem Teilnehmer einen dicken Stift für das Aufschreiben der assoziierten Begriffe.

Materialien	<ul><li>Zwei Flipcharts,</li><li>etwa vier Meter Platz vor den Flipcharts sowie</li><li>mindestens zwei Flipchartstifte.</li></ul>

Ablauf und Spielregeln

Jede der beiden Spielgruppen steht hinter der abgesteckten Linie etwa vier Meter vor den nebeneinanderstehenden Flipcharts. Je ein Teilnehmer jeder Gruppe läuft zum Flipchart und trägt eine Assoziation zum Thema ein, zum Beispiel französische Wörter mit Nasalen, kehrt zur Gruppe zurück und übergibt den Stift als Staffelstab an den Nächsten der Gruppe.

Auswertung

Man kann das Spiel als Wettbewerb »Wer findet die meisten Begriffe zum Thema?« spielen. Gleiche Begriffe in beiden Gruppen werden bei der Auswertung gestrichen.

Varianten

- Man kann auch nur ein Flipchart mit einem Strich in der Mitte verwenden.
- Man kann die Kommunikation in jeder Gruppe erlauben oder verbieten.
- Man kann rückwärts zum Flipchart gehen. Das wird lustiger und lockert auf.

Gefahren und Risiken

Zu kleine Themenfelder wirken sich ungünstig auf die Energie der Teilnehmer aus.

Niveau und Vorkenntnisse

☑ Anfänger   ☑ Fortgeschrittene

Abhängig von der konkreten inhaltlichen Fragestellung, prinzipiell für alle geeignet.

Schwierigkeitskontrolle

Zu dem gestellten Thema sollten Ihnen ad hoc ungefähr 30 Begriffe einfallen, sonst wird es zu schwer.

Raumbedarf

☑ Indoor   ☑ Outdoor

Die Flipcharts können auch draußen aufgestellt werden.

Lernprozess und Kreislaufabschnitt	Lernprozess und Kreislaufabschnitt				
	Einführung	Primäraktivierung	Sekundäraktivierung	Transfer	Integration
	✓	☐	✓	☐	✓

Lernkanal	Lernkanal (V-A-K)		
	Visuell	Auditiv	Kinästhetisch
	✓	☐	✓

Beispiel   In einem meiner Rhetorikseminare ergab der Staffellauf folgende Assoziationen:

Staffellauf zum Begriff Manuskript	
Gruppe 1	**Gruppe 2**
Handmanuskript	Gedächtnisstütze
frei sprechen	Blackout
groß schreiben	2 in einem
Flattersatz	groß schreiben
eine Hand	großer Zeilenabstand
einseitig	Stichwörter
Redepult	Erinnerungskaskaden
Gestikhand	Stichwortmanuskript
	kurze Zeilen
	linksbündig
	immer
	Karten
	Format

49 Stille Lern-Post

Claudia Grötzebach

Ziel	Die Stille Lern-Post ist eine spielerische Übung, bei der einzelnen Informationen, besonders Sätzen, eine besondere Bedeutung gegeben wird.
Ursprung/Quelle	Ich habe diese Übung irgendwo einmal gelesen. Sie basiert auf dem Kinderspiel »Stille Post«, doch Sie wählen andere Informationen – lernstoffbezogene –, die Sie durch die Stille Lern-Post schicken.
Lernstoff	Merk- oder Schlüsselsätze jeder Art von Lernstoff lassen sich so bearbeiten.
Anzahl der Teilnehmer	5–20 Personen, je weniger Teilnehmer da sind, desto reizloser wird die Übung.
Dauer	5–15 Minuten.
Umfang	3–5 Sätze.

Materialien und Vorbereitung	Für die Stille Lern-Post brauchen Sie lediglich eine Auswahl an wichtigen Informationen, die Sie per stiller Post durch die Gruppe schicken wollen. Diese können Sie in Form einer Liste bereithalten. Vor dem Spielbeginn setzt sich die Gruppe am besten in einen Stuhlkreis oder eine Reihe.

Materialien	● Auswahl wichtiger Sätze.

Ablauf und Spielregeln   Wählen Sie den ersten Satz aus und schicken Sie ihn durch die Stille Lern-Post. Flüstern Sie also den ausgewählten Satz dem ersten Teilnehmer nur für ihn hörbar zu. Was er verstanden hat, flüstert er dem nächsten Teilnehmer ins Ohr. Ist die Information beim letzten Teilnehmer angekommen, dann teilt dieser dem Plenum mit, was bei ihm angekommen ist. Das führt oft zu witzigen Entstellungen.

Auswertung   Nach jedem Satz gilt es natürlich aufzulösen, was die Originalaussage war. In einem zweiten Schritt lohnt es sich, in einem Lehrgespräch zu klären, warum diese Information im Vor- oder Rückgriff wichtig ist.

Variante   ● Streuen Sie ein oder zwei heitere Sätze ein, das kann auflockern.

Gefahren und Risiken   Manche Teilnehmer könnten das Spiel für kindisch halten. Deswegen ist wichtig, dass Sie erläutern, warum die gesandten Informationen wichtig sind.

Niveau und Vorkenntnisse   ☑ Anfänger   ☑ Fortgeschrittene
Die Stille Lern-Post ist sehr einfach und auf allen Stufen durchführbar.

Schwierigkeitskontrolle   Es ist keine notwendig.

Raumbedarf   ☑ Indoor   ☑ Outdoor
Sie können das Spiel ohne Einschränkung drinnen und draußen einsetzen.

Lernprozess und Kreislaufabschnitt	Die Stille Lern-Post eignet sich als Einführung in ein Thema, um wichtigen Grundsätzen oder Informationen eine besondere Bedeutung zu geben. Ebenso ist dieses Spiel sinnvoll als erste unveränderte Wiederholung und Festigung von Gelerntem. Und schließlich ist die Übung auch gut als Wiederholung wichtiger Informationen nach einer längeren Pause oder am Ende eines Unterrichtszyklus oder Seminars einsetzbar.

Einführung	Primäraktivierung	Sekundäraktivierung	Transfer	Integration
✓	✓	☐		✓

Lernkanal	**Lernkanal (V-A-K):** Die Stille Lern-Post spricht vor allem den auditiven und den kinästhetischen Lernkanal an, da die Informationen mündlich von Person zu Person weitergegeben werden.

Visuell	Auditiv	Kinästhetisch
☐	✓	✓

Beispiele Wichtige Sätze aus meinen Schlagfertigkeitstrainings lauten:

- Unberechenbarkeit ist eines der wichtigsten Grundprinzipien der nonaggressiven Schlagfertigkeit.
- Verzichten Sie – so schwer es auch fällt – darauf nachzutreten.
- Souveränität setzt voraus, dass Sie Ihre Interessen verfolgen und nicht wie ein Hampelmann, also auf Knopfdruck, ein bestimmtes Verhalten zeigen.

50 Synonyme-Wettbewerb

Claudia Grötzebach

Ziel Ziel dieses Spieles ist es, in Wettbewerbsform Schlüsselbegriffe zu bearbeiten oder zu wiederholen. Dabei sollen zu diesen Begriffen so viele ähnliche Begriffe wie möglich gefunden werden.

Sie unterstützen das Gedächtnis also durch zahlreiche Assoziationen, klären gleichzeitig viele Begriffe und die Teilnehmer entwickeln ihre sprachliche Ausdrucksfähigkeit.

Ursprung/Quelle Der Synonyme-Wettbewerb geht zurück auf zwei Quellen: eine Lernübung, die ich vor Jahren in einem Sprachspielebuch von Manfred Mantel (1986) gelesen habe, und die Fernsehsendung »Dalli Dallli« mit Hans Rosenthal. Zuerst habe ich daraus den Assoziationswettbewerb gestaltet, dann den Synonyme-Wettbewerb. Er hat beim Lernen von Fremdsprachen mein Bedürfnis gestillt, mich besser ausdrücken und auch ähnliche Begriffe wiederholen und klären zu können.

Lernstoff Dieses Spiel eignet sich besonders gut für den Sprachunterricht. In den Variationen zudem zum Beispiel für Inhalte der Rhetorik. Das Spiel hilft, Dinge und Sachverhalte klarer zu beschreiben und zu formulieren. Gleichzeitig lernt man, Ähnliches zu unterscheiden und zum Beispiel Vokabeln präziser zu fassen.

Anzahl der Teilnehmer	2–12 Personen.
Dauer	Etwa 20 Minuten.
Umfang	5–9 Begriffe.

Materialien und Vorbereitung

Dieses Spiel braucht wenig Vorbereitung. Tragen Sie wichtige beziehungsweise facettenreiche Schlüsselbegriffe zusammen, für die es einige Synonyme gibt, wie zum Beispiel »laufen«. Hier können Sie alternativ von »eilen, hetzen, gehen, spazieren, hüpfen, rennen, schlendern, …« sprechen.

Für das eigentliche Spiel werden dann zwei Teams gebildet, denen jeweils ein Flipchart oder eine Pinnwand sowie Moderationskarten und dicke Filzstifte zur Verfügung gestellt werden. Mit einer Eieruhr oder einem Teatimer sollten Sie die Spielzeit begrenzen.

Materialien

- Begriffsliste,
- Flipchart oder Pinnwand und Moderationskarten,
- dicke Filzstifte,
- Eieruhr oder Teatimer.

Ablauf und Spielregeln

Bilden Sie zwei Teams, die gegeneinander spielen. Jede Gruppe erhält entweder ein Flipchart oder eine Pinnwand sowie Karten und dicke Filzstifte. Diese werden so aufgestellt, dass die Teams einander nicht in die Karten gucken können.

Nun nennen Sie den ersten Begriff, zu dem innerhalb einer vorgegebenen Zeit, zum Beispiel eine Minute oder 45 Sekunden, so viele Synonyme wie möglich gesammelt werden sollen.

Ist die Zeit abgelaufen, wird ausgewertet. Welche Gruppe hat wie viele Begriffe gesammelt? Fangen Sie bei der Gruppe an, die die wenigsten Begriffe zusammengetragen hat und prüfen Sie, welche Begriffe gefunden wurden.

Gleiches geschieht dann bei der zweiten Gruppe. Da doppelte Begriffe nicht gewertet werden, kann sich die Zahl der Begriffe noch einmal reduzieren. Erst die Zahl der bereinigten Anzahl von Begriffen entscheidet über den Punktgewinn.

Auswertung

Da es bei diesem Spiel – ähnlich wie beim Assoziationenwettbewerb – darum geht, Schlüsselbegriffe in ihrem Kontext zu verankern und über die Synonyme mit vielen Assoziationen anzureichern, ist eine Auswertung wichtig. Welche Vorstellungen verknüpfen sich mit den zusammengetragenen Synonymen?

Was verstehen die Teilnehmer darunter? Das kann ziemlich interessant sein bei vermeintlich gleichsprachigen Gruppen. Zum Beispiel haben manche Wörter oder Ausdrücke in der Schweiz oft eine andere Bedeutung als in Deutschland.

Varianten	<ul><li>Lassen Sie Einzelpersonen gegeneinander spielen, wenn Ihre Gruppe nicht zu groß ist.</li><li>Spielen Sie den Synonyme-Wettbewerb als Kettenwettbewerb. Immer zwei aus jedem Team spielen gegeneinander zu einem Begriff.</li><li>Die Hans-Rosenthal-Variante arbeitete mit Zweierteams. Dabei mussten innerhalb von 45 Sekunden die zwei Teammitglieder immer im Wechsel Assoziationen zu einem Oberbegriff suchen. Diese Variante ist für den Synonyme-Wettbewerb allerdings sehr schwer.</li></ul>
Gefahren und Risiken	Es sind mir keine bekannt.
Niveau und Vorkenntnisse	☑ Anfänger ☐ Fortgeschrittene Das Spiel braucht Vorkenntnisse im Thema beziehungsweise Lernstoff, da bekanntes Wissen aufgearbeitet, wiederholt und präzisiert wird.
Schwierigkeitskontrolle	Probieren Sie die Begriffe selbst aus. Günstig ist es, Synonyme in einem entsprechenden Lexikon nachzuschlagen und die gefundenen ähnlichen Begriffe daraufhin zu prüfen, ob die Teilnehmer sie schon kennen können, zum Beispiel durch die Lerntexte oder die bisher bearbeiteten Lektionen.
Raumbedarf	☑ Indoor ☑ Outdoor Dieses Spiel können Sie sowohl drinnen wie draußen spielen, doch die Bedingungen sind drinnen doch etwas geeigneter.
Tipps	Dieses Spiel lebt auch von Tempo, daher sollten Sie vermeiden, unnötige Längen zu erzeugen.

Lernprozess und Kreislaufabschnitt

Der Synonyme-Wettbewerb kann an verschiedenen Stellen des Lernprozesses durchgeführt werden, zum Beispiel zur thematischen Einführung. Dabei erfahren Sie, welches Wissen oder welche Assoziationen zu dem neuen Lernstoff bei den Teilnehmern bereits vorhanden sind. Er verlangt jedoch Vorwissen, ist also für Anfänger weniger geeignet.

Insbesondere in späteren Lernphasen ist dieses Spiel nützlich, da Sie damit Lernstoff nicht nur wiederholen, sondern auch präzisieren können.

Einführung	Primäraktivierung	Sekundäraktivierung	Transfer	Integration
✓	☐	✓	✓	✓

Lernkanal

Lernkanal (V-A-K): Alle Lernkanäle werden bei diesem Wettbewerb angesprochen.

Visuell	Auditiv	Kinästhetisch
✓	✓	✓

Beispiel

In einem Schlagfertigkeitstraining haben wir zunächst die Technik des Umdefinierens mithilfe von Synonymen und Definitionen aufgearbeitet. Die folgende Tabelle zeigt die Auswertung:

Deeskalation	Angst, einen unnötigen Konflikt auszutragen. Vermeiden.
blöd	Nicht so denken wie ich, weniger wissen, langsamer denken, langsamer entscheiden. »Ja ich bin langsam …, bedachter …, nicht so fit im Thema …«
faul	Nur das Nötige machen, nicht gleich aufspringen. Hektiker.
Abzocker	An der Schule Raser zur Kasse zu bitten ist Abzocke … und das mache ich gerne.
Flexibilität	Anpassungsfähigkeit
stur	An seiner Meinung festhalten, nicht flexibel sein, eigensinnig sein, beharrlich sein (trotz aller Widerstände …), charakterstark/-schwach, Querkopf …

51 Lern-Tabu

Claudia Grötzebach

Ziel	Schlüsselbegriffe sollen auf eine »etwas andere Art« wiederholt werden.
Ursprung/Quelle	Sie kennen das Gesellschaftsspiel »Tabu«? Dies hier ist eine auf das Lernen zugeschnittene Variante.
Lernstoff	Sie können dieses Spiel auf alle möglichen Inhalte anwenden.
Anzahl der Teilnehmer	10–15 Personen, sonst wird es etwas lang.
Dauer	Etwa 20–30 Minuten bei 10–15 Leuten.
Umfang	Offen, das hängt in der Ursprungsversion von den Teilnehmern ab.
Materialien und Vorbereitung	Sie bilden zwei Teams und geben jedem Team einen Packen Karten an die Hand. Wichtig ist, dass das Papier so dick ist, dass die Schrift nicht durchschimmern kann. Oder: Sie deponieren die Karten zentral und jedes Team nimmt sie sich nach Bedarf. Daneben erhält jedes Team eine Losbox, einen Quietscher und eine Eieruhr.

Nun lassen Sie die Teams die ihrer Meinung nach wichtigen Schlüsselbegriffe, Erkenntnisse und so weiter des Seminares auf die Karten schreiben. Je ein Begriff auf eine Karte.

Zu diesem Oberbegriff müssen dann Tabu-Wörter gesucht werden. Tabu-Wörter sind wichtige Begriffe, die den Oberbegriff beschreiben. Diese werden unter den Oberbegriff geschrieben. Legen Sie am besten eine Zahl für die »Tabu-Wörter« fest. Fünf ist dafür eine gute Zahl. Diese »Tabu-Wörter« dürfen später im Spiel nicht verwendet werden. Die produzierten Begriffskarten werden in der Losbox verstaut.

Materialien

- Kartei- oder Pinnwandkarten,
- zwei Losboxen, -dosen oder -tüten,
- zwei Quietscher,
- Eieruhr oder Teatimer.

Ablauf und Spielregeln

Beim Lern-Tabu sitzen sich die Teams (hier A und B genannt) gegenüber oder nebeneinander. Ein Mitglied aus A setzt sich zu B und zieht eine Karte. Nun hat A diesen Begriff zu beschreiben, ohne die fünf Tabu-Wörter zu gebrauchen. Ein Mitglied (oder zwei) aus B passt auf, dass er keines der Tabu-Wörter verwendet. Verwendet er doch eines oder einen Teil des Oberbegriffes, quietscht der Kontrolleur und der aktuelle Ratevorgang wird abgebrochen beziehungsweise es gibt einen Minuspunkt – je nach Absprache. Rät Team A den Begriff innerhalb der vorgegebenen Zeit (zum Beispiel 30 Sekunden oder eine Minute), erhält es einen Punkt. Dann wechselt die Gruppe. Das Team, das die meisten Punkte hat, gewinnt. Wird eines der Tabu-Wörter verwendet, kommt sofort das gegnerische Team dran.

Auswertung

Es gibt für diese heitere Wiederholung eigentlich keine Auswertung. Doch Sie können fragen, warum gerade diese Begriffe für die Teilnehmer wichtig sind. Das gibt Ihnen als Trainer oder Lehrer eine gute Rückmeldung zum Gelernten.

Varianten

- Sie können als Variante jeden gegen jeden spielen lassen.
- Sie bereiten die Karten selbst vor und dirigieren so die zu wiederholenden Begriffe stärker. Die ausgefüllten Karten kommen dann in die Box oder Tüte – wie auch immer Sie das handhaben wollen. Ansonsten wird gespielt wie im Ablauf geschildert. Sie können in diesem Fall aber auch beide Teams gleichzeitig raten lassen. Dafür brauchen Sie jedoch einen Beobachter aus dem zweiten Team, der die Verwendung der »Tabu-Wörter« kontrolliert. In dieser Variante benötigen Sie nur einen Quietscher, eine Eieruhr und eine Losbox.
- Es darf keinerlei Körpersprache eingesetzt werden, um die Beschreibung zu unterstützen.

Gefahren und Risiken	Gefahren oder Risiken sind mir bei diesem Spiel nicht bekannt.
Niveau und Vorkenntnisse	☑ Anfänger ☑ Fortgeschrittene Das Spiel ist für alle unproblematisch einsetzbar.
Schwierigkeitskontrolle	Eine Schwierigkeitskontrolle ist nicht erforderlich.
Raumbedarf	☑ Indoor ☑ Outdoor
Tipps	Wenn Sie die gängigsten Begriffe sammeln, können Sie dieses Spiel auch für die Zukunft vorbereiten.

Lernprozess und Kreislaufabschnitt

Dieses Spiel eignet sich besonders als Wiederholung in einem etwas ungewöhnlichen Zusammenhang. Damit ist es am besten eingesetzt, wenn Sie das Gelernte nach einer Festigung kreativ wiederholen oder verfremden wollen.

Einführung	Primäraktivierung	Sekundäraktivierung	Transfer	Integration
☐	☐	☑	☑	☑

Lernkanal

Lernkanal (V-A-K): Angesprochen werden alle Lernkanäle, da man die Begriffe anschauen muss, die Schlüsselwörter eventuell nachschaut und sich erinnert, darüber reden kann und später etwas vorträgt und somit zugleich selbst etwas tun kann.

Visuell	Auditiv	Kinästhetisch
☑	☑	☑

Beispiel

Beispielsweise kann eine Karte des Lern-Tabus zum Thema »Rhetorik« folgendermaßen aussehen:

**Suchbegriff:
Körpersprache**

Tabu-Wörter:
- Gestik
- Mimik
- Haltung
- nonverbal
- Gefühle

52 Textpuzzle

Claudia Grötzebach

Ziel	Das Textpuzzle ist eine spielerische Lerntextpräsentation, bei der die Aufmerksamkeit auf einen speziellen Text gelenkt wird, indem dieser zunächst zusammengesetzt werden muss.
Ursprung/Quelle	Ich habe diese Übung im Rahmen meiner Suggestopädieausbildung bei Barbara von der Meden und Brigitte Schwitalla kennengelernt.
Lernstoff	Sie können damit jeden überschaubaren Lehr- oder Lerntext präsentieren.
Anzahl der Teilnehmer	1–5 Personen; arbeiten Sie gegebenenfalls parallel in Kleingruppen.
Dauer	5–15 Minuten.
Umfang	Ein einseitiger Lehr- beziehungsweise Lerntext.
Materialien und Vorbereitung	Formulieren Sie einen Lehr- oder Lerntext. Layouten Sie ihn mit großen Zeilenabständen. Den Text zerschneiden Sie in Streifen.
	Günstig ist es, den Text zwei- oder dreimal auf unterschiedlich gefärbtem Papier zu erstellen, für den Fall, dass Sie mit mehreren Kleingruppen parallel arbeiten. Dabei sollten Sie die Gruppen auch an verschiedenen Tischen arbeiten lassen.

Materialien	• Ein einseitiger Text, • einen oder mehrere Tische.

Ablauf und Spielregeln	Bilden Sie Kleingruppen mit maximal vier bis fünf Personen. Händigen Sie jeder Gruppe ein Set Textstreifen mit dem Auftrag aus, den Text zusammenzusetzen.

Auswertung

Zunächst gilt es zu kontrollieren, ob alle Gruppen den Text richtig gelegt haben. Sie können ihn von den verschiedenen Gruppen abschnittweise vorlesen lassen oder kurz rundumgehen und selbst vor Ort prüfen.

Anschließend wird er, wie jeder andere Text auch, mit anderen Übungen und Spielen bearbeitet.

Varianten

- Sie können bei größeren Gruppen genauso gut einen mehrseitigen Text einsetzen, den Sie in den Kleingruppen dann Seite für Seite zusammensetzen lassen. Anschließend müssen die Gruppen den Text im Plenum vorlesen, um alle auf den gleichen Stand der Dinge zu bringen.
- Sie können den Text statt in Streifen wie bei einem Puzzle zerschneiden.

Gefahren und Risiken

Hier und da empfinden Teilnehmer diese Übung als Zeitverschwendung. Daher fragen Sie ruhig nach, ob die Gruppe den Text anders, eventuell intensiver, wahrgenommen oder ob man ihn häufiger durchgelesen hat.

Niveau und Vorkenntnisse   ☑ Anfänger   ☑ Fortgeschrittene

Schwierigkeitskontrolle   Es ist keine notwendig.

Raumbedarf   ☑ Indoor   ☐ Outdoor

Tipps

Der Text sollte unverändert in den Teilnehmerunterlagen oder im Lehrbuch zu finden sein. Und kartoniertes Papier ist in der Regel günstiger für die praktische Arbeit.

Lernprozess und Kreislaufabschnitt

Das Textpuzzle bietet sich als Einführung in eine Materie ein.

Einführung	Primäraktivierung	Sekundäraktivierung	Transfer	Integration
☑	☐	☐	☐	☐

Lernkanal

Lernkanal (V-A-K): Das Textpuzzle spricht alle Lernkanäle an. Da ist der Text, der gelegt und gelesen werden soll, dabei ist zu kombinieren und zu diskutieren und es gibt etwas zu tun beziehungsweise es muss selbst gemacht werden.

Visuell	Auditiv	Kinästhetisch
☑	☑	☑

Beispiel Zum Thema »Rhetorik« habe ich für das Textpuzzle ein historisches Beispiel herausgesucht: den Lebenslauf eines berühmten Redners der Antike, den ich als Grundlage für eine weitere Übung verwenden kann: »Wer (oder was) bin ich?« Dazu habe ich einen Lebenslauf im Internet (Wikipedia bot über 20 Seiten) recherchiert und ihn auf eine verwertbare Größe und mit den von mir gewünschten Schwerpunkten zusammengekürzt, ergänzt und umformuliert.

Diese Textversion ergab normal formatiert drei Seiten, doch ein erweiterter Zeilenabstand hat ein vierseitiges Dokument produziert. Da es – meines Erachtens – zu lange dauert, alle vier Seiten von einer Gruppe bearbeiten zu lassen, bilde ich in solch einem Fall vier Gruppen, von der jede eine Seite in Schnipselform bekommt.

Also nehme ich jede Seite einzeln und zerschneide sie, tüte sie ein und fertig ist die Arbeitsvorlage.

Die Gruppen müssen so jede Seite mehrfach lesen und nehmen die Informationen intensiver auf als normal. Schließlich gilt es noch, die richtige Reihenfolge der Seiten herauszufinden.

53 Versteckte Wörter

Claudia Grötzebach

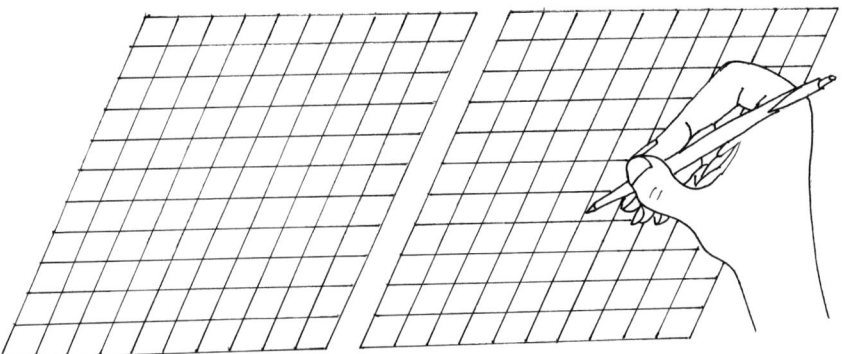

Ziel	Ziel dieses Rätsels oder Such- und Findespiels ist es, Begriffe, die in einem Wortsalat versteckt sind, zu finden. Sie können das um die Wette spielen lassen, aber auch ohne diesen Wettbewerbscharakter macht es Spaß.
Ursprung/Quelle	Zu diesem Spiel wurde ich inspiriert von einer verbreiteten Variante von Kreuzworträtseln. Sie finden es aber auch als Paarspiel bei Gudrun Wallenwein (2003, S. 110).
Lernstoff	Sie können mit diesem Spiel jeden Lernstoff bearbeiten.
Anzahl der Teilnehmer	Unbegrenzt.
Dauer	10–30 Minuten, je nach Gruppe und Schwierigkeitsgrad.
Umfang	Bis zu 20 Wörter können Sie verstecken.
Materialien und Vorbereitung	Picken Sie aus dem Lernstoff bis zu 20 Begriffe heraus. Es kann sich dabei um Fachbegriffe, Vokabeln oder auch solche handeln, die Ereignisse oder Erkenntnisse während des Unterrichts oder Trainings wiedergeben. Diese schreiben Sie in ein Raster, das Sie zum Beispiel mit einer Tabelle in Word erstellt haben. Sie können waagerecht, senkrecht, schräg und seitenverkehrt schreiben.

Füllen Sie dann die freien Lücken zwischen und rund um die Begriffe mit sinnlosen Buchstaben aus, sodass das gesamte Raster mit Buchstaben gefüllt ist. Jetzt müssen Sie dieses Raster nur noch in der Anzahl der Teilnehmer kopieren.

Materialien

- Eine Rätselvorlage in der Anzahl der Teilnehmer,
- Lösung,
- eventuell eine Blankovorlage, also eine Tabelle mit etwa 25 × 25 Zeilen und Spalten,
- gegebenenfalls eine Liste mit Schlüssel- oder Suchbegriffen sowie
- falls notwendig ein Flipchart.

Ablauf und Spielregeln

Gespielt wird in der ganzen Gruppe, also jeder gegen jeden. Zu Beginn des Spieles geben Sie das Raster aus. Wenn Sie nicht möchten, dass einige schon früher anfangen, verteilen Sie es verdeckt oder gefaltet.

Geben Sie der Gruppe das Startsignal. Nun darf jeder knobeln. Wer glaubt, alle Begriffe gefunden zu haben, der gibt die Anzahl der gefundenen Begriffe bekannt. Häufig entsteht dadurch ein kleiner Wettstreit, auch ohne dass Sie etwas dazu tun. Ist die richtige Anzahl versteckter Begriffe genannt worden, dann gehen Sie an die Auflösung.

Beginnen Sie mit denen, die weniger Begriffe gefunden haben, sonst dominieren einige wenige das Spiel. Ich persönlich finde es schön, wenn jeder einen seiner Begriffe nennt und so alle zeigen können, dass sie etwas gefunden haben. Das motiviert auch jene, die weniger Erfolg hatten.

Auswertung

Ich hinterfrage nicht jeden Begriff. Tendenziell fragen meine Teilnehmer von selbst, wenn Sie sich an Begriffe nicht mehr erinnern oder vergessen haben, was sich dahinter verbirgt.

Wenn ich nicht sicher bin, wie präsent noch manche vermittelten Begriffe sind, dann gehe ich eine Auswertung oft mit der Frage an, ob noch alle Begriffe klar sind beziehungsweise wann und wo die Begriffe behandelt wurden. Hier und da kann mir zum Beispiel ein Begriff, der für persönliche Erkenntnisse steht (vgl. die zweite und die dritte Variante) unklar sein, dann frage ich zu meiner Information nach und erziele damit oft einen animierenden Effekt.

Varianten

- Sie spielen am Flipchart. Da können Sie nicht so viele Begriffe unterbringen wie auf einer Kopiervorlage. In diesem Falle sollte die Gruppe nicht zu groß sein, da jeder das Raster sehen können muss.

- Sie arbeiten mit Paaren wie bei Gudrun Wallenwein. Dabei erhält jeder Spieler ein Blankoraster, sucht selbst eine festgelegte Anzahl von Wörtern aus dem Lernstoff heraus und trägt diese auf dem Raster ein. … Das fertige Rätsel gibt er dann dem Partner, der es lösen muss.
- Ich setze dieses Spiel auch für Hausaufgaben ein. Bei meinen Seminaren erteile ich Kleingruppen die Aufgabe, die Inhalte des Tages zu wiederholen. Dabei entwickelt dann eine Kleingruppe ein solches Rätsel für die Restgruppe. Sie dürfen aus dem Stoff des Tages, den Diskussionen und von den Plakaten Begriffe picken, die sie für wichtig halten.

Gefahren und Risiken	Prinzipiell gibt es keine.
Auswertung	Eine Auswertung ist mir in jedem Fall wichtig. Wenn möglich, kläre ich noch einmal, wann Begriffe gefallen oder behandelt wurden. Das ist nicht für jeden Lernbegriff erforderlich, doch so manches Mal fragt ein Teilnehmer nach der Übung »Wann haben wir das denn gemacht?«, und so wird Vergessenes oder Entgangenes aus der Versenkung hervorgeholt und gemeinsam erinnert. Das macht meinen Teilnehmern wieder bewusst, wie viel sie doch an dem Tag gelernt haben.

Niveau und Vorkenntnisse ☑ Anfänger ☑ Fortgeschrittene

Schwierigkeitskontrolle Lassen Sie das Raster zunächst eine Weile liegen, sodass Sie seine Konzeption vergessen, und bearbeiten Sie es dann selbst. Günstig ist es, die Lösung zu notieren, zum Beispiel als Liste oder als Grafik.

Raumbedarf ☑ Indoor ☑ Outdoor

Lernprozess und Kreislaufabschnitt

Dieses Rätselspiel können Sie zu jeder Zeit im Lernprozess einsetzen. Als Einführung genutzt erfahren Sie, welche Begriffe die Teilnehmer schon kennen. Als Vertiefung können Sie Gelerntes unverändert wiederholen oder auch kreativ verstecken.

Einführung	Primäraktivierung	Sekundäraktivierung	Transfer	Integration
☑	☑	☑	☑	☑

Lernkanal

Lernkanal (V-A-K): Angesprochen werden bei diesem Spiel alle Lernkanäle.

Visuell	Auditiv	Kinästhetisch
☑	☑	☑

Beispiel »Versteckte Wörter« aus einem Konfliktmanagement-Seminar:

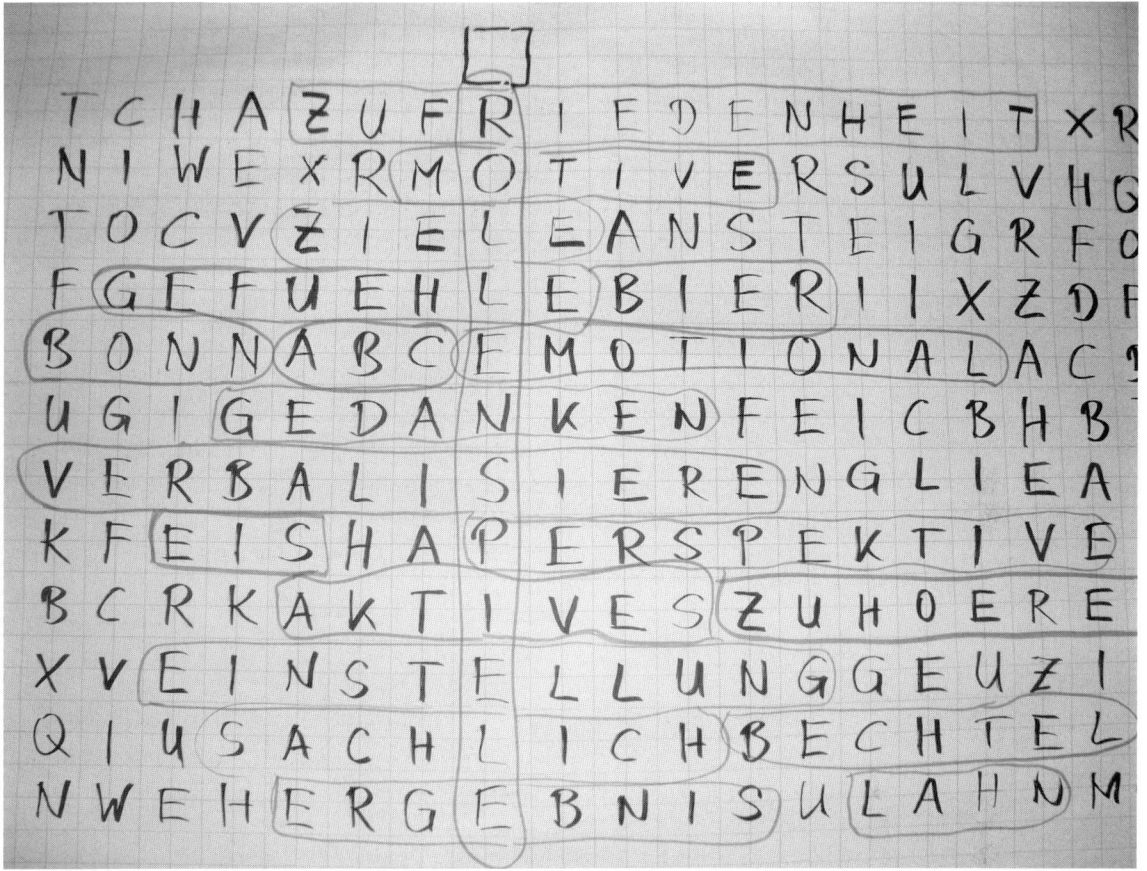

54 Vier Ecken

Claudia Grötzebach

Ziel	Ziel dieses Bewegungsspieles ist es, den Lernstoff über Fragen zu bearbeiten. Die Teilnehmer bewegen sich im Raum und nehmen quasi Stellung zu den inhaltlichen Fragen.
Ursprung/Quelle	Genau kann ich leider nicht mehr rekonstruieren, wo ich dieses Spiel das erste Mal erlebt habe. Ich weiß nur noch, das es bei einer Fortbildung von Kollegen war.
Lernstoff	Dieses Spiel ist meines Erachtens sehr interessant, weil es nicht nur ermöglicht, Begriffe zu bearbeiten, sondern auch Sachverhalte und Zusammenhänge. Es lässt mehrere Antwortvarianten zu und bietet den Teilnehmern die Möglichkeit, auch Gedanken zum Gelernten zu äußern.
Anzahl der Teilnehmer	Mindestens vier bis unbegrenzt.
Dauer	Variabel, ab 10 Minuten aufwärts.
Umfang	Übertreiben Sie nicht. Theoretisch können Sie so viele Fragen stellen, wie Sie wollen, doch wie in den meisten Fällen ist weniger hier mehr. Ich beschränke mich meist auf 5–10 Fragen, die ich vorbereite, und je nach Atmosphäre und Stimmung stelle ich mehr oder weniger Fragen.

Materialien und Vorbereitung	Bei diesem Spiel brauchen Sie keinerlei Materialien außer einer Liste mit Fragen zum Lernstoff oder Seminar und vier Antwortvarianten.

Ausreichender Freiraum sollte allerdings vorhanden sein, so etwa 5 × 5 Meter; je nach Gruppengröße kann auch eine größere Fläche notwendig sein. Die Teilnehmer sollten sich im Raum bewegen und je nach Antwortvariante an den vier Ecken platzieren können.

Auf dieser Freifläche sollten keine Hindernisse herumliegen.

Materialien	• Eine Liste mit inhaltlichen Fragen und vier Antwortvarianten.

Ablauf und Spielregeln

Zunächst schaffen Sie mit der Hilfe Ihrer Gruppe eine Freifläche, gegebenenfalls können Sie auf den Korridor oder nach draußen gehen. Dann wird das Spiel erklärt.

Die Teilnehmer bewegen sich innerhalb dieser Fläche frei im Raum, während oder bevor Sie eine inhaltliche Frage stellen. Zu dieser Frage bieten Sie Ihren Teilnehmern vier Antwortmöglichkeiten an und teilen jeder der vier Ecken im Raum sozusagen eine Antwort zu. Dorthin sollen sich die Teilnehmer stellen, wenn das Ihre gewählte Antwort ist.

Nun wird es spannend: Warum haben sich die Teilnehmer für diese Antwort entschieden? Jetzt fragen Sie nach. Aber: Achten Sie auf Tempo, damit es nicht langweilig wird. Sie müssen auch nicht jeden befragen. Nach einigen Stichproben fordern Sie wieder zur Bewegung im Raum auf und die nächste Frage wird gestellt ...

Auswertung

Dieses Spiel braucht normalerweise keine Extraauswertung, da die Befragung der Teilnehmer in der Regel schon dazu führt, dass das Thema interessant von mehreren Seiten reflektiert wird. Sie können im Rahmen dessen auch eigene Kommentare abgeben.

Varianten

- Verzichten Sie auf die Bewegung zwischen den Fragen. Es geht auch ohne.
- Streuen Sie Scherzfragen ein.
- Sie können zudem auf Erkenntnisse oder Widerspruch abzielen.

Schwierigkeitskontrolle

Diese ist bei diesem Spiel nicht notwendig.

Gefahren und Risiken

Achten Sie auf zweierlei: Stolperfallen und Tempo. Stolperfallen sind zu vermeiden und auf das Tempo sollten Sie achten, damit es nicht langweilig wird.

Niveau und Vorkenntnisse ☑ Anfänger   ☑ Fortgeschrittene
Das Spiel ist universell einsetzbar. Ihre Fragen steuern den Schwierigkeitsgrad.

Raumbedarf ☑ Indoor   ☑ Outdoor

Tipps Nur – wie schon gesagt: Tempo! Das Spiel bietet sich für einen bewegten Einstieg an, aber auch, um Gespräche auf eine etwas andere Art zu führen. Der bewegte und etwas witzige Charakter der Übung macht es vielen meiner Teilnehmer leichter, über sensible Themen zu sprechen.

Lernprozess und Kreislaufabschnitt Sie können dieses Spiel je nach Fragestellung ganz variabel in jedem Lernabschnitt einsetzen.

Einführung	Primäraktivierung	Sekundäraktivierung	Transfer	Integration
☑	☑	☑	☑	☑

Lernkanal **Lernkanal (V-A-K):** Tatsächlich wird der visuelle Lernkanal etwas vernachlässigt. Doch Auditive und Kinästheten werden ihre Freude an diesem Spiel haben.

Visuell	Auditiv	Kinästhetisch
☐	☑	☑

Beispiel Für »Vier Ecken« habe ich ein Beispiel aus meinem Schlagfertigkeitstraining herausgesucht.

Frage: »*Was bringt Sie bei einer Auseinandersetzung besonders auf die Palme?*«
Jeder Antwortvariante wird so eine Ecke zugeordnet.

Antwortmöglichkeiten:

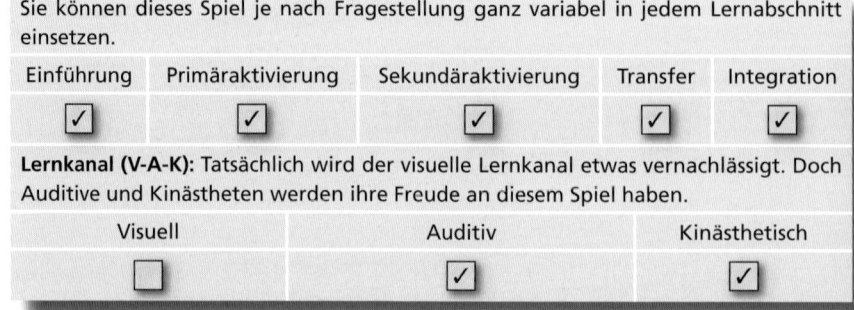

Arroganz und Überheblichkeit	⟹	Ecke rechts von der Tür.
Wutausbrüche und ähnliche cholerische Aktionen	⟹	Ecke links von der Tür
Belehrungen	⟹	Fensterecke rechts
Keines davon, sondern …	⟹	Fensterecke links

Ich kann die Teilnehmer nun befragen, was sich hinter ihren Antworten verbirgt. Woran zum Beispiel haben sie gerade gedacht, als sie ihre Position eingenommen haben?

55 Vier gewinnt

Claudia Grötzebach

Ziel
Das Ziel dieses Spieles ist es, in Form eines variierten Wettbewerbes in Kombination mit einem Strategiespiel Gelerntes aufzuarbeiten.

Ursprung/Quelle
Dieses Spiel geht zurück auf ein bekanntes Kaufspiel. Teilnehmer fanden eine überdimensionale Spielvariante in dem Hotel, wo das Seminar stattfand, und nutzten sie für eine Aufgabe, die ich ihnen gestellt hatte. Das fand ich so gut, dass ich diese Idee weiterentwickelte.

Lernstoff
Sie können bei diesem Spiel Lernstoff der verschiedensten Art bearbeiten, vor allem können Sie mit Fragen zum Lernstoff arbeiten. Dabei verdienen sich die Teilnehmer sozusagen das Recht, einen Spielstein zu setzen.

Anzahl der Teilnehmer
Zwei Personen pro Spiel, daher wird bei einer größeren Gruppe mit mehreren Paaren parallel gespielt.

Dauer
Bis zu 20 Minuten.

Umfang
Mindestens 16 Fragen oder Aufgaben.

Materialien und Vorbereitung

Sie brauchen für dieses Spiel ein Spielbrett mit 4 × 4 Feldern. Für jedes Spiel brauchen Sie 16 Spielsteine.

Eine einfache Tabelle, die Sie mit einem Schreibprogramm produzieren, bildet das Spielbrett. Diese Tabelle können Sie zudem nutzen, um die Spielsteine zu erstellen. Jeweils die Hälfte der Steine wird mit einem eigenen Symbol markiert, sodass jeder der Spieler weiß, welche Steine ihm gehören.

Beides – Spielbrett und Spielsteinvorlage – sollten Sie am besten laminieren; so halten die Spielvorlagen länger. Die Spielsteine können Sie anschließend zurechtschneiden. Und wenn Sie für jeden Spielsatz eine andere Farbe wählen, können Sie die Sätze gut auseinanderhalten.

Inhaltlich vorzubereiten sind Karten mit Fragen oder Aufgaben, die die Spieler bearbeiten müssen, bevor sie ihre Spielsteine platzieren dürfen. Sie brauchen mehr als 16 Aufgaben, da es immer mal passieren kann, dass eine nicht gelöst wird.

Materialien

- Ein oder mehrere Spielbretter mit 4 × 4 Feldern,
- 16 Spielsteine pro Spiel,
- Fragen beziehungsweise Aufgaben.

Ablauf und Spielregeln

Jedes Team erhält ein Spielbrett und einen Satz Spielsteine. Nun geht es darum, auf dem Spielbrett immer im Wechsel mit den Gegenspielern seine eigenen Spielsteine zu platzieren. Ziel dabei ist, vier Felder voll zu bekommen, also vier eigene Steine waagerecht, senkrecht oder diagonal in einer Reihe zu platzieren. So weit das Original. Nun aber kommt der zusätzliche Anspruch des Lernspiels, denn die Spielteilnehmer müssen sich das Recht verdienen, ihre Spielsteine zu setzen. Dazu gilt es, Aufgaben zu bearbeiten, die Sie vorbereitet haben. Ist die Aufgabe erfolgreich gelöst, dann können die Teilnehmer ihren Stein auf dem Spielbrett platzieren.

Die Aufgaben lassen sich sehr gut auf Karten notieren, die dann in einem Stapel oder einem Karteikasten den Spielern an die Hand gegeben werden. Sie können dabei ganz entspannt auf Aufgabenkarten zurückgreifen, die Sie auch in anderen Spielen verwenden.

Auswertung

Das Spiel sollte nicht nur im Hinblick auf die Frage ausgewertet werden, ob es als schwierig, interessant oder gewinnend oder dergleichen empfunden wurde. Es bietet auch die Möglichkeit, nicht beantwortete Fragen aufzugreifen und so Wissenslücken zu entdecken und zu schließen.

| Gefahren und Risiken | Dieses Spiel ermöglicht es, inhaltliche Schwächen durch strategisches Vorgehen aufzufangen. Wenn Teilnehmer inhaltlich schwächeln, werden sie allerdings leicht demotiviert. Im Zweifelsfall sollten Sie die Spielregeln situativ ändern. |

Niveau und Vorkenntnisse

☑ Anfänger ☑ Fortgeschrittene

Anwenden können Sie dieses Spiel auf allen Lernniveaus, da Sie es mit den Fragestellungen allen Niveaus anpassen können.

Es ist – meines Erachtens – weniger geeignet für eine thematische Einführung.

Schwierigkeitskontrolle

Bei diesem Spiel führe ich meistens keine Schwierigkeitskontrolle durch, da ich dem Schwierigkeitsgrad nach sehr unterschiedliche Fragen mische, sodass jeder eine leichte oder schwerere Aufgabe erwischen kann. Ich mische gerne Scherzfragen darunter, damit es nicht so ernst ist.

Raumbedarf

☑ Indoor ☑ Outdoor

Dieses Spiel ist an sich ein Spiel für drinnen, da die Gefahr besteht, dass die Spielmaterialen »vom Winde verweht werden«. Doch abgesehen davon können Sie es auch draußen spielen, wenn das Material es hergibt.

Lernprozess und Kreislaufabschnitt

Dieses Spiel ist gut geeignet vor allem für die Festigung, Wiederholung und Vertiefung des Lernstoffes zu einem späteren Zeitpunkt im Lernprozess, wenn erste Unsicherheiten im Thema überwunden sind.

Einführung	Primäraktivierung	Sekundäraktivierung	Transfer	Integration
☐	☐	☑	☑	☑

Lernkanal

Lernkanal (V-A-K): Bei diesem Spiel werden alle Lernkanäle aktiviert.

Visuell	Auditiv	Kinästhetisch
☑	☑	☑

Das Blankoformular für »Vier gewinnt« sieht bei mir folgendermaßen aus:

»Vier gewinnt«

Ziel dieses Spieles ist, sich durch die Bearbeitung von Aufgaben das Recht zu verdienen, einen eigenen Spielstein zu setzen.

Wenn Sie eine Längs-, Quer- oder Diagonallinie mit Ihren Spielsteinen gefüllt haben, rufen Sie »Vier gewinnt!«. Wenn Sie es als Erster schaffen, sind Sie der Gewinner.

56 Vom Setzer vergessen I

Claudia Grötzebach

Ziel	Bei diesem Spiel werden Vokabeln und Fachwörter gelernt oder wiederholt. Es ist seiner Natur nach auch ein Knobelspiel.
Ursprung/Quelle	Dieses Spiel habe ich als Scherzaktivität vor vielen Jahren in einer Zeitung unter einem ähnlichen Titel kennengelernt; später habe ich es in einer Fachvariante bei Gudrun Wallenwein (2003, S. 108) wiedergefunden.
Lernstoff	Mit diesem Spiel können Sie jede Art von Wortschatz bearbeiten: Vokabeln, Rechtschreibung oder Schreibweisen und Fachwörter. Dazu werden diese Wörter ohne Vokale geschrieben. Nun müssen die Teilnehmer die zugrunde liegenden Begriffe herausfinden.
Anzahl der Teilnehmer	Unbegrenzt; bei größeren Gruppen spielen Sie in mehreren Kleingruppen.
Dauer	Etwa 30 Minuten.
Umfang	5–25 Begriffe.

Materialien und Vorbereitung	Für dieses Spiel bereiten Sie Vokabeln, Fachbegriffe oder auch sonstige Begriffe des Lernstoffes vor, zum Beispiel, wenn Sie Rechtschreibübungen praktizieren wollen. In diesen Wörtern streichen Sie nun die Vokale. Schreiben Sie Konsonantenversion auf ein Flipchart oder auf Kartons, die Sie im Raum verteilen.

Schreiben Sie gut lesbar, am besten in Druckbuchstaben. Leichter wird es, wenn Sie mit Groß- und Kleinbuchstaben schreiben. Eine Auflösung ist nützlich und vermeidet peinliche Aussetzer.

Ein Teatimer oder eine Eieruhr ist nützlich, um die Spielzeit zu begrenzen.

Materialien

- Liste mit Vokabeln, Fachbegriffen ...,
- Kartons oder Flipchart,
- Teatimer oder Eieruhr,
- Auflösung.

Ablauf und Spielregeln

Sie können »Vom Setzer vergessen« als sanfte Variante spielen. Dazu präsentieren Sie die Vorlagen, zum Beispiel das Flipchart mit den Begriffen oder die Kartons, und lassen die Teilnehmer die Begriffe frei erknobeln.

Günstig ist es, eine maximale Knobelzeit anzugeben. Anschließend wird aufgelöst, was sich hinter den Konsonantenungetümen verborgen hat. Günstig ist es, jeden Teilnehmer einen Begriff nennen zu lassen und nicht nur einen (sehr erfolgreichen) Teilnehmer alle auflösen zu lassen.

Auswertung

Um das Spiel für den Lernprozess auszuwerten, frage ich, ob die Teilnehmer das Spiel als schwierig empfunden haben, ob alle Begriffe bekannt sind, wann und wo wir sie benutzt haben oder in welchem Zusammenhang die Teilnehmer diesen Begriff schon einmal erlebt haben. Das bietet zum Beispiel auch die Möglichkeit des Transfers in die Praxis. Dazu nutze ich in der Regel meine Beobachtungen, wie sich der Knobelprozess in den jeweiligen Gruppen gestaltet hat.

Varianten

- Statt die Vokale zu streichen, streichen Sie die Konsonanten. Das ist oft schwieriger als die Ursprungsversion. Diese Variante empfiehlt sich nur bei Wiederholungen, also wenn der Lernstoff sich schon etwas gefestigt hat.
- Machen Sie aus der sanften Originalübung einen Wettbewerb. Dazu bilden Sie zwei oder mehrere Kleingruppen und lassen die Gruppen gegeneinander spielen. Sie können eine Zeitbegrenzung angeben (Eieruhr stellen) oder nach Bingo-Manier die Gruppe, die alle Begriffe gelöst zu haben glaubt, »Bingo!« (oder Ähnliches) rufen lassen. Kleine Gewinne, zum Beispiel das Verteilen von Süßigkeiten, können eine nette Motivation sein.

- Sie arbeiten nicht nur mit Begriffen, sondern auch mit Wortkombinationen oder Sätzen.

Gefahren und Risiken

Körperliche Risiken gibt es bei diesem Spiel nicht. Doch bei Gruppen, in denen einzelne Teilnehmer sehr leistungsstark sind, kommt – wie so oft im Unterricht, wo immer dieselben zu Wort kommen – auch bei diesem Spiel bei manchen das Gefühl auf, dass sie nicht ausreichend zum Zuge kommen. Daher sollten Sie beim Auflösen der Konsonantenungetüme darauf achten, dass jeder Teilnehmer ein Wort auflöst, und sich so durch die Gruppe arbeiten. Fragen Sie, wer wie viele Begriffe geknackt hat. Ich frage oft: »Wer hat ein Wort gefunden?«, »Wer hat zwei Wörter gefunden?«, »Wer drei …?« Dann sind die Teilnehmer mit der geringsten Anzahl von Begriffen zuerst an der Reihe und so können sie zeigen, was sie können. Erst später kommen die mit der höheren Trefferzahl dran. So werden alle motiviert und mit ihren Leistungen gewürdigt.

Niveau und Vorkenntnisse   ✓ Anfänger   ✓ Fortgeschrittene

Schwierigkeitskontrolle

Dieses Spiel ist einfach, wenn Sie die Ursprungsversion nutzen. Je länger die Begriffe, desto schwieriger wird es.

Raumbedarf   ✓ Indoor   ✓ Outdoor

Dieses Spiel wird – wie die meisten anderen auch – komfortabler drinnen gespielt, doch sie können es auch, zum Beispiel bei schönem Wetter, nach draußen verlegen.

Tipps   Auch hier sollten Sie Längen in der Moderation vermeiden.

Lernprozess und Kreislaufabschnitt	Dieses Spiel können Sie sehr variabel einsetzen. Als leichte Variante können Sie es zum Beispiel als Einführung in ein Thema einsetzen oder als erste Festigung des Gelernten.

Als schwierigere Variante bietet es sich als Festigungs- und Bearbeitungsmöglichkeit an, wenn der Lernstoff sich bereits gesetzt hat.

Und schließlich ist es nützlich, wenn Sie zum Abschluss eines Tages, Seminares oder Lernzyklus eine globale Wiederholung brauchen.

Einführung	Primäraktivierung	Sekundäraktivierung	Transfer	Integration
✓	✓	✓	✓	✓

Lernkanal

Lernkanal (V-A-K): Dieses Spiel bietet allen Lernkanälen etwas, es gibt viel zu schauen, man muss – insbesondere wenn Sie in Kleingruppenübungen spielen lassen – intensiv reden, und jeder hat etwas zu tun.

Visuell	Auditiv	Kinästhetisch
✓	✓	✓

Beispiel

»Vom Setzer vergessen« zum Thema »Schlagfertigkeit«:

Originaler Schlüsselbegriff	Präsentierter Schlüsselbegriff
Souveränität	SVRNTT
Gelassenheit	GLSSNHT
Strategien	STRTGN
Hampelmann	HMPLMNN
Ärgernis	RGRNS
Selbstverteidigung	SLBSTVRTDGNG
Rache	RCH
Zielorientierung	ZLRNTRNG
Kooperation	KPRTN

57 Vom Setzer vergessen II

Claudia Grötzebach

| Ziel | Bei diesem Spiel werden Vokabeln und Fachwörter gelernt oder wiederholt. Es ist seiner Natur nach ein Knobelspiel, bei dem Vokale beziehungsweise Wörter vervollständigt werden müssen. |

Ziel Bei diesem Spiel werden Vokabeln und Fachwörter gelernt oder wiederholt. Es ist seiner Natur nach ein Knobelspiel, bei dem Vokale beziehungsweise Wörter vervollständigt werden müssen.

Ursprung/Quelle Dieses Spiel habe ich unter dem Titel »Selbstlautlos II« bei Gudrun Wallenwein (2003, S. 120) kennengelernt. Es ähnelt sehr dem »Vom Setzer vergessen«, doch da sich etliche Unterschiede in der Durchführung ergeben, habe ich es als eigenständige Variante aufgenommen.

Lernstoff Mit diesem Spiel können Sie jede Art von Wortschatz bearbeiten: Vokabeln, Rechtschreibung oder Schreibweisen und Fachwörter. Dazu werden diese Wörter ohne Vokale geschrieben. Nun müssen die Teilnehmer die zugrunde liegenden Begriffe herausfinden.

Anzahl der Teilnehmer Unbegrenzt, doch gespielt wird in Paaren.

Dauer In der Regel 30–45 Minuten.

Umfang 10 Begriffe.

| Materialien und Vorbereitung | Diese Spielvariante braucht ausgesprochen wenig Vorbereitungszeit. Damit haben Sie aber auch weniger Einfluss auf die Inhalte. Sie brauchen eine Vorlage mit drei Spalten à maximal zehn Zeilen – für jeden Spieler ein Exemplar. |

Materialien

> ● Vorlage mit drei Spalten à zehn Zeilen.

Ablauf und Spielregeln

Zu Beginn des Spiels verteilen Sie an jeden Teilnehmer eine Vorlage. Nun suchen die Teilnehmer aus dem Lernstoff zehn Begriffe heraus, die sie in die erste Spalte schreiben.

Anschließend werden die Vokale aus den Begriffen gestrichen und die verbleibenden Konsonantenansammlungen in die zweite Spalte geschrieben. Jetzt wird die erste Spalte weggeknickt, sodass der Spielpartner die Originalbegriffe nicht lesen kann. Dieser muss jetzt die den ursprünglichen Begriffe erknobeln.

Günstig ist es, eine maximale Knobelzeit anzugeben.

Auswertung

Um das Spiel für den Lernprozess auszuwerten, frage ich zum einen, welche Begriffe die Teilnehmer nicht geknackt haben. Diese Begriffe bearbeite ich dann im Plenum.

Zum anderen greife ich zu den üblichen Auswertungsfragen, ob die Teilnehmer das Spiel als schwierig empfunden haben, ob alle Begriffe bekannt sind, wann und wo wir sie benutzt haben oder in welchem Zusammenhang die Teilnehmer diesen Begriff schon einmal erlebt haben. Das erleichtert häufig auch den Transfer in die Praxis.

Varianten

- Statt die Vokale zu streichen, streichen Sie die Konsonanten. Das ist oft schwieriger als die Ursprungsversion.
- Machen Sie aus der sanften Knobelübung einen Wettbewerb. Dazu bilden Sie zwei Teams und lassen die Gruppen gegeneinander spielen. Sie können eine Zeitbegrenzung angeben (Eieruhr stellen) oder nach Bingo-Manier die Gruppe, die alle Begriffe gelöst zu haben glaubt, »Bingo!« (oder Ähnliches) rufen lassen. Kleine Gewinne – zum Beispiel Süßigkeiten – erhöhen die Motivation.
- Sie arbeiten nicht nur mit Begriffen, sondern zusätzlich mit Wortkombinationen oder Sätzen. In diesem Fall ist es allerdings sinnvoll, die Zahl der Begriffe auf weniger als zehn zu begrenzen, da das Knobeln dadurch wesentlich länger dauert.

	Beobachten Sie die Paare. Wenn Sie merken, dass einzelne Teilnehmer Schwierigkeiten haben, sollten Sie ihnen helfen.
Gefahren und Risiken	

Niveau und Vorkenntnisse ☑ Anfänger   ☑ Fortgeschrittene

Schwierigkeitskontrolle Da Sie die Auswahl der Begriffe an die Teilnehmer delegiert haben, entfällt die Schwierigkeitskontrolle.

Raumbedarf ☑ Indoor   ☑ Outdoor
Dieses Spiel lässt sich – wie die meisten anderen auch – komfortabler drinnen spielen, doch sie können es auch, zum Beispiel bei schönem Wetter, nach draußen verlegen.

Lernprozess und Kreislaufabschnitt

Dieses Spiel können Sie sehr variabel einsetzen. Als leichte Variante eignet es sich zum Beispiel als Einführung in ein Thema oder als erste Festigung des Gelernten. Als schwierigere Variante bietet es sich als Festigungs- und Bearbeitungsmöglichkeit an, wenn der Lernstoff sich bereits gesetzt hat. Und schließlich ist es nützlich, wenn Sie zum Abschluss eines Tages, Seminars oder Lernzyklus eine globale Wiederholung brauchen.

Einführung	Primäraktivierung	Sekundäraktivierung	Transfer	Integration
☑	☑	☑	☑	☑

Lernkanal

Lernkanal (V-A-K): Dieses Spiel bietet allen Lernkanälen etwas: Es gibt viel zu schauen – insbesondere wenn Sie in Kleingruppenübungen spielen lassen –, man muss intensiv reden und jeder hat etwas zu tun.

Visuell	Auditiv	Kinästhetisch
☑	☑	☑

Beispiel Von Teilnehmern eines meiner Seminare wurden die folgenden Begriffe festgelegt:

Vom Setzer vergessen II

REAKTIONEN	R KTNN
RACHE	R CH
BREITEN	BRTN
SCHOCKZUSTAND	SCH CKZSTND
HILFLOSIGKEIT	HLFLSGKT
FRUSTRATIONEN	FRSTRTNN
MUT	MT
NONAGGRESSIVITÄT	NNGGRSSVTT
INTERESSEN	NTRSSN
SOUVERÄNITÄT	SVRNTT

58 Was fehlt?

Claudia Grötzebach

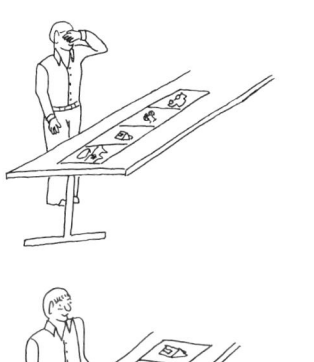

Ziel	Bei diesem Spiel werden die Beobachtungsgabe und das Gedächtnis der Teilnehmer trainiert.
Ursprung/Quelle	Das Spiel basiert auf einem Kaufspiel des gleichen Namens. Das Original arbeitet mit Bildern.
Lernstoff	Sie können alle Lernstoffe mit diesem Spiel bearbeiten.
Anzahl der Teilnehmer	1–4 Personen pro Spiel; Sie arbeiten mit mehreren Kleingruppen parallel.
Dauer	Am besten, Sie begrenzen die Zeit.
Umfang	1–4 oder variable Kartenmengen, je nach Anspruch.
Materialien und Vorbereitung	Sie brauchen Kartensätze mit Wort- und/oder Bildkarten zum Unterrichts- beziehungsweise Seminarinhalt. Gespielt wird an Tischen in Kleingruppen von maximal vier Personen. Vor Spielbeginn sollten Sie je nach Teilnehmerzahl Kleingruppen bilden.

Materialien	<table><tr><td>●</td><td>Ein bis vier Kartensätze, je nach Gruppengröße.</td></tr><tr><td>●</td><td>Ein bis vier Tische, je nach Gruppengröße.</td></tr></table>

Ablauf und Spielregeln

»Was fehlt?« ist ein Spiel, bei dem üblicherweise mit Bildern gearbeitet wird. Karten werden zunächst ausgelegt und dann aufgedeckt. Der erste Spieler schließt die Augen für einige Sekunden (zum Beispiel 30), während die anderen Spieler die Kartenfolge oder Kartenzusammensetzung verändern. Der Spieler muss nun herausfinden, was sich verändert hat. Bei der Lernfassung kann es sich um Bild- oder Wortkarten handeln.

Steigern Sie den Schwierigkeitsgrad je nach Gruppe beziehungsweise Leistung. Beginnen Sie zum Beispiel mit ein bis vier oder ein bis fünf Karten. Variieren Sie dann zum Beispiel mit zweimal vier oder zweimal fünf oder mehr Karten.

Auswertung

Bei diesem Spiel frage ich nicht nur allgemein danach, wie meine Teilnehmer es empfunden haben, sondern auch, ob allen alle Begriffe noch klar waren. Daraus ergeben sich oft interessante Rückblicke auf den Tag, die Lerneinheit oder gar das Seminar als Ganzes.

Varianten

- Machen Sie aus dem Spiel einen Wettbewerb.
- Legen Sie der Gruppe unterschiedliche Gegenstände vor. Nach einer vorgegebenen Zeit schließen alle die Augen. Entfernen Sie jetzt einen Gegenstand. Anschließend dürfen alle wieder ihre Augen öffnen und raten, welcher Gegenstand fehlt.

Gefahren und Risiken

Mir sind keine bekannt.

Niveau und Vorkenntnisse

☑ Anfänger   ☑ Fortgeschrittene

Schwierigkeitskontrolle

Es ist eigentlich keine notwendig. Aber Sie können es natürlich zunächst einmal selbst ausprobieren. Legen Sie Ihr Beispiel mit zwei Varianten auf, decken Sie die beiden unteren Varianten ab. Nehmen Sie dazu am besten zwei Blätter. Dann schauen Sie 10, 20 oder 30 Sekunden auf die obersten Beispielabbildungen und prägen sich diese ein. Schließen Sie nun die Augen und verschieben Sie jetzt das mittlere Blatt auf das obere Beispiel. Was hat sich verändert? Versuchen Sie es dann mit der dritten Reihe. Je besser Ihre Gedächtnisleistung, mit desto mehr Karten können Sie arbeiten.

Raumbedarf ☑ Indoor   ☐ Outdoor

Wenn Sie mit Karten arbeiten, ist es besser, drinnen zu spielen. Mit Gegenständen eignet sich das Spiel auch gut für draußen.

Tipps Bei diesem Spiel spielt weniger die Auswertung, sondern vor allem die gute Einführung eine Rolle. »Was fehlt?« ist ein gutes Gedächtnistraining für Gelerntes. Unter diesem Aspekt sollten Sie diese Übung zum Beispiel als Wiederholung durchführen.

Wenn möglich entwickeln sie Bildkarten. Mit denen arbeitet es sich angenehmer.

Lernprozess und Kreislaufabschnitt

Das Spiel eignet sich als erste Festigung und unveränderte Wiederholung, vor allem, wenn Sie viele Sachinfos vermittelt haben.

Es bietet sich aber gleichermaßen für Wiederholungen nach einer längeren Pause oder am Ende einer Unterrichtssequenz beziehungsweise eines Seminares, einer Einheit eines Tages an.

Einführung	Primäraktivierung	Sekundäraktivierung	Transfer	Integration
☐	☑	☐	☐	☑

Lernkanal **Lernkanal (V-A-K):** Das Spiel bietet vor allem dem visuellen und dem kinästhetischen Kanal etwas. Bilder oder Wortkarten sind zu beobachten und es sind visuelle Informationen genau aufzunehmen.

Visuell	Auditiv	Kinästhetisch
☑	☐	☑

Beispiel Für dieses Beispiel habe ich einfach die Karten des »Lern-Mau-Mau« für mein Schlagfertigkeitstraining genommen und als Bild-/Wortkarten für das »Was fehlt?« eingesetzt. Das spart die Arbeit, zusätzliche Karten anzufertigen. Wahlweise können Sie ebenso gut Memorykarten nehmen.

Original:

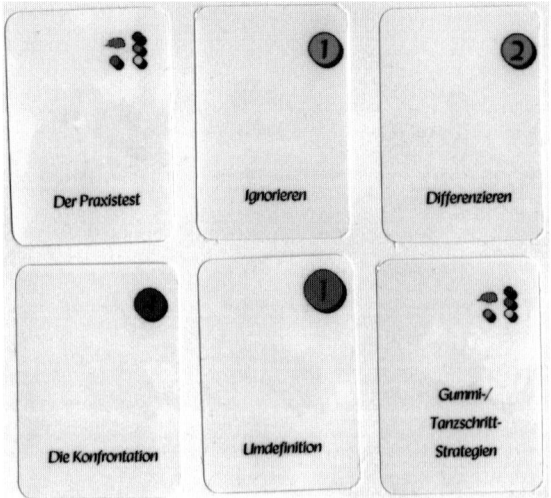

Variation 1:

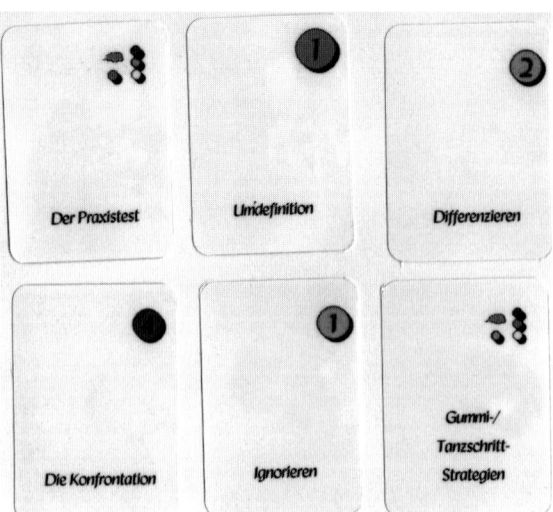

Variation 2:

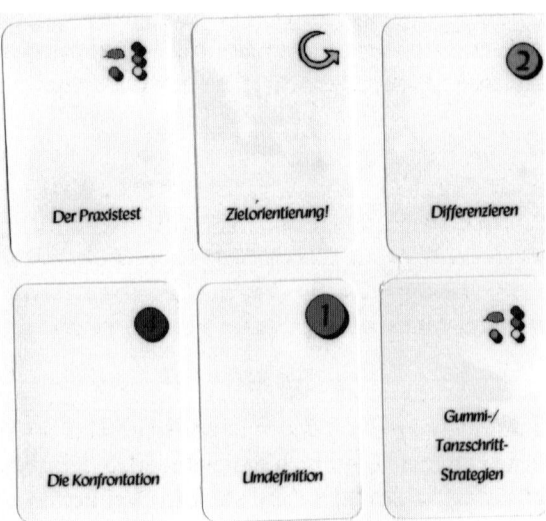

Lösung:
- Variation 1: Kartentausch/Platztausch in Spalte 2
- Variation 2: Eine Karte wurde ersetzt in Spalte 2

59 Wer (oder was) bin ich?

Claudia Grötzebach

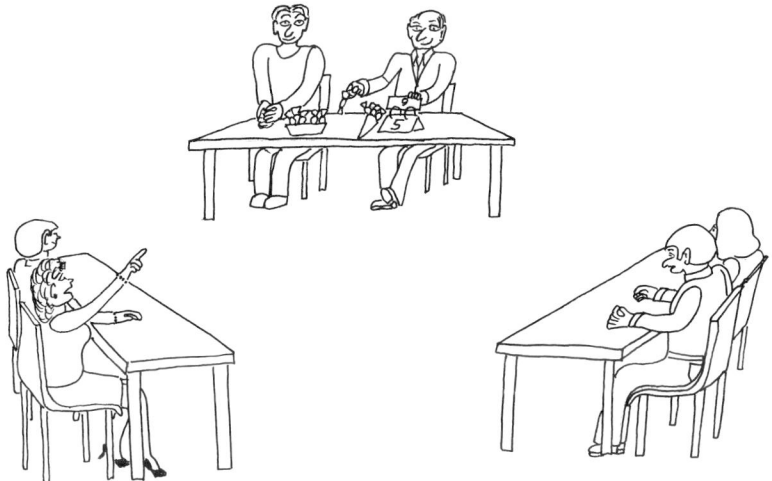

Ziel »Wer (oder was) bin ich?« ist ein Ratespiel, bei dem sich die Teilnehmenden intensiv mit dem Gelernten auseinandersetzen müssen, um die Rätsel zu lösen.

Ursprung/Quelle Dieses Spiel geht auf das Fernsehquiz »Wer bin ich?« mit Robert Lembke zurück. Im Original spielte ein Team aus vier oder fünf Ratefüchsen gegen den Moderator und eine Person, deren Beruf zu erraten war. Nur eine typische Handbewegung gab den Ratenden einen Hinweis. Ihre Fragen mussten so gestellt sein, dass die Person oder der Moderator nur mit »Ja« oder »Nein« antworten konnten.

Lernstoff Es gibt nicht viele Lernspiele und -übungen, mit denen Personen und Ereignisse in Erinnerung gerufen werden können. Dieses Quiz ist wunderbar geeignet, um derartigen Lernstoff zu bearbeiten. Lassen Sie mit diesem Spiel Personen erraten, werden ganz nebenbei durch die Fragen und Hintergrundüberlegungen noch andere, begleitende Informationen thematisiert. Es kann sich dabei um historische Persönlichkeiten oder auch um Erfinder, Entwickler und ähnlich wegweisende Persönlichkeiten bei der Entwicklung eines Produktes, einer Entdeckung oder eines Genres handeln.

Anzahl der Teilnehmer

Üblicherweise wird dieses Spiel mit bis zu vier einzelnen Ratefüchsen und einer zu erratenden Persönlichkeit durchgeführt. Bei größeren Gruppen bilden Sie am besten Rateteams oder Sie arbeiten parallel.

Dauer

Das Spiel dauert ohne Vorbereitung etwa eine halbe bis Dreiviertelstunde. Für das Einlesen und ähnliche Vorbereitungen müssen Sie etwa eine halbe Stunde Vorbereitungszeit rechnen.

Vorab sollten Sie Informationen zu Personen und Lebensläufen zusammengetragen haben.

Umfang

Vorzubereiten sind etwa vier bis sechs zu erratende Persönlichkeiten. Dabei ist es günstig, ein paar Lebensläufe mehr zur Verfügung zu stellen, damit die zu Erratenden sich »ihre« Persönlichkeit aussuchen können.

Materialien und Vorbereitung

Zunächst gilt es, aus dem Lernstoff wichtige Personen herauszupicken und ihre Lebensläufe in komprimierter Form zusammenzustellen. Es sollten so etwa vier bis sechs Personen mit ihren Kurzdarstellungen vorbereitet werden. Zu jeder Person ist eine Art »sprechendes Accessoire« zur Verfügung zu stellen. Was Sie dazu für sinnvoll halten, kann höchst unterschiedlich sein, für den zu ratenden Konfuzius zum Beispiel könnten Sie »Ahnentafeln« oder auch Musikinstrumente wählen, da beides für seine Lehre von Bedeutung ist. Alternativ können Sie diese Personen mit ihren Lebensläufen von den Teilnehmern vorbereiten lassen, dann aber nicht von der Gesamtgruppe, sondern der Teilgruppe, die diese Personen später auch verkörpern soll.

Bereiten Sie dann den Raum vor. Ein Moderatorentisch sollte vorne stehen, dahinter zwei Stühle, einen für die zu erratende Person, der andere für Sie, den Moderator. Je nachdem, ob Sie mit einer maximalen Anzahl Fragen oder einer Zeitbegrenzung arbeiten wollen, stellen Sie Schilder mit Ziffern (je nach maximaler Fragenanzahl) oder eine Eieruhr beziehungsweise einen Teatimer auf den Tisch.

Kleine Geschenktüten und ein Korb mit Süßigkeiten können die Dekoration komplettieren. Bei jedem »Nein« als Antwort auf eine Frage wandert eine Süßigkeit in eine Geschenktüte für die zu erratende Person.

Die Rateteams sitzen in ihren Gruppen zusammen in einem Halbrund um die Moderation herum, sodass sich alle gut sehen und hören können.

Mit einem Gong oder einer Glocke können Sie die offizielle Ratezeit für alle hörbar und unmissverständlich beenden.

Materialien	• Vier bis sechs Persönlichkeiten beziehungsweise deren Lebensläufe,
	• passende aussagekräftige Accessoires oder Zeichnungen,
	• Moderatorentisch mit zwei Stühlen,
	• Ziffernkarten oder Eieruhr/Teatimer,
	• Geschenktüten,
	• Korb mit Süßigkeiten,
	• Teilnehmertische und -stühle,
	• gegebenenfalls Gong oder Glocke.

Ablauf und Spielregeln

Parallel stellen Sie eine weitere Gruppe zusammen, die die zu ratenden Persönlichkeiten oder Ereignisse darstellen. Jedes Mitglied der letztgenannten Gruppe stellt eine Persönlichkeit des Lernstoffes dar. Jeder erhält Informationen zu der Person, die er verkörpern soll (sofern die Gruppe das nicht selbst vorbereitet hat), sodass er aufkommende Fragen entsprechend beantworten kann. Bei Unklarheit über die richtige Antwort dürfen Sie als Moderator natürlich bei der Beantwortung helfen. Günstig ist es, wie seinerzeit bei Robert Lembke, die Anzahl der Fragen zu begrenzen, zum Beispiel auf zehn »Neins«, oder mit einer maximalen Gesamtspielzeit pro Person zu arbeiten. Reizvoll ist es, wie Robert Lembke mit einem Schwein (»Welches Schweinderl hätten Sie denn gern?«) pro Persönlichkeit zu arbeiten, da so der Wettbewerbscharakter betont wird. Zum Beispiel könnten Sie in eine Geschenktüte Süßigkeiten deponieren. Die zu erratende Person darf sich dann eine der Geschenktüten auswählen. (»Welches Tüterl hätten Sie denn gern?«)

Zu Beginn des Spieles losen Sie am besten aus, welches Team das Spiel beginnen darf. Dann nehmen alle ihre Plätze ein. Das erste Rateteam stellt seine Frage. Ist die Antwort ein »Ja«, darf es seine zweite Frage stellen, bis es das erste »Nein« erhält. Dann wandert das Fragerecht weiter an das nächste Team, bis das sein erstes »Nein« als Antwort erhält. Ein Auflösen ist jedem Rateteam jederzeit erlaubt.

Natürlich kann es passieren, dass eine der zu erratenden Personen nicht herausgefunden wird. Ist die maximale Fragenzahl erreicht oder die maximale Ratezeit abgelaufen, dann lösen Sie das Rätsel. Ist das Rätsel gelöst, beenden Sie diese Ratephase offiziell mit einem Gong oder Glockenschlag.

Sind alle zu erratenden Personen gefunden, endet das Spiel.

Auswertung

Wichtig ist mir zu erfahren, wie die Teilnehmer das Spiel empfunden haben und was alles an Gelerntem durch das Spiel wieder aktualisiert wurde. So wird der Lerneffekt durch das Spiel betont.

Je nach Gruppe und Ablauf, in jedem Fall aber wenn eine Person nicht erraten wurde, löse ich das Rätsel auf. Dabei lasse ich die Person, die nicht erraten wurde, noch einmal etwas von ihrer Persönlichkeit darstellen (anhand des Lebenslaufes), diskutiere in der Gruppe darüber und arbeite so das Defizit unauffällig auf.

Varianten	• Sie spielen wie die Fernsehfassung, doch vor Publikum. Das heißt, es spielt nicht die ganze Gruppe.
	• Sie fragen statt nach Personen nach Ereignissen oder Begriffen.

Gefahren und Risiken   Es gilt nur darauf zu achten, dass sich das Spiel nicht hinzieht und Langeweile aufkommt.

Niveau und Vorkenntnisse   ☑ Anfänger   ☑ Fortgeschrittene

Schwierigkeitskontrolle   Es ist normalerweise keine notwendig.

Raumbedarf   ☑ Indoor   ☐ Outdoor
Die akustischen Bedingungen sind drinnen meist besser.

Tipps   Bei diesem Lernquiz arbeitet es sich bei größeren Gruppen schlecht mit Einzelpersonen, die raten dürfen, da sie zu lange warten müssten, bis sie wieder an die Reihe kommen. Also bilden Sie am besten vier bis fünf Rateteams, die gegeneinander spielen. Diese dürfen sich selbstverständlich intern über die zu stellenden Fragen beraten.

Eine gute Moderation mit heiteren Sprüchen und netten Kommentaren zu den Rateleistungen kann den Spielcharakter nur unterstützen und das Ganze dynamischer machen. Sie können die zu erratenden Personen durch kurze, witzige Charakterisierungen der Gruppe quasi als witzige Wiederholung präsentieren.

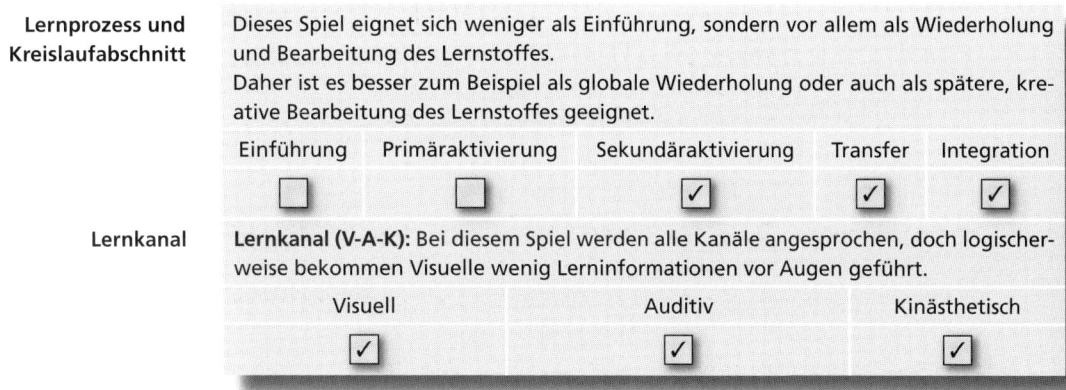

	Einführung	Primäraktivierung	Sekundäraktivierung	Transfer	Integration
Lernprozess und Kreislaufabschnitt	Dieses Spiel eignet sich weniger als Einführung, sondern vor allem als Wiederholung und Bearbeitung des Lernstoffes. Daher ist es besser zum Beispiel als globale Wiederholung oder auch als spätere, kreative Bearbeitung des Lernstoffes geeignet.				
	☐	☐	✓	✓	✓

Lernkanal

Lernkanal (V-A-K): Bei diesem Spiel werden alle Kanäle angesprochen, doch logischerweise bekommen Visuelle wenig Lerninformationen vor Augen geführt.

Visuell	Auditiv	Kinästhetisch
✓	✓	✓

Beispiel

Zum Thema »Rhetorik« lassen sich berühmte Redner darstellen.

Frager 1:	»Sind Sie ein Zeitgenosse?«
Antwort 1:	»Nein.«
Frager 2:	»Sind Sie ein Redner der Antike?«
Antwort 2:	»Ja.«
Frager 2:	»Stammen Sie aus der Zeit vor oder nach Christus?«
Antwort 3:	»Bitte formulieren Sie die Frage um.«
Frager 2:	»Stammen Sie aus der Zeit vor Christus?«
Antwort 4:	»Ja.«
Frager 2:	»Sind Sie griechischer Nationalität?«
Antwort 5:	»Nein.«
Frager 3:	»Sie sind also kein griechischer Redner aus der Zeit vor Christus?«
Antwort 6:	»Nein.«
Frager 4:	»Dann sind Sie ein römischer Redner?«
Antwort 7:	»Ja.«
Frager 4:	»Sind Sie auch als Schriftsteller bekannt?«
Antwort 8:	»Ja.«
Frager 4:	»Sind Sie vielleicht auch als Anwalt tätig gewesen?«
Antwort 9:	»Ja.«
Frager 4:	»Sind Sie vielleicht Cicero?«
Antwort 10:	»Ja.«

Jetzt kann sich eine Wiederholung des Dialoges und der Fragetechnik anschließen, Sie können den Lebenslauf der Person noch einmal aufarbeiten und Ähnliches mehr.

60 Wer wird Lern-Millionär?

Claudia Grötzebach

Ziel Bei »Wer wird Lern-Millionär?« wird der Lernstoff in einem spannenden Ratespiel bearbeitet. Da das Spiel mit witzigen Alternativen arbeitet, kann es auch einen hohen Unterhaltungswert entwickeln – je nach Gestaltung.

Ursprung/Quelle Das Spiel kennen Sie sicher durch die bekannte Fernsehsendung »Wer wird Millionär?« mit Günter Jauch. Es ist an sich schon ein spannendes Lernspiel, das Sie nur auf Ihre Bedürfnisse zuzuschneiden brauchen.

Lernstoff Bearbeitet werden kann damit jeglicher Lernstoff.

Anzahl der Teilnehmer 4–16 Teilnehmer, Sie können mit Einzelspielern, Paaren, Kleingruppen oder dem Plenum arbeiten.

Dauer 20–60 Minuten.

Umfang 10–30 Fragen.

Materialien und Vorbereitung	Sie brauchen zunächst eine Liste mit Fragen und je vier Antwortalternativen pro Frage. Auf einem Flipchart mit ausreichend vielen Blättern notieren Sie die Fragen und Antworten. Mit einer Eieruhr oder einem Teatimer können Sie die Antwortzeiten gegebenenfalls stoppen.

Materialien	<ul><li>Flipchart,</li><li>die beschrifteten Charts,</li><li>Eieruhr sowie</li><li>die Fragenliste.</li></ul>

Ablauf und Spielregeln	Bei »Wer wird Millionär?« werden den Spielern Wissensfragen gestellt und jeweils vier Antwortalternativen zur Auswahl angeboten. Drei sind falsch und eine ist richtig. Dieses Prinzip wird in der Lernfassung ebenso angewandt.

Am besten schreiben Sie Ihre Fragen auf Flipcharts und platzieren die Antworten darunter. Die Spieler müssen dann laut denken und die richtigen Antworten dank ihres Wissens beziehungsweise dank eines logischen Denkprozesses beantworten. Für jede richtige Antwort gibt es einen Punkt. Meist macht das Spiel schon in der Plenumsfassung, bei der jeder mitraten kann, wie er Lust hat, so viel Spaß, dass es keine besonderen weiteren Anregungen braucht.

Je nach Gruppe sollten Sie mit einer begrenzten Antwortzeit spielen.

Auswertung	Ähnlich wie bei Günter Jauch empfiehlt sich eine Aufklärung nach jeder Frage, egal ob sie richtig oder falsch beantwortet wurde.

Variante	<ul><li>Sie können auch in Teams spielen beziehungsweise einen Wettbewerb veranstalten. Sie wechseln zum Beispiel die Teams: mal darf »A«, mal »B« antworten. Weiß »A« die Antwort nicht, dann hat »B« eine Chance, die Frage richtig zu beantworten und so weiter.</li><li>Sie können es über die Spielregeln auch darauf anlegen, dass bewusst die falschen Antworten gegeben werden sollen.</li></ul>

Gefahren und Risiken	Sie sollten darauf achten, dass das Spiel nicht zu lange dauert.

Niveau und Vorkenntnisse	☑ Anfänger ☑ Fortgeschrittene »Wer wird Lern-Millionär?« ist gut an alle Lernniveaus anpassbar.

Schwierigkeitskontrolle	Normalerweise ist keine nötig.

Raumbedarf	☑ Indoor ☐ Outdoor

Tipps	Eine humorvolle Moderation und witzige Antwortalternativen geben dem Ganzen eine besondere Note.

Lernprozess und Kreislaufabschnitt	»Wer wird Lern-Millionär?« kann auf sehr unterschiedlichen Niveaus gespielt werden. Daher ist es sowohl für eine Einführung als auch für eine erste unveränderte Wiederholung des Lernstoffes und zudem für eine variierte Fassung geeignet. Es bildet außerdem einen schönen Abschluss am Ende einer Unterrichtssequenz oder eines Seminars oder Tages.

Einführung	Primäraktivierung	Sekundäraktivierung	Transfer	Integration
✓	✓	✓	☐	✓

Lernkanal	**Lernkanal (V-A-K):** Angesprochen werden bei diesem Spiel alle Lernkanäle, sowohl der visuelle als auch der auditive und kinästhetische.

Visuell	Auditiv	Kinästhetisch
✓	✓	✓

Beispiel	Dieses Beispiel stammt aus meinem Schlagfertigkeitstraining:

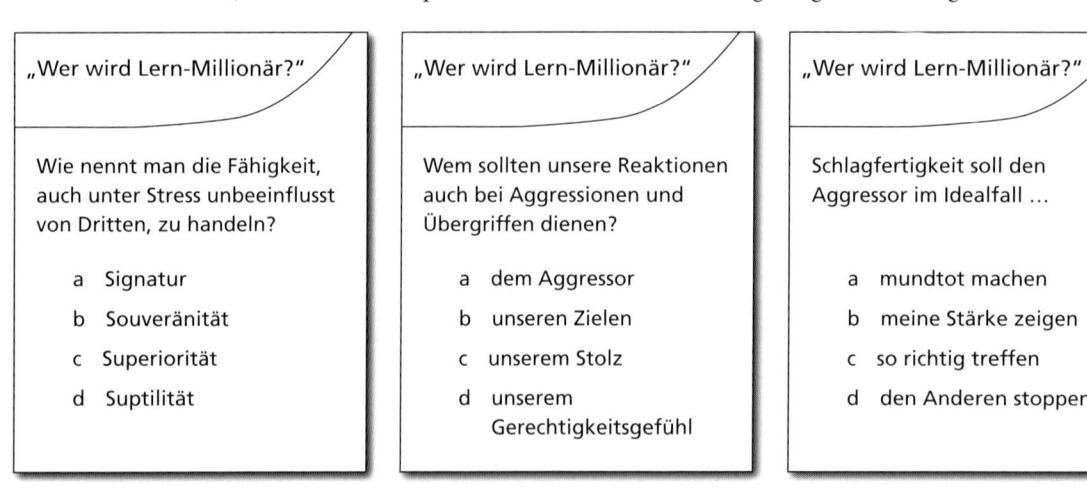

„Wer wird Lern-Millionär?"

Wie nennt man die Fähigkeit, auch unter Stress unbeeinflusst von Dritten, zu handeln?

- a Signatur
- b Souveränität
- c Superiorität
- d Suptilität

„Wer wird Lern-Millionär?"

Wem sollten unsere Reaktionen auch bei Aggressionen und Übergriffen dienen?

- a dem Aggressor
- b unseren Zielen
- c unserem Stolz
- d unserem Gerechtigkeitsgefühl

„Wer wird Lern-Millionär?"

Schlagfertigkeit soll den Aggressor im Idealfall …

- a mundtot machen
- b meine Stärke zeigen
- c so richtig treffen
- d den Anderen stoppen

61 Wissensrallye

Claudia Grötzebach

Ziel Bei der Wissensrallye geht es darum, Gelerntes mit einem Abenteuer-Bewegungsspiel zu wiederholen, zu vertiefen und weiterzudenken. Gerade wenn Sie die Wissensrallye auf ein bestimmtes Thema auslegen, bieten Sie einen hohen Praxistransfer von bislang nur theoretisch Gelerntem.

Ursprung/Quelle Dieses Spiel habe ich als Kind einmal erlebt und war seither fasziniert von diesem anspruchsvollen und aufregenden Erlebnis. Als ich dann im Rahmen meiner Tätigkeit als Trainerin mit dem Einsatz von Spielen in Kontakt kam, fiel mir die Wissensrallye wieder ein. Sie wird manchmal auch im Schulunterricht eingesetzt. In Hongkong zum Beispiel sieht man immer wieder Kinder mit solchen Aufgaben betraut.

Ich habe mich, da ich mich an den Ablauf nicht mehr richtig erinnern konnte, an einer Beschreibung von Frank Elstner (»Schatzsucherspiel«, 1979, S. 121) orientiert.

Lernstoff In dieses Spiel lässt sich der unterschiedlichste Lernstoff einbringen, doch ich persönlich finde es besonders effektiv, wenn bei der Wissensrallye die Aufgabe und die Suchstationen inhaltlich verknüpft werden. Das ist zum Beispiel der Fall, wenn die sie bei der Ausbildung von Mitarbeitern, im Geografieunterricht oder im Geschichtsunterricht eingesetzt wird. Jedoch – Sie müssen das inhaltlich nicht so streng handhaben.

Anzahl der Teilnehmer

Die Anzahl der Teilnehmer ist variabel. Eine Faustregel ist, dass mindesten zwei, besser drei bis vier Teilnehmer ein Team bilden. Sie brauchen mindestens zwei Teams. Also können sie theoretisch ab vier bis zu – so Frank Elstner – 100 Teilnehmern spielen. Doch interessanter wird es, wenn es sich nur um drei oder vier Teams handelt.

Dauer

Dieses Spiel braucht Zeit und Sie sollten, je nach Variante, schon zwischen zwei Stunden und einem Tag einplanen, je nach Umfang und Komplexität.

Umfang

Sie brauchen – so meine Erfahrung – vier bis zehn Aufgaben.

Materialien und Vorbereitung

Die Vorbereitung dieses Spiels ist aufwendig. Sie brauchen in der Regel vier bis zehn Aufgaben, die Ihre Teams zu erfüllen haben.

Darüber hinaus müssen Sie den Zeitbedarf für die Erfüllung der Aufgaben einschätzen können. Das heißt, Sie sollten selbst den Weg zu den einzelnen Stationen der Wissensrallye (entsprechend der Anzahl der Aufgaben) abgehen und nach einem Versteck oder einer Depotmöglichkeit für die Aufgaben suchen. Diese ist präzise zu beschreiben, ebenso der Weg zu den einzelnen Stationen. Überdies gilt es, die Zeit zu veranschlagen, die zur Lösung der eigentlichen Aufgaben benötigt wird. Daneben sind Start- und Zielort zu planen; es gilt zum Beispiel zu überlegen, ob es günstig sein kann, das der Zielort an anderer Stelle ist als der Startort.

Gegebenenfalls brauchen Sie Helfer und insbesondere dann, wenn Sie mit Interviews arbeiten, sollten Sie mit den möglichen Interviewkandidaten geklärt haben, ob Ihre Teilnehmer dort auch willkommen sind. Denn schließlich »stehlen« sie denjenigen Arbeitszeit. Daher kann es sinnvoll sein, nicht alle Teams auf denselben Weg zu schicken, sondern sie verschiedene Wege zurücklegen und unterschiedliche (aber gleich schwierige) Aufgaben bearbeiten zu lassen.

Materialien

- Startnummern,
- Umschläge mit Aufgaben sowie
- die Schatzkiste.

Ablauf und Spielregeln

Zu Beginn des Spieles bilden Sie mindestens zwei Teams. Diese ziehen am besten eine Startnummer, mit der geregelt wird, welche Gruppe wann startet. Die Zeit zwischen den einzelnen Teams sollte so bemessen sein, dass jede Gruppe genug Zeit hat, die Aufgabe vor Ort zu lösen und dabei nicht von einer nachfolgenden bedrängt wird. Günstig ist es daher, quasi im Rahmen von Spielregeln eine erwartete Bearbeitungszeit anzugeben. Dann wissen die Teams, wie lange sie in etwa an Bearbeitungszeit zur Verfügung haben.

Am Start wird die Gruppe mit einem ersten Umschlag versorgt, der die Wegbeschreibung zur ersten Rallyestation und die Erläuterung enthält, wo oder wie sie ihre erste Aufgabe finden.

Der Umschlag der ersten Rallyestation soll dann gefunden, gelesen und die darin gestellte Aufgabe gelöst werden. Das kann zum Beispiel eine Ortsbeschreibung sein, eine Befragung von Passanten, die Befragung einer Abteilung zu ihren Aufgaben oder Ähnliches. Der Umschlag enthält auch die Wegbeschreibung zu Station zwei. So geht es dann weiter.

Mit der Erfüllung der Aufgaben haben die Teams gleichzeitig den Beweis erbracht, dass sie alle Stationen besucht und alle Aufgaben gelöst haben.

An der letzten Aufgabenstation finden die teilnehmenden Gruppen schließlich nicht nur eine Schatzkiste, die ihre Trophäe enthält, sondern auch die Beschreibung zum Ziel, wenn Sie einen anderen Zielort als den Startort vorgesehen haben.

Auswertung Wenn Sie die Wissensrallye thematisch so eng angebunden einsetzen, wie ich es bevorzuge, dann ist eine Auswertung, die den Bezug zum Thema zeigt, sehr einfach: Die Wissensrallye zeigt sozusagen am lebenden Beispiel das Thema. Das ist zum Beispiel dann der Fall, wenn Sie über die Geografie, Wirtschaftsgeschichte oder Geschichte einer (»Ihrer«) Region reden und diese den Teilnehmern dann mit einer Wissensrallye vor Augen führen. So lassen sich zum Beispiel auch organisatorische Strukturen bearbeiten und illustrieren, egal ob es unternehmerische, politische oder abteilungstechnische sind. Die Aufgaben sollten dort ansetzen, wo Sie im Unterricht oder Training aufgehört haben, zum Beispiel mit Befragungen, Beobachtungen oder Interviews der Personen vor Ort/den jeweiligen Mitarbeitern und so weiter. So werden theoretische Inhalte im wahrsten Sinne des Wortes begreifbar.

Varianten
- Anstelle der Outdoor-Variante können Sie die Wissensrallye so anlegen, dass zum Beispiel die Unternehmensstruktur das Thema ist und das Ganze hausintern abläuft. So lernen beispielsweise Azubis das Unternehmen kennen und können sich die Abteilungen und ihre Tätigkeiten leichter merken.
- Sie können einzelne Aufgaben erstellen, die dann an einer oder mehreren Stationen gesucht werden müssen, Sie können aber auch ein komplettes Aufgabenblatt mit allen Stationen ausgeben.

Gefahren und Risiken Bei diesem Spiel ist eine gute Vorbereitung wichtig. Wenn die Informationen nicht präzise genug sind, können sich die Gruppen bei diesem Abenteuerspiel durchaus verirren – und das empfinden die wenigsten als witzig. Seien Sie daher wirklich präzise und machen Sie einen Testdurchlauf mit einem oder mehreren Kandidaten, um Ihre eigenen Annahmen zu überprüfen. Dabei ist es nützlich, mit den Testkandidaten mitzugehen, um deren Überlegungen und Denkprozesse live zu erleben.

Achten Sie, je nach Gruppe, auf Gefahrenquellen und die Länge der Wegstrecke. Leicht wird die Leistungsfähigkeit von Gruppen unterschätzt. Bei einer Inhousevariante ist das weniger relevant; aber auch hier sollten Sie auf Gefahrenquellen achten.

Wenn Sie keine Helfer zur Verfügung haben, können Sie – dem Handy sei Dank – im Falle einer Panne telefonisch Hilfestellung geben.

Niveau und Vorkenntnisse ☑ Anfänger   ☑ Fortgeschrittene
Bei diesem Spiel können Sie durchaus auf allen Niveaus arbeiten, denn Sie können durch die Aufgabenstellungen das Schwierigkeitsniveau gestalten.

Schwierigkeitskontrolle Testen Sie die einzelnen Aufgaben an Kandidaten oder – zeitversetzt – an sich selbst.

Raumbedarf ☑ Indoor   ☑ Outdoor
Das ist ein typisches Outdoor-Abenteuerspiel, das Sie als Variante durchaus im Haus spielen können. Schwierig wird es, wenn Sie versuchen, es auf einen einzigen Raum zu beschränken, da sich die verschiedenen Teams dann in die Karten gucken können. Da müssten Sie Wege finden, um zu verhindern, dass sich die Teams gegenseitig belauschen oder beobachten, um die Spannung und die Eigenleistung zu erhalten.

Tipps Für ein solch aufwendiges Spiel brauchen Sie natürlich eine angemessene Auflösung der Leistungen der Teams mit einer entsprechend gut inszenierten Siegerehrung. Da ist etwas schauspielerisches Talent sehr nützlich.

Die Wissensrallye eignet sich meines Erachtens besonders gut als Einführung in ein Thema oder als krönender Abschluss der Bearbeitung eines Themas.

Lernprozess und Kreislaufabschnitt

Dieses Spiel können Sie recht variantenreich einsetzen. Das geht als Einführung in ein neues Thema, dann ist es ein spannender, grandioser, Interesse weckender Auftakt. Es ist auch ideal eingesetzt, wenn Sie ein Thema schon eingehend behandelt haben und jetzt vielleicht noch eine kreative, praktische Komponente fehlt. Da kann die Wissensrallye in idealer Form die Verknüpfung zwischen Theorie und Praxis bieten. Ich persönlich empfehle sie daher eher als eine der abschließenden Aktivitäten im Lernprozess.

Einführung	Primäraktivierung	Sekundäraktivierung	Transfer	Integration
✓	☐	✓	✓	✓

Lernkanal

Lernkanal (V-A-K): Bei diesem Spiel werden alle Lernkanäle angesprochen. Durch die Beschreibungen, das Suchen und Beobachten, das Rätseln und die Aufgabenstellungen werden alle, wirklich alle Lerntypen gefordert.

Visuell	Auditiv	Kinästhetisch
✓	✓	✓

Beispiel

In einer Wissensrallye sollten die Teilnehmer das Museum für Ostasiatische Kunst in Köln näher kennenlernen. Entwickelt wurde diese Aufgabe eigentlich für den Schulunterricht.

Aufgabe 1: Welches Objekt findet sich zentral in der großen Ausstellungshalle? Wen stellt es dar? Nennt drei Punkte, die euch an diesem Objekt besonders auffallen.

Aufgabe 2: Von diesem Objekt aus geht es fünf Schritte im 90°-Winkel nach rechts bis zur Wand. Betrachtet das vorletzte Objekt zu eurer Rechten. Beschreibt dieses Werk.

Aufgabe 3: Betrachtet bitte alle Kunstobjekte in dieser großen Halle und vergleicht sie mit denen in der zweiten großen, länglichen Halle. Welche Unterschiede könnt ihr feststellen?

Diese Aufgaben können Sie auf einzelnen Karten platzieren oder als »Kompaktaufgabe« ausgeben.

62 Wissen wie nix – mit Pustefix!

Claudia Grötzebach

Ziel	Ziel dieses Spieles ist es, die eigenen (Frage-)Karten möglichst schnell loszuwerden.
Ursprung/Quelle	Dieses Spiel ist eine Entwicklung meiner Kollegin Barbara Stoll, die es wohlwollend für dieses Buch zur Verfügung gestellt hat.
Lernstoff	Bearbeitet werden kann mit diesem Spiel jeglicher Lernstoff.
Anzahl der Teilnehmer	Zwei Personen oder zwei Teams. Sie können auch in entsprechenden Kleingruppen parallel spielen.
Dauer	15–30 Minuten. Sie können die Dauer über eine Eieruhr oder die Anzahl der Karten steuern.
Umfang	Unbegrenzt.
Materialien und Vorbereitung	Sie bereiten zwei Kartenstapel in zwei Farben vor. Die Karten werden beidseitig beschriftet: Auf der Vorderseite wird eine Frage zum Lernstoff platziert, auf der Rückseite notieren Sie die Antwort. Günstig ist ein kleineres Format, wie zum Beispiel DIN A8. Die Zahl der Karten ist offen. Sie brauchen für das Spiel nicht

alle Karten ausgeben, sondern können einige für Regelverstöße zurückbehalten, die dann gegebenenfalls als Strafkarten ausgegeben werden.

Sie brauchen für jedes Spiel einen Tisch, auf dem eine Spielfläche mithilfe von Mikadostäben und Klebepads oder Kreppband eingerichtet wird. Räumen Sie am besten die Stühle weg. Jedes Team erhält einen Satz Fragekarten, von denen es je drei Spielkarten beliebig auf der Spielfläche platziert. Nun wird der Tischtennisball auf die Spielfläche platziert.

Materialien

- Vier große Mikadostäbe pro Spiel,
- Klebepads,
- zwei beidseitig beschriftete Fragekartensets in zwei Farben (DIN A8) sowie
- ein Tischtennisball pro Spiel.

Ablauf und Spielregeln

Sind die Spielflächen vorbereitet und die Teams gebildet, dann geht es in Startposition. Es beginnt der Spieler mit den größten oder wahlweise kleinsten Füßen. Er darf nun versuchen, den Tischtennisball über eine eigene Karte zu pusten. Es darf nur ein Atemzug gepustet werden und es zählt immer nur eine eigene überrollte Karte. Misslingt dies und der Spieler überrollt zuerst eine fremde Karte, dann darf der Gegenspieler diese laut vorlesen (Frage und Antwort!) und sie aus dem Spiel nehmen und durch eine neue ersetzen. Damit schenkt man dem gegnerischen Team quasi einen Punkt/eine Karte. Überrollt der Spieler eine eigene Karte, dann hat das eigene Team die Chance, mit der richtigen Antwort einen Punkt zu machen. Richtig beantwortete eigene Karten werden ebenfalls aus dem Spiel genommen und durch eine neue aus dem Kartenstapel ersetzt.

Es gewinnt, wer zuerst all seine eigenen Karten komplett auf dem Ablagestapel hat.

Auswertung

Die Fragen erklären sich selbst. Sie müssen nur noch die falsch beantworteten noch einmal aufgreifen.

Varianten

- Je zwei konkurrierende Spieler stellen sich auf einer Seite des Tisches auf und nun wird um die Wette gepustet. Jeder versucht den Ball über die eigenen Karten zu pusten.
- Spielen Sie wie beim Tischfußball mit zwei Spielern gleichzeitig. Diese pusten dann um die Wette und versuchen den Ball zum Beispiel in eine Ecke zu pusten. Dabei werden Karten zufällig berührt, die dann bearbeitet und aus dem Spiel genommen werden müssen oder können, je nachdem, wie intensiv Sie spielen lassen wollen.

- Spielen Sie um die Wette: Wer die meisten Karten richtig beantwortet, gewinnt. Bei dieser Variante können alle Teams um jede Karte um die Wette spielen.

Niveau und Vorkenntnisse	☑ Anfänger ☑ Fortgeschrittene

Schwierigkeitskontrolle Um den Schwierigkeitsgrad zu steuern, sollten Sie die Karten liegen lassen und nach einer Weile selbst ausprobieren oder einen Probedurchlauf tätigen.

Gefahren und Risiken Achten Sie auf Stolperfallen. Da das Spiel viel Jagdtrieb weckt, können Hindernisse wie Stühle, Taschen oder Ähnliches zu Stolperfallen und Verletzungsgefahren führen.

Raumbedarf	☑ Indoor ☐ Outdoor

Tipps Achten Sie darauf, dass die Spieler die Fragen und Antworten immer laut vorlesen, auch wenn die Frage nicht ganz richtig beantwortet wurde, um den Wiederholungseffekt zu stärken. Auch falsche Antworten zu wiederholen mit dem Hinweis »falsch«, helfen dabei, sich den »richtigen« Lernstoff einzuprägen.

Allzu wilde oder laute Spieler, oder solche, die das Vorlesen boykottieren, können Sie mit Strafkarten bedenken. Überzählige Karten landen auf ihrem Kartenstapel. Alternativ ginge auch ein Hindernisschild »Stau wegen Spielregelverletzung!«, das mit Klebepads auf die Spielfläche gestellt wird.

Die Fragen dürfen sich ruhig wiederholen, das erhöht den Lerneffekt!

Lernprozess und Kreislaufabschnitt

Dieses Spiel können Sie gut zur Vertiefung und Wiederholung des Gelernten einsetzen, in variierter oder unveränderter Form.				
Einführung	Primäraktivierung	Sekundäraktivierung	Transfer	Integration
☑	☑	☑	☑	☑

Lernkanal

Lernkanal (V-A-K): Dieses Spiel bedient alle Lernkanäle und ist bestens geeignet, um müde Gruppen wieder munter zu machen.		
Visuell	Auditiv	Kinästhetisch
☑	☑	☑

Beispiel Bei dem Spiel »Wissen wie nix – mit Pustefix« können Sie mit zwei Arten von Aufgabenkarten arbeiten. Zum einen können Sie mit einem klassischen Frage-

Antwort-Spiel arbeiten, bei dem die Antworten von vornherein festliegen. Sie sehen in der Abbildung jeweils die Vorderseite und daneben die Rückseite.

Vorderseite	Rückseite
Die Regenschirmstrategie heißt so, weil sie…?	uns bei Aggressionen schützt wie der Schirm beim Regen.
Welcher 2silbige Kommentar war typisch für Räuber Hotzenplotz?	Potz Blitz!

Zum anderen können Sie auch freie Aufgaben stellen, bei denen die Antworten noch nicht vorgegeben sind.

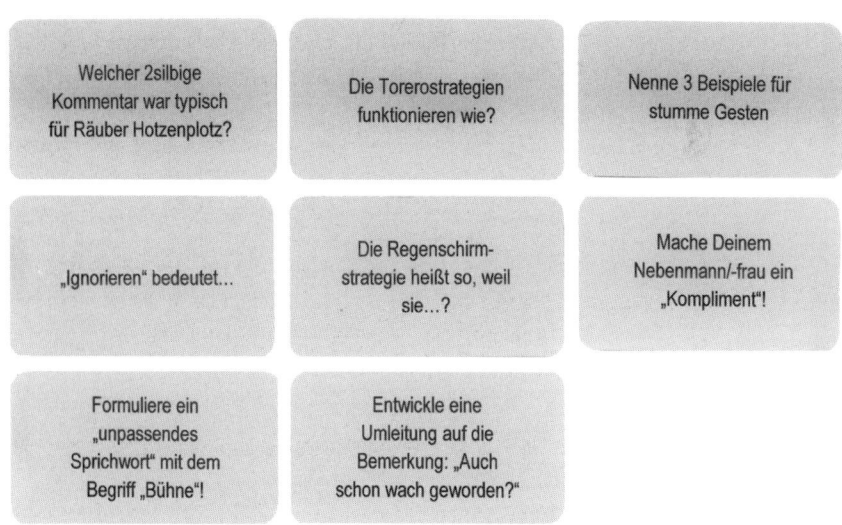

63   Wörter mit »N«

Claudia Grötzebach

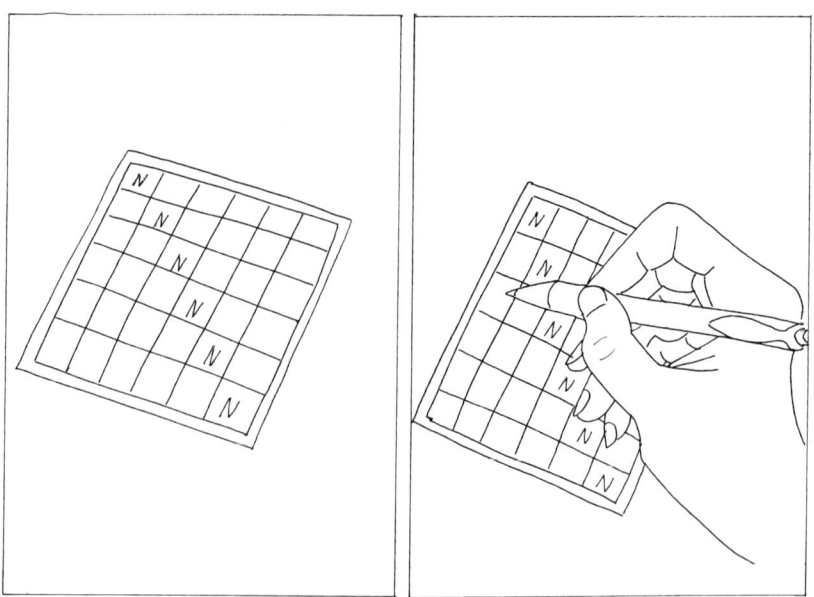

Ziel	Es handelt sich bei diesem Spiel um einen Rätselwettbewerb, mit dem Begriffe des Lernstoffes wiederholt werden.
Ursprung/Quelle	Dieses Spiel habe ich Gudrun Wallenwein (2003, S. 116) abgeguckt.
Lernstoff	Bearbeiten können Sie mit diesem Spiel jeglichen Lernstoff.
Anzahl der Teilnehmer	Unbegrenzt.
Dauer	Circa 30 Minuten.
Umfang	Variabel.
Materialien und Vorbereitung	Sie brauchen lediglich ein Diagramm oder eine Tabelle. Das Original umfasst 6 × 6, also sechs Spalten und sechs Zeilen. In der Diagonalen wird nun ein durchlaufender Buchstabe – zum Beispiel das N – eingetragen.

Nun gilt es, aus dem Lehrstoff Begriffe herauszusuchen, die sechs Buchstaben umfassen und ein N beinhalten. Diese Begriffe werden dann an der passenden Stelle in der Tabelle eingetragen.

Materialien	• Ein Blatt mit einer Tabelle.

Ablauf und Spielregeln Sie geben die Tabelle an Ihre Gruppe aus. Nun lassen Sie Ihre Teilnehmer einzeln knobeln, ob sie das Rätsel knacken können. Wer zuerst das Rätsel löst, gewinnt. Prüfen Sie nun, ob die gefundenen Begriffe stimmen.

Auswertung Ich frage nicht nur, ob meine Teilnehmer das Spiel als schwierig empfunden haben, sondern auch, wann und wo wir die Begriffe behandelt haben.

Varianten
- Sie können die Tabelle aus Wörtern unterschiedlicher Länge gestalten.
- Variieren Sie den durchlaufenden Buchstaben. Sie können jeden beliebigen wählen.
- Wenn Sie die Buchstaben der Begriffe allen bekannt geben, machen Sie das Spiel für Ihre Teilnehmer leichter.
- Sie können Rateteams bilden, statt jeden gegen jeden spielen zu lassen.
- Wenn Sie Umschreibungen zu den Begriffen anbieten, dann bieten Sie Ihren Teilnehmern eine leichtere Variante an.

Gefahren und Risiken Mir sind keine bekannt.

Niveau und Vorkenntnisse ☑ Anfänger   ☑ Fortgeschrittene

Schwierigkeitskontrolle Das ist bei diesem Spiel nicht notwendig.

Raumbedarf ☑ Indoor   ☑ Outdoor
Angesichts des einfachen Materialaufwandes lässt es sich genauso gut draußen wie drinnen spielen.

Tipps Weisen Sie Ihre Teilnehmer zum Beispiel auf Plakate im Raum oder ähnliche Hilfsmittel hin. Das Spicken macht Spaß und erleichtert das Knobeln.

Lernprozess und Kreislaufabschnitt	Dieses Spiel lässt sich, je nach Variante, gut als eine erste, unveränderte Wiederholung gestalten oder als abschließende am Ende des Lernzyklus, Tages oder Seminares.				
	Einführung	Primäraktivierung	Sekundäraktivierung	Transfer	Integration
	☐	✓	☐	☐	✓
Lernkanal	**Lernkanal (V-A-K):** Dieses Spiel spricht je nach Variante alle Lernkanäle an, im Original allerdings weniger den auditiven.				
	Visuell		Auditiv		Kinästhetisch
	✓		✓		✓

Beispiel   Hier habe ich Ihnen eine Blankovorlage und eine Lösung herausgesucht:

Beispiel für „Wörter mit „N""

Finden Sie die Wörter

N							
	N						
		N					
			N				
				N			
					N		
						N	
							N

Beispiel für „Wörter mit „N""

N	O	T	I	E	R	E	N
A	N	F	A	N	G	E	N
S	A	N	F	T	M	U	T
S	P	O	N	T	A	N	E
R	E	V	A	N	C	H	E
A	B	S	T	Ä	N	D	E
T	R	A	I	N	I	N	G
S	O	U	V	E	R	Ä	N

Tipps für die Auflösung:

Was sollten Sie mit guten Repliken machen?

Das hat etwas mit zu tun!

Schlagfertigkeit sollte nicht provozieren, sondern zur Kooperation führen.

Darauf sollten Sie besser verzichten und wenn doch, gut vorbereitet und geübt, sind sie effektvoller.

Solche Gedanken sollten Sie besser vermeiden!

Mit mehr … sieht man mehr und ist man auch mehr betroffen!

Üben, üben und nochmals üben!

Überlegen Sie: „Wie sollte Ihr Handeln sein, das einer Marionette oder eines Hampelmanns, oder besser …?

Auflösung:

Notieren: von guten Repliken

Anfangen: etwas zu tun

Sanftmut: Schlagfertigkeit sollte nicht provozieren, sondern zur Kooperation führen

„Spontane": Reaktionen müssen geübt und vorbereitet werden, kurz: verzichten Sie besser darauf

Revanche: Solche Gedanken sollten besser vermieden werden

Abstände: Wichtig ist ein guter Abstand zum Ärgernis und Aggressor

Training: Ist wichtig für eine gelungene nonaggressive Schlagfertigkeit

Souverän: sollte jeder bei Übergriffen agieren und nicht racheerfüllt.

64 Wortfindung

Claudia Grötzebach

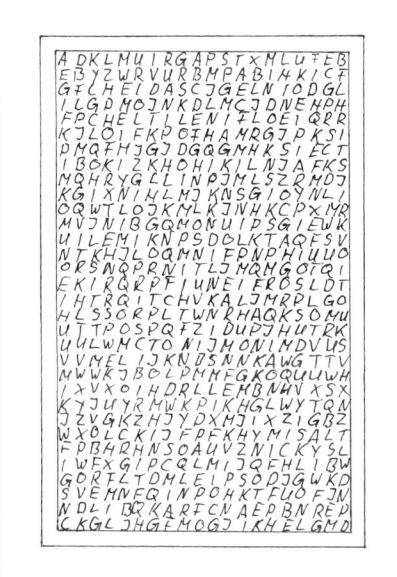

Ziel	Das Ziel dieses Spieles ist es, Schlüsselwörter und Fachbegriffe, wichtige Ereignisse oder Ähnliches zu vertiefen oder zu wiederholen.
Ursprung/Quelle	Auf dieses Rätselspiel kam ich durch eine alte Unterlage, die mir in einem Bildungshaus als Kopie in die Finger fiel.
Lernstoff	Sie können damit Schlüsselwörter und Fachbegriffe, wichtige Ereignisse und vieles mehr bearbeiten. Es gibt keinen Lernstoff, der sich so nicht bearbeiten ließe.
Anzahl der Teilnehmer	Unbegrenzt.
Dauer	5–15 Minuten.
Umfang	10–30 Begriffe.

| Materialien und Vorbereitung | Für diese Rätselübung gilt es nur, einen sinnlosen Fließtext vorzubereiten. In diesem Fließtext verstecken Sie Zahlen, Daten, Schlüsselbegriffe, Vokabeln oder andere Begriffe. |

Für diese Rätselübung gilt es nur, einen sinnlosen Fließtext vorzubereiten. In diesem Fließtext verstecken Sie Zahlen, Daten, Schlüsselbegriffe, Vokabeln oder andere Begriffe.

Eine Lösungsvorlage vermeidet peinliche Aussetzer.

Materialien

- Eine Seite mit Fließtext,
- Lösung.

Ablauf und Spielregeln

Geben Sie den Rätseltext an jeden Teilnehmer oder jede Gruppe (sofern Sie mit Gruppen arbeiten wollen) aus. Starten Sie dann die Bearbeitungszeit. Gefundene Begriffe können die Teilnehmer wahlweise herausschreiben oder einfach unterstreichen.

Sie können die Lösung aufschreiben, zum Beispiel auf einem Flipchartbogen zur Selbstkontrolle, oder mit den Teilnehmern besprechen. Das hat vertiefenden Effekt, braucht aber etwas länger.

Auswertung

Die Begriffe sollten vor allem wiedererkannt werden. So erhalten sie Aufmerksamkeit, prägen sich besser ein und Sie erhalten eine Rückmeldung, welche Begriffe schon gut sitzen beziehungsweise noch einmal vertieft werden müssen. An dieses Rätsel können Sie eine inhaltliche Aufarbeitung anschließen.

Varianten

- Gestalten Sie aus dem Rätsel einen Wettbewerb, bei dem die Gruppen möglichst schnell arbeiten müssen. Wer als Erster die Begriffe findet, gewinnt.
- Wettbewerb mit fester Lösung. Sie können den Wettbewerb durchführen, in dem Sie die Zahl der zu findenden Daten vorab bekannt geben. Der, der zuerst die angegebene Anzahl findet (mit richtigen Lösungen!), gewinnt.
- Gestalten Sie den Fließtext formal wie einen richtigen Text, mit Drei-Buchstaben-Kombinationen, Vier-Buchstaben-Kombinationen und so weiter. So gestaltet sich das Finden der gesuchten Begriffe noch anspruchsvoller.
- Verstecken Sie die gesuchten Daten in einem echten, also einem sinnvollen Text. Das stellt maximale Anforderungen an die Teilnehmer, ist aber recht aufwendig vorzubereiten.

Gefahren und Risiken

Es sind mir keine bekannt.

Niveau und Vorkenntnisse

☑ Anfänger   ☑ Fortgeschrittene

Für das Spiel ist lediglich die Kenntnis der präsentierten Begriffe, Daten oder Ereignisse notwendig.

Schwierigkeitskontrolle Entfällt bei dieser Übung.

Raumbedarf ☑ Indoor ☑ Outdoor

Lernprozess und Kreislaufabschnitt

Diese Übung könnte unter die Rubrik Rätsel eingeordnet werden.
Da Begriffe, Daten, Ereignisse unverändert wiederholt beziehungsweise wiedererkannt werden sollen, eignet sich diese Übung gut als erste Wiederholung nach der Präsentation eines neuen Lernstoffes. Sie ist aber auch als spielerische Wiederholung sinnvoll, wenn wichtige Begriffe oder Informationen nach einer längeren Pause, zum Beispiel am Ende eines Seminares oder eines Unterrichtszyklus wiederholt werden sollen.

Einführung	Primäraktivierung	Sekundäraktivierung	Transfer	Integration
☐	☑	☐	☐	☑

Lernkanal

Lernkanal (V-A-K): Angesprochen werden mit dieser Übung besonders der visuelle Lernkanal, aber auch der kinästhetische. Der auditive Lernkanal wird angesprochen, wenn Sie die Übung als Paarübung durchführen, bei der sich die Partner über die gefundenen Begriffe und Ergebnisse austauschen dürfen.

Visuell	Auditiv	Kinästhetisch
☑	☐	☑

Auswertung Ein Beispiel für das Spiel »Wortfindung«:

loalakjvoahj1jweröocrachejuo345jojälchläalmjuajmlclöoewrzhbnmldliktrelöamyhilflos
igkeitjfnhuzgbvnmklopöhgfmjhdgbnmjklfmvnjpolkijuztrfedfcvgbhujikomnbhujikmklo
püöälpöknhbgtfrewsayxdcfgtzhjnbvcxdsyxdfrtzhbgujikmlöäüpoiujhgbvcfr567zujhuio
0pßüolmkjiu8z7t6fgvbhgfrdertfgzhjnko0lköüämkjhuztgfvbnjbvcxdswwaqedfcvgbhju
78ioplööäüßp0oijnmmnbhgtzfrdcvbnjklmnjhzgtfcvbnmjklmnjhuzgtfrcvbnaggressionh
jujikolmklöäüpoijmutuhztr5tfgvbhvzgbhnjui89olköäüäüöp0o9alarmprogrammi8u7zh
gbsanftmutcfrtgbhzujgelassenheitmnlop0püämjuztrdfcvbnmjjmöhgfdcvghjkiolpömnh
juiopo0987uzhnbvcftredfcvbnhjuiopölkoi8ujnbgt5rfvcder4erdfcft6zhnko90pömlöäü

Lösung: Hilflosigkeit – Aggression – Alarmprogramm – Sanftmut – Gelassenheit

65 Zauberfeld

Karin Faatz-Rockstroh

Ziel	Bei diesem Spiel geht es darum, eine Passage durch ein Karten- oder »Zauberfeld« zu finden. Darüber hinaus trainiert das Spiel Strategiebildung, das Gedächtnis (Mnemotechnik), nonverbale und verbale Kommunikation und Teambildung.
Ursprung/Quelle	Kennengelernt habe ich das »Zauberfeld« auf einem Workshop von Lothar Lechler bei einem DGSL-Kongress. Ich habe es angepasst für die Verwendung im Fremdsprachenunterricht.
Lernstoff	Im Fremdsprachenunterricht eignet es sich besonders zum Beispiel bei der Satzbildung, bei Zahlen (Telefonnummern), bei Sprüchen und vielen mehr, doch auch im Sachunterricht lässt es sich zur Wiederholung von Inhalten einsetzen.
Anzahl der Teilnehmer	Maximal zwölf Teilnehmer.
Dauer	Fünf Minuten für Strategiebildung und circa 20 Minuten zur Durchführung.

Umfang	5–7 Felder beziehungsweise Informationen.

**Materialien und
Vorbereitung**

Sie bereiten zunächst einige Metaplankarten mit den Lerninformationen vor, die Sie auf der Rückseite der Karten notieren. Achten Sie darauf, dass Sie einen Stift verwenden, der nicht durchschimmert. Die weiteren Spielkarten bleiben unbeschriftet. Dann schaffen Sie eine Freifläche (mindestens 3 × 3 m), auf der Sie die Karten auslegen. Die beschrifteten Karten werden unter die Blankokarten gemischt und verdeckt ausgelegt. Nun bringen Sie noch eine Start- und Zielmarkierung an.

Materialien

- Ungefähr 30 Metaplankarten, DIN A4 Kartons, Bierdeckel oder Eimerdeckel,
- mindestens 3 × 3 m Freifläche,
- Kreppband für die Ziel- und Startmarkierung.

Ablauf und Spielregeln

Die Teilnehmer müssen den Weg durch ein »verzaubertes« Feld finden, um zum Ziel zu gelangen. Es gibt nur einen Weg, der jedoch unsichtbar ist. Der Weg wird durch Felder (zum Beispiel Metaplankarten oder Eimerdeckel) beschrieben, die angeordnet auf dem Boden liegen. Die Felder, die den gangbaren Weg beschreiben, sind auf der Unterseite markiert.

Es kann sich immer nur ein Teilnehmer im Zauberfeld befinden. Er oder sie darf vom eigenen Standpunkt aus nur einen angrenzenden Deckel umdrehen, um zu schauen, ob er zum markierten Weg gehört. Die Karte oder der Deckel wird sofort wieder zurückgedreht. Solange sich ein Teilnehmer auf dem markierten Weg befindet, darf er weitergehen. Dreht ein Teilnehmer jedoch einen Deckel um, der nicht markiert ist und damit nicht zum Weg gehört, muss er das Zauberfeld verlassen, und ein anderer Mitspieler startet einen neuen Versuch. Jeder neue Versuch muss von vorne begonnen werden. Tritt ein Teilnehmer auf ein falsches Feld, so muss die *gesamte* Gruppe zurück zum Ausgangspunkt, also auch die Teilnehmer, die zu diesem Zeitpunkt das Ziel bereits erreicht haben.

In Sprachlerngruppen sind die Unterseiten der Deckel mit Wörtern, Satzteilen oder Zahlen markiert. Beim Gehen durch das Feld entsteht so zum Beispiel ein Satz oder eine Telefonnummer. Diejenigen Teilnehmer, die den Weg noch nicht gegangen sind, befinden sich seitlich des Feldes und dürfen nur sprechen (Hände sind hinter dem Rücken verschränkt). Sobald ein Spieler den Parcours bewältigt hat, befindet er sich im Zielbereich und darf dort nicht mehr sprechen!

In Kleingruppen spielt jeder Teilnehmer für sich. In größeren Gruppen (ab sechs Personen) bildet man Teams, die gegeneinander spielen.

Auswertung	Feedback im Plenum unbedingt durchführen.

Varianten
- Im Sachunterricht lassen sich Schlüsselbegriffe auf diese Weise wiederholen.
- Sie können das ganze Feld mit Karten auslegen, die auf der Unterseite mit Lernbegriffen versehen sind. Begangen werden dürfen allerdings nur solche, die in einer direkten Beziehung zueinander stehen, die zum Beispiel einen bestimmten Satz bilden. Nützlich ist es für Sie, wenn Sie als Spielleiter eine Auflösung zur Hand haben.
- Statt Schlüsselwörtern können Sie im Sachunterricht auch Lehrsätze, Merkregeln oder Gesetze und Formeln wiederholen.

Gefahren und Risiken Keine bekannt.

Niveau und Vorkenntnisse ☑ Anfänger   ☑ Fortgeschrittene
Im Fremdsprachenunterricht schon ab Anfängerniveau einsetzbar, da einfache Strukturen im Vordergrund stehen. Allerdings liegt der Fokus eher auf Konzentration und Kommunikation.

Schwierigkeitskontrolle Der zu findende Weg sollte nicht mehr als fünf bis sieben Felder umfassen (Merkfähigkeit).

Raumbedarf ☑ Indoor   ☑ Outdoor
Größerer Raum oder draußen; im Notfall ließe es sich im Korridor spielen.

Tipps Klare Arbeitsanweisung und Kontrolle begünstigen den Spielablauf.

Lernprozess und Kreislaufabschnitt

Im Fremdsprachenunterricht hat diese Übung einen eher übergeordneten Charakter. Nicht so sehr die sprachlichen Strukturen stehen im Vordergrund als vielmehr Konzentration, Merkfähigkeit und Teamplay.
Als spielerischer Abschluss einer Unterrichtseinheit einsetzbar.

Einführung	Primäraktivierung	Sekundäraktivierung	Transfer	Integration
☐	☐	☐	☑	☑

Lernkanal

Lernkanal (V-A-K): Alle Lernkanäle sind angesprochen.

Visuell	Auditiv	Kinästhetisch
☑	☑	☑

Beispiel

ZIEL

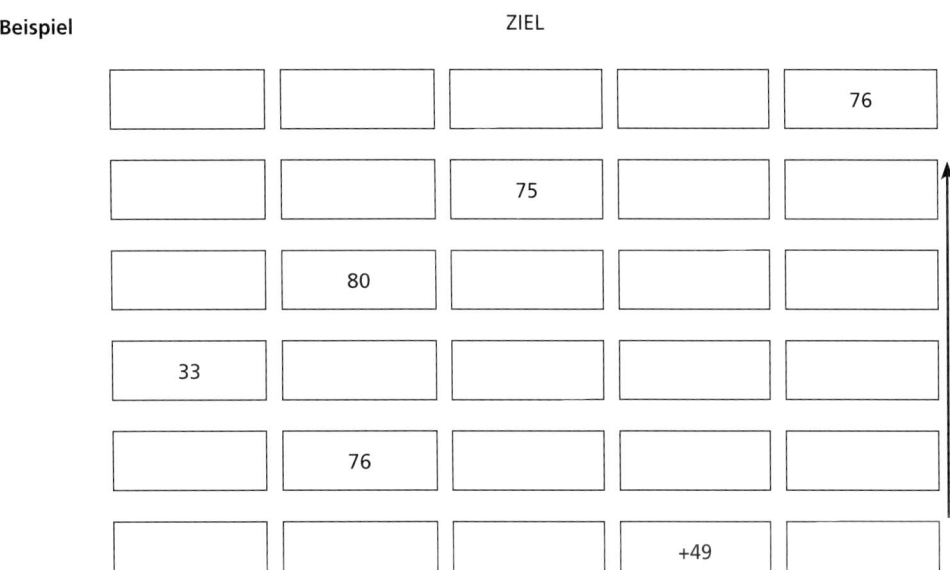

START

Lösung: Telefonnummer von Karin Faatz-Rockstroh.

66 Zeichnen von Begriffen – Die Montagsmaler

Claudia Grötzebach

Ziel	Ziel ist, Schlüsselbegriffe, Ereignisse, Zahlen, Daten, Fakten oder auch Vokabeln auf eine »etwas andere Art« zu wiederholen oder zu üben.
Ursprung/Quelle	Das Zeichnen von Begriffen ist eine Variation der Scharade und ebenfalls ein Gesellschaftsspiel, bei dem Begriffe, Sprichwörter und Redewendungen geraten werden – allerdings aufgrund einer Zeichnung, die ein Mitspieler angefertigt hat. Frank Elstner hat dieses Spiel im Fernsehen in den »Montagsmalern« populär gemacht. Die Idee für das Lernspiel in diesem Buch stiftete allerdings Marie Whisell van Deventer in »Die Entwicklung von Lernspielen« (2006, S. 115 ff.).
Lernstoff	Sie können dieses Spiel auf alle möglichen Inhalte anwenden.
Anzahl der Teilnehmer	10–15, sonst dauert es etwas lang.
Dauer	Ungefähr 20–30 Minuten.
Umfang	Offen, da es ja von den Teilnehmern abhängt.
Materialien und Vorbereitung	Sie geben jedem Teilnehmer einen kleinen Packen Kärtchen an die Hand. Sie können diese auch zentral deponieren und jeden Teilnehmer sich so viele nehmen lassen, wie er braucht.

Lassen Sie die Teilnehmer im Raum umhergehen, sich die Plakate, Flipchartbögen, Übersichten, Teilnehmerunterlagen ansehen. Im Idealfall lassen die Teilnehmer das Seminar Revue passieren.

Dabei sollen sie die ihrer Meinung nach wichtigen Schlüsselbegriffe, Erkenntnisse und so weiter auf die Kärtchen schreiben. Je ein Begriff auf ein Kärtchen. Die ausgefüllten Kärtchen kommen dann in die Box, Tüte oder wie auch immer Sie das handhaben wollen. Anschließend mischen Sie alle Zettel gut durch.

Entscheiden Sie sich besser für kartoniertes Papier, damit die Begriffe auf der Rückseite nicht durchschimmern.

Materialien	
	• Kärtchen,
	• Losbox oder -tüte,
	• Flipchart,
	• Stifte,
	• Eieruhr oder Teatimer.

Ablauf und Spielregeln

Bilden Sie zwei Teams. Abwechselnd kommt ein Spieler eines Teams nach vorne, zieht einen Zettel und zeichnet den notierten Begriff auf einen Flipchartbogen. Die Gruppen dürfen nun raten. Wer den Begriff rät, bekommt einen Punkt für sein Team. Das Team mit den meisten Punkten gewinnt.

Günstig ist es, die Ratezeit zu begrenzen, am besten mit einem Teatimer oder einer Eieruhr.

Auswertung

Es gibt für diese heitere Wiederholung eigentlich keine Auswertung, aber Sie können anschließend fragen, warum gerade diese Begriffe für die Teilnehmer wichtig sind. So erhalten Sie eine gute Rückmeldung über das Gelernte.

Varianten

- Sie können auch immer nur das gegnerische Team raten lassen.
- Sie können auch Merksätze, Sprichwörter und Ähnliches raten lassen.
- Sie bereiten die Kärtchen selbst vor und dirigieren so die zu wiederholenden Begriffe.
- Eine Idee von Marie Whisell van Deventer: Arbeiten Sie statt mit Zeichnungen mit Knetmasse. Der zu erratende Begriff wird geknetet. Am besten spielt es sich dabei in kleineren Gruppen am Tisch oder auf dem Boden.

Gefahren und Risiken

Gefahren oder Risiken sind mir bei diesem Spiel nicht bekannt.

Niveau und Vorkenntnisse   ☑ Anfänger   ☑ Fortgeschrittene

Schwierigkeitskontrolle   Eine Schwierigkeitskontrolle ist nicht notwendig.

Raumbedarf   ☑ Indoor   ☐ Outdoor
Da es Zeichenmaterial braucht, ist es mit größeren Gruppen für draußen weniger tauglich.

Tipps   Wenn Sie die gängigsten Begriffe sammeln, können Sie dieses Spiel auch für die Zukunft vorbereiten.

Lernprozess und Kreislaufabschnitt   Dieses Spiel eignet sich besonders als Wiederholung in einem etwas ungewöhnlichen Zusammenhang. Damit ist es am besten eingesetzt, wenn Sie das Gelernte nach einer Festigung kreativ wiederholen oder verfremden wollen.

Einführung	Primäraktivierung	Sekundäraktivierung	Transfer	Integration
☐	☐	☑	☑	☑

Lernkanal   **Lernkanal (V-A-K):** Angesprochen werden alle Lernkanäle, da man die Begriffe lesend finden, die Schlüsselwörter nachschauen odererinnern und sie dann zeichnen und raten muss. Das Ganze findet kommunikativ statt und zugleich müssen die Teilnehmer etwas selbst tun.

Visuell	Auditiv	Kinästhetisch
☑	☑	☑

Beispiel   Hier eine Zeichnung aus einem Schlagfertigkeitstraining:

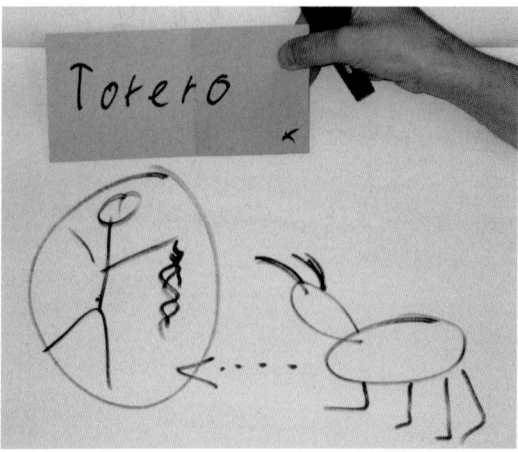

Das gesuchte Wort lautete »Strategie«.

Anhang

Autorenverzeichnis

**Karin Faatz-Rockstroh,
M.A.**

Beruf/Ausbildung: Lehramt; Suggestopädie (DGSL); NLP (DVNLP); LernCoach (NLPäd); wingwave®; EMDR; Kinesiologie; Energetische Psychologie.
Tätigkeit: Freiberufliche Trainerin/Coach
Tätigkeitsschwerpunkte: Französischtrainings; LernCoaching, Emotionen-Coaching.

Kontakt: Karin Faatz-Rockstroh, M.A.
KAFARO, Ernst-Duis-Weg 31,
79219 Staufen im Breisgau
Tel.: 07633-807576
E-Mail: info@KAFARO.de
www.KAFARO.de

**Dr. Sc. Nat. ETH ZH
Marisa Frangipane**

Ausbildung in NLP und DGSL-anerkannte Suggestopädin. Übersetzerin/Dolmetscherin Italienisch-Deutsch, IHK Düsseldorf. Trainerin für suggestopädische Kurse, Italienisch, Selbstmanagement, Kommunikation sowie Coaching mit NLP.

Kontakt: Dr. Sc. Nat. ETH ZH Marisa Frangipane
FRANGIPANE – Training intensiv und individuell,
Weidenpescher Straße 27, 50735 Köln
Tel./Fax: 0221-5107713
E-Mail: frangipane@t-online.de
www.frangipane.de

Jürgen Eugen Müller

Studium der Philosophie und Germanistik (M.A.), Ausbildungstrainer für Suggestopädie (DGSL) und Theaterpädagoge. Seit 2002 freier Fortbildner von Lehrkräften und MultiplikatorInnen im In- und Ausland. Lehraufträge an den Universitäten Siegen, Bonn und an der Katholischen Hochschule NRW.

Kontakt: Jürgen Eugen Müller, M.A.
Glücksburgstraße 3, 51065 Köln
Tel.: 0221-29 77 370
Fax: 0221-29 77 371
E-Mail: juergen.eugen.mueller@web.de

Hans-Jürgen Ramisch

Hans-Jürgen Ramisch, Dipl.-Kfm., Dipl.-Betriebswirt, hat nach einer Lehre Betriebswirtschaft studiert. Er ist als Unternehmensberater, Trainer und Coach seit 1982 selbstständig. Seine Schwerpunktthemen sind Betriebswirtschaft, Existenzgründung, Selbst- und Zeitmanagement sowie das persönliche Coaching.

Kontakt: Hans-Jürgen Ramisch
Ramisch Beratung + Training,
Waldstraße 9a, 35683 Dillenburg
Tel.: 02771-8971-0
Fax: 02771-8971-20
E-Mail: info@ramisch.com
www.ramisch.com

Katharina Meike Ramisch

Katharina Mareike Ramisch ist in der kirchlichen und in der kulturellen Jugendarbeit aktiv. Sie entwickelt seit vielen Jahren Rätsel, insbesondere für Vereinszeitschriften und Gruppenarbeiten.

Kontakt: Katharina Meike Ramisch
Waldstraße 9a, 35683 Dillenburg
Tel.: 02771-8971-0
Fax: 02771 8971-20
E-Mail: info@ramisch.com
www.ramisch.com

Dr. Heidrun Schmidt

Heidrun Schmidt ist DGSL-anerkannte Suggestopädin und unterrichtet derzeit in Hangzhou (China) Deutsch als Fremdsprache. Als Sprachlehrerin und Mathematikerin bereitet sie Ingenieurstudenten auf ein Weiterstudium in Deutschland vor.
Desweiteren lehrt sie Possibility Management an dieser chinesischen Universität.

Kontakt: Dr. Heidrun Schmidt
E-Mail: Heidrun.Schmidt@uspeak.de
www.uspeak.de

OStRin Barbara Stoll

Die Ideengeberin Barbara Stoll ist Diplom Handelslehrerin, Suggestopädin, Schulmediatorin, Autorin und Spieleerfinderin.

Kontakt: Barbara Stoll
Staatliche Wirtschaftsschule München, Institutstraße 4, 81241 München
Tel.: 089-23887680
E-Mail: Stoll@bw-arbeitshefte.de

Beat Baumann

Hat nach vielen Jahren der künstlerischen Abstinenz frühere Neigungen wieder aufgenommen und ist heute nebenberuflich als »Laienzeichner« tätig.

Kontakt: beba60@bluewin.ch

Literaturverzeichnis

Amery, H./Osthecker, S./King, C.: Inspektor Hauptwort. Egmont Franz Schneider, Köln/ München 1983.

Baer, U. u. a.: Remscheider Spielekartei: 24 thematische Spielketten mit über 200 Spielen zum sozialen Lernen. Ökotopia, Münster, 9. Auflage 1993.

Baslé, B./Maar, N.: Alte Rituale – neue Rituale: Geborgenheit und Halt im Familienalltag. Herder, Freiburg/Breisgau 1999.

Bauer, E.: Methodenwexel. 2006 (zu beziehen über Edi Bauer, s. Autorenverzeichnis).

Bauer, J.: Das Gedächtnis des Körpers. Eichborn, Frankfurt am Main 2002.

Beermann, M./Bort, W.: Mini-Spielkartei: 200 Spielideen für kleinere Kinder und die dazu-gehörigen Erwachsenen. Ökotopia, Münster, 7. Auflage 2000.

Beyer, G.: Erfolgreich lernen – Superlearning. Humboldt, München 1985.

Beyer, G.: Superwissen durch Alpha-Training: Lernen im Schlaf, Superlearning, Superschlaf, Motivation und Selbstmotivation, Hypnose und Selbsthypnose, Gedächtnis und Kon-zentration, Alpha/Mentales Training. Econ, Düsseldorf, 1982.

Beyer, G.: So lernen Schüler leichter: Gedächtnis- und Konzentrationstraining. Econ, Düs-seldorf, 2. Auflage 1986.

Bierbaum, G.: Mehr als Superlearning: Kreatives Lernen. Wirtschaftsverlag Langen Müller/ Herbig, München 1990.

Birkenbihl, M.: Train the Trainer: Arbeitshandbuch für Ausbilder und Dozenten. moderne industrie, Landsberg am Lech, 9. Auflage 1991.

Birkenbihl, M.: Rollenspiele schnell trainiert. mvg, München 1992.

Birkenbihl, V.: Stroh im Kopf? Gebrauchsanleitung fürs Gehirn. mvg, München 1992.

Birkenbihl, V.: Trotz Schule lernen! mvg, München 1995.

Birkenbihl, V.: Intelligente Wissens-Spiele: Spielen macht klug. Gabal, Offenbach 2003.

Birkenbihl, V.: Intelligente Partyspiele. Urania, Freiburg 2003.

Birkenbihl, V.: Kommunikationstraining: Zwischenmenschliche Beziehungen erfolgreich gestalten. mvg, München, 13. Auflage 1992.

Blakemore, S.-J./Frith, U.: Wie wir lernen: Was die Hirnforschung darüber weiß. DVA, Mün-chen 2006.

Blenk, D.: Inhalte auf den Punkt gebracht: 125 Kurzgeschichten für Seminare und Trainings. Beltz, Weinheim und Basel, 2. Auflage 2006.

Bochow, P./Wagner, H.: Suggestopädie (Superlearning): Grundlagen/Anwendungsberichte. Gabal, Offenbach 1986.

Breinersdorfer, A./Atzinger, K./Brehm, R./Zimmerling W. u. a.: Prüfungsvorbereitung. Heyne, München 1978.

Beucker-Rubin, A./Gerwin, U./Schüssler, P.: Kinder-Spielkartei. Ökotopia, Münster/Essen o. J.

Blümcke, K.: Trainerpersönlichkeit und Lernatmosphäre. In: Grötzebach, C. (Hrsg.): Trainieren mit Herz und Verstand. TrainerPraxis. Gabal, Offenbach 2006.

Brandhofer-Bryan, K.: sinn-voll: multisensorische Übungen für effektive, kreative, lebendige Wissensvermittlung. Kahrmann, Berlin, 2. Aufl. 2006.

Bröhm-Offermann, B.: Suggestopädie. Sanftes Lernen in der Schule. Lichtenau, Göttingen 1989.

Broich, J.: Erwachsenwerden: Szenen und Spiele für die Gruppenarbeit. Burckhardthaus-Laetare, Offenbach 1983.

Broich, J.: rollenspiele mit erwachsenen: anleitungen und beispiele für erwachsenenbildung, sozialarbeit, schule mit bibliographie zur spielpädagogik. rororo, Reinbek 1980.

Buchhein, T.: Aristoteles. Herder, Freiburg 1999.

Castner, T./Koch, K.: Lernen ohne Angst und Streß: Einführung der Suggestopädie in den Schulunterricht. Winklers, Darmstadt, 2. Auflage 1996.

Chapman, G.: Die fünf Sprachen der Liebe: Wie Kommunikation in der Ehe gelingt. Francke, Tübingen 1994.

Ceh, J.: Besser denken, besser lernen: So meistern Sie jede Prüfung. mvg, München 1988.

Dhority, L.: Moderne Suggestopädie: Der ACT-Ansatz ganzheitlichen Lehrens und Lernens. PLS Verlag, Bremen 1986.

Dittrich, H.: Mehr Erfolg bei Prüfungen: Schneller lernen, besser vorbereiten, mehr erreichen. Econ, Düsseldorf 1987.

Dollinger, M.: Wissen wirksam weitergeben: Die wichtigsten Instrumente für Referenten, Trainer und Moderatoren. Orell Füssli, Zürich 2003.

Dürrschmidt, P. u.a.: Methodensammlung für Trainerinnen und Trainer. managerSeminare, Bonn 2005.

Ebeling, P.: Rhetorik. Englisch, Wiesbaden, 11. Auflage 1992.

Edelmann, W.: Suggestopädie/Superlearning. Ganzheitliches Lernen – das Lernen der Zukunft? Roland Asanger, Heidelberg 1988.

Elstner, F.: Spiel mit: Das große Spiele-Buch des Deutschen Sportbundes für Sport, Spiel, Spaß. BAKA-Druck, Dortmund 1979.

Feichtenberger, C.: Die Dekodierung. In: Grötzebach, C. (Hrsg.): Spiele und Übungen für ein Trainieren mit Herz und Verstand. TrainerPraxis. Gabal, Offenbach: 2008. S. 39 ff.

Fritz, J.: Mainzer Spielkartei, Matthias-Gründwald, Mainz.

Fuhrmann, M.: Aristoteles. Poetik. Griechisch/Deutsch. Reclam, Stuttgart 1994.

Funke, A/Havermann-Feye, M.: Training mit Theater. Von der Einzelszene bis zum Unternehmenstheater: Wie Sie Theaterelemente erfolgreich ins Training bringen. managerSeminare, Bonn 2004.

Funcke, A/Rachow, A.: Rezeptbuch für lebendiges Training. Seminare inszenieren – Spiele einsetzen – Teilnehmer begeistern. managerSeminare, Bonn 2002.

Gebhardt, F.: Übung und Spaß – wie geht das? In: Skill-Autorenteam: Seminare lebendig gestalten: Kreativ lehren und lernen. Gabal, Offenbach, 2. Auflage 2001.

Glänzer, H.: Trainerleitfaden für ein live e-learningSeminar: Sicher trainieren im virtuellen Raum. Ein Praxisratgeber für Einsteiger. managerSeminare, Bonn 2004.

Greenfield, S.A.: Reiseführer Gehirn. Spektrum, Heidelberg 2003.

Grötzebach, C. (Hrsg.): Trainieren mit Herz und Verstand. TrainerPraxis. Gabal, Offenbach 2006.

Grötzebach, C. (Hrsg.): Spiele und Übungen für ein Trainieren mit Herz und Verstand. TrainerPraxis. Gabal, Offenbach 2008.

Günther, U./Sperber, W.: Handbuch für Kommunikations- und Verhaltenstrainer: Psychologische Durchführung von Trainingsseminaren., Ernst Reinhardt, München, 3. Auflage 2000.

Haus Schwalbach: Schwalbacher Spielkartei. Matthias-Gründwald, Mainz.

Heckmair, B.: Konstruktiv lernen. Projekte und Szenarien für erlebnisintensive Seminare und Workshops. Beltz, Weinheim und Basel 2000.

Heller, E.: Wie Farben wirken. Farbpsychologie-Farbsymbolik-Kreative Farbgestaltung. Rowohlt, Reinbek bei Hamburg 1989.

Hinkelmann, G./Hinkelmann, K.G./Ferreboeuf, M.: Leichter Lehren: Ein Leitfaden für den Unterricht mit Superlearning und Suggestopädie. PLS, Bremen, 2. Auflage 1989.

Hinkelmann, K.G. (Hrsg.): Superlearning und Suggestopädie: Ausgewählte Aufsätze. PLS, Bremen 1986.

Huberich, P./Huberich, U.: Spiele für die Gruppe: Regeln, Kriterien, Klassifizierung. Quelle und Meyer, Wiebelsheim, 3. Auflage 1988.

Hülshoff, F./Kaldewey, R.: Training: Rationeller lernen und arbeiten. Klett, Stuttgart 1992.

Kalnins, M./Röschmann, D.: Icebreaker: Wege bahnen für Lernprozesse. Ein Logbuch für Trainer. Windmühle, Hamburg, 3. Auflage 2002.

Klein, Z.M.: Lerntechniken in kleinen Schritten. Hiba Weiterbildung Band 20/10, Münster, 2. Auflage 2002.

Klein, Z.M.: Ganzheitliches Lehren und Lernen. Band 1: Lerntechniken und -methoden. Hiba Weiterbildung Band 10/29, Münster 1998.

Klein, Z.M.: Ganzheitliches Lehren und Lernen. Band 2: Unterrichtsmaterialien. Hiba Weiterbildung Band 10/30, Münster, 3. Auflage 2004.

Klein, Z.M.: Kreative Seminarmethoden: 1000 kreative Methoden für erfolgreiche Seminare. Gabal, Offenbach 2003.

Klein, Z.M.: Kreative Geister wecken: Kreative Ideenfindung und Problemlösungstechniken. Ein Seminarkonzept für Trainer. managerSeminare, Bonn 2006.

Kleinschroth, R.: Sprachen Lernen: Der Schlüssel zur richtigen Technik. rororo, Reinbek: 1992.

Klippert, H.: Methodentraining: Übungsbausteine für den Unterricht. Beltz, Weinheim und Basel, 11. Auflage 2000.

Knoll, J.: Kleingruppenmethoden: Effektive Gruppenarbeit in Kursen, Seminaren, Trainings und Tagungen. Beltz, Weinheim und Basel, 2. Auflage 1997.

Knoll, J.: Kurs- und Seminarmethoden. Ein Trainingsbuch zur Gestaltung von Kursen und Seminaren, Arbeits- und Gesprächskreisen. Beltz, Weinheim und Basel: 11. Auflage 2007.

Koch, A.: Infotainment in Seminar und Präsentation: Mit Stand-up Comedy witzig und informativ präsentieren. managerSeminare, Bonn 2004.

Köhl, K.. Seminar für Trainer: Das situative Lehrtraining – Trainer lernen lehren. Windmühle, Hamburg 1996.

Köster, R. u.a.: DGB Lexikon der Deutschen Sprache: Wörterbuch für Rechtschreibung, Silbentrennung, Aussprache, Bedeutungen, Synonyme, Phraseologie, Etymologie. Deutsche Buchgemeinschaft, Darmstadt 1969.

Küthe, E./Venn, A.: Marketing mit Farben. DuMont, Köln 1996.

Lackoff, G./Johnson, M.: Leben in Metaphern. Carl-Auer-Systeme, Heidelberg 1997.

Langen, D.: Autogenes Training für jeden. Gräfe und Unzer, München, 4. Auflage 1993.

Langer, I./Schulz von Thun, F./Tausch, R.: Sich verständlich ausdrücken: Anleitungstexte, Unterrichtstexte, Vertragstexte, Amtstexte, Versicherungstexte, Wissenschaftstexte u.a. Reinhardt, München, 5. Auflage 1993.

Lehner, M./Fredersdorf, F.: Fachtrainings erfolgreich gestalten: Praxishandbuch für Trainer, Führungskräfte und Experten. Haupt, Bern 2003.

Leitner, S.: So lernt man lernen. Herder, Freiburg 17. Auflage 2009.

Leypoldt, M.M.: Hilfe – ich bin Gruppenleiter(in): 40 Methoden mit Gruppen zu arbeiten. Oncken: Kassel, 6. Auflage 1976.

Liefer, K.: Sanftes lernen oder: Suggestopädie und Lernen in Neuen Dimensionen (L. i. N. D). unter Supervision und Coaching von K.-J. Kluge. Ein Leittext-Lern-Programm für Lehrer/Lernhelfer aller Schulstufen. Humanes Lernen, Viersen 1997.

Lipp, U./Will, H.: Das große Workshop-Buch. Konzeption, Inszenierung und Moderation von Klausuren, Besprechungen und Seminaren. Beltz, Weinheim und Basel, 8. Auflage 2008.

Ludwig, M.H./Ostertag, E.: Lernen – Qual oder Zufall? Vademecum der Lernarbeit. Joachim Beyer, Hollfeld 1987.

Madders, J.: Entspannung bei Streß: So überwinden Sie nervöse Erregung, Schlafstörungen und Migräne. Hippokrates, Stuttgart 1983.

Mantel, M.: 99 Übungen um leichter und erfolgreicher zu lernen. Heyne, München 1986.

Mantel, M.: Effizienter lernen. Heyne, München 1990.

Markova, D.: Wie Kinder lernen: Eine Entdeckungsreise für Eltern und Lehrer. VAK, Kirchzarten 1996.

Markova, D.: Die Entdeckung des Möglichen: wie unterschiedlich wir denken, lernen und kommunizieren. VAK, Kirchzarten 1993.

Meier, D.: Accelerated Learning: Handbuch zum schnellen und effektiven Lernen in Gruppen. Edition Neuland: ManagerSeminare, Bonn, 2. Auflage 2004.

Meier, R.: Seminare erfolgreich durchführen: Ein didaktisch-methodischer Handwerkskoffer. Gabal, Offenbach 2003.

Meyer, E./Widmann, S.: FlipchartArt: Ideen für Trainer, Berater und Moderatoren. Publicis, Erlangen 2006.

Meyerhoff, J./Brühl, Chr.: Fachwissen lebendig vermitteln: Das Methodenhandbuch für Trainer und Dozenten. Rosenberger, Leonberg 2004.

Möller, Chr.: Technik der Lernplanung. Beltz, Weinheim und Basel, 4. Auflage 1973.

Mohl, A.: Metaphern-Lernbuch. Junfermann, Paderborn 1998.

Müller, R.: Mehr Bewegung ins Lernen bringen: Energie aufbauen, Leistungsfähigkeit und Lernmotivation erhöhen, Lernstoff verankern. Beltz, Weinheim und Basel 2003.

Nikol, M.: Karriere durch bessere Kommunikation: eine Stufe zum beruflichen Erfolg. 2. Auflage, VDI, Düsseldorf 1996.

Nikol, M.: Superlearning für Ingenieure und andere Führungskräfte. VDI, Düsseldorf, 2. Auflage 1993.

Ohne Autoren: Das große Buch der Lerntechniken: Konzentration steigern, Gedächtnis trainieren, Lernstrategien anwenden, Prüfungen bestehen. Compact, München 2005.

Obermann, Chr. (Hrsg.): Trainingspraxis: 20 erfolgreiche neue Seminare zu Kreativität, Persönlichkeit, Führung, Verkauf, Zusammenarbeit, Unternehmensentwicklung. Schöffer Poeschel, Stuttgart 2002.

OECD: Wie funktioniert das Gehirn? Auf dem Weg zu einer neuen Lernwissenschaft. Mit einer Einführung von Manfred Spitzer. Schattauer, Stuttgart 2005.

Ostrander, S./Ostrander, N./Schroeder, L.: Leichter lernen ohne Streß: Superlearning. Die revolutionäre Losanow-Methode zur erfolgreichen Steigerung von Wissen, Konzentration und Gedächtnis durch müheloses lernen., Scherz, Stuttgart, 3. Auflage 1980.

Ostrander, S./Ostrander, N./Schroeder, L.: Fitness für den Kopf mit Superlearning: Optimal denken, lernen und erinnern. Mit vielen praktischen Übungen. Mosaik bei Goldmann, München 1999.

Quast, U.: Phantasiereisen: Eintauchen in die Welt unserer Vorstellungen und Empfindungen. Peter Grohmann, Stuttgart, 3. Auflage 2005.

Quast, U.: Leichter lernen mit Musik: Theoretische Prämissen und Anwendungsbeispiele für Lehrende und Lernende. Hans Huber, Bern 2005.

Rabenstein, R./Reichel, R./Thanhofer, M.: Das Methoden-Set: 5 Bücher für Referenten und Seminarleiterinnen. Ökotopia, Münster, 10. Auflage 1999.

Rachow, A.: Ludus und Co. managerSeminare, Edition Neuland, Bonn 2002.

Rachow, A.: LudoCards: 80 ergänzende Spiele zu Ludus und Co. managerSeminare, Edition Neuland, Bonn 1999.

Reichel, R./Rabenstein, R.: Kreativ beraten: Methoden, Modelle, Stratiegen für Beratung, Coaching und Supervision. Ökotopia, Münster 2001.

Rose, C./Nicholl, M.J.: M*A*S*T*E*R-Learning: Die optimale Methode für leichtes und effektives Lernen. mvg, München 2000.

Restak, R.M.: Geheimnisse des menschlichen Gehirns. mvg, München 1989.

Rhetorik-Trainer-Team (Hrsg.): Trainerpraxis konkret: Seminare erfolgreich gestalten. Schneider, Hohengehren 1998.

Riedel, K.: Persönlichkeitsentfaltung durch Suggestopädie. Schneider, Hohengehren, 2. Auflage 2000.

Röschmann, D.: 111 x Spaß am Abend: heitere Spiele zur Auflockerung von Teilnehmern in Seminaren, Kursen und Freizeiten. 3. Auflage, Windmühle, Hamburg, 4. Auflage 2006.

Rosenberg, Marshall B.: Gewaltfreie Kommunikation: Eine Sprache des Lebens. Junfermann, 6. Auflage 2007.

Schacter, D.L.: Aussetzer: wie wir vergessen und uns erinnern. Lübbe, Bergisch Gladbach 2005.

Schäffler, A./Menche, N.: Innere Medizin: Pflege und Krankheitslehre, Lehre und Atlas. Gustav Fischer, Frankfurt am Main, 2. Auflage 1998.

Schneider, W.: Deutsch fürs Leben: Was die Schule zu lehren vergaß. Rowohlt, Reinbek 1994.

Schneider, W.: Deutsch für Profis: Wege zu gutem Stil. Goldmann, München, 7. Auflage 1989.

Schräder-Naef, R.: Schüler lernen Lernen. Vermittlung von Lern- und Arbeitstechniken in der Schule. Beltz, Weinheim und Basel, 2. Auflage 1996.

Schuster, D.H./Gritton, Ch.E.: Suggestopädie in Theorie und Praxis: Handbuch für den Unterricht mit holistischen Lehr-Lern-Systemen. PLS, Bremen 1986.

Seifert, J.W./Göbel H.-P.: Games: Spiele für Moderatoren und Gruppenleiter. Kurz, knackig, frech. Gabal, Offenbach 1998.

Simon, W.: GABALs großer Methodenkoffer: Grundlagen der Kommunikation. Gabal, Offenbach 2004.

Simmons, A.: Story Faktor: Mit guten Geschichten Menschen gewinnen. DVA, München 2002.

Skill-Autorenteam: Seminare lebendig gestalten: Kreativ lehren und lernen. Gabal, Offenbach, 2. Auflage 2001.

Spitzer, M.: Lernen: Gehirnforschung und die Schule des Lebens. Spektrum, Heidelberg 2002.

Stark, Dr. W.H.: Superlearning: Erfolgreich lernen mit der bewährten praxisbezogenen Lernmethode. Heyne, München 1990.

Steiner Spielkartei: Elemente zur Entfaltung von Kreativität, Spiel und schöpferischer Arbeit in Gruppen. Ökotopia, Münster, 4. Auflage 1994.

Steiner, V.: Lernen als Abenteuer: mit Lust und Neugier zu mehr Wissen. Eichborn, Frankfurt am Main 2002.

Tepperwein, K.: Die »Kunst« mühelosen Lernens. Goldmann, München 1983.

Thompson, R.F.: Das Gehirn: Von der Nervenzelle zur Verhaltenssteuerung. Spektrum, Heidelberg 1990.

Vester, F.: Phänomen Streß. dtv, München 1978.

Vester, F.: Denken, Lernen, Vergessen. dtv München 1978.

Vetter, W.: Puzzle. In: Grötzebach, C. (Hrsg.): Spiele und Übungen für ein Trainieren mit Herz und Verstand. TrainerPraxis. Gabal, Offenbach 2008. S. 127.

Vollmer, G./Hoberg, G.: Top-Training: Lernen – Behalten – Anwenden. Klett, Stuttgart, 2. Auflage 1994.

Vopel, K.W.: Handbuch für Gruppenleiter/innen. Iskopress, Salzhausen, 9. Auflage 2000.

Vopel, K.W.: Wirksame Workshops: 80 Bausteine für dynamisches Lernen. Iskopress, Salzhausen, 2. Auflage 2000.

Vopel, K.W.: Die zehn Minuten Pause: Mini-Trancen gegen Stress. Iskopress, Salzhausen, 3. Auflage 1996.

Vopel, K.W.: Power-Pausen: Leichter lernen durch Bewegung. Iskopress, Salzhausen 2008.

Wallenwein, G.F.: Spiele: Der Punkt auf dem i. Beltz, Weinheim und Basel, 5. Auflage 2003.

Wester, J.: Super Learning: Schneller Lernen ohne Stress. 2. Auflage, Englisch, Wiesbaden: 1990.

Windisch, W.W.: Spannende Spiele selbst gemacht. Verlagsgesellschaft Rudolf Müller, Köln: 1987.

Whisell, M. v.: Die Entwicklung von Lernspielen. In: Grötzebach, Claudia (Hrsg.): Trainieren mit Herz und Verstand. TrainerPraxis. Gabal, Offenbach 2006.

Ziegler, E.: Das australische Schwebholz und 199 andere Spiele für Trainer und Seminarleiter. Gabal, Offenbach 2006.

Zielke, W.: Techniken für ein besseres Gedächtnis. mvg, Landsberg am Lech, 4. Auflage 1986.

Kurzübersicht und Zuordnung der Spiele und Methoden in den suggestopädischen Kreislauf und seine ergänzenden Elemente

Spiel	Einführung	Aktivierung			Integration	Zahl der Teilnehmer	Dauer (Min.)	Umfang	Niveau		Raum		Lernkanal		
		PÄ	SA	TR					A	F	Innen	Außen	V	A	K
Auge in Auge	✓	✓	✓	✓	✓	6–20	30	20–40	✓	✓	✓	✓		✓	✓
Assoziationen-Wettbewerb	✓	✓	✓	✓	✓	2–12	20	5–9	✓	✓	✓		✓	✓	✓
Begriffe-Wettrennen	✓	✓	✓		✓	8–30	30	–30	✓	✓	✓	✓	✓	✓	✓
Bildergeschichten – Bilder einer Ausstellung			✓	✓		Bis 12	15	–20		✓	✓		✓	✓	
Bis 10	✓	✓			✓		10–30	variabel	✓	✓	✓	✓		✓	✓
Buchstabenallerlei	(✓)		✓	✓	✓	3	30	1 Satz	✓	✓	✓	✓	✓	✓	✓
Buchstaben kombinieren	✓	✓			✓	1–4	10–30	7–20	✓	✓	✓		✓	✓	✓
Buchstabenrätsel	✓	✓			✓		10–30	5–10	✓	✓	✓	✓	✓	✓	✓
Dem Setzer sind die Buchstaben durcheinandergeraten	✓	✓	✓	✓	✓	2–4	–30	5–25	✓	✓	✓	✓	✓	✓	✓
Der große Lern-Preis	✓		✓	✓	✓	2–4	20–30	20–30	✓	✓	✓		✓	✓	
Der rasende Reporter	✓	✓	✓		✓		30	20–25	✓	✓	✓	✓	✓	✓	✓
Diagramme legen	✓	✓			✓	4–5	15–30	10–20	✓	✓	✓		✓	✓	✓
Die dramatische Präsentation	✓	✓			✓	2–6	–60	–30	✓	✓	✓	✓	✓	✓	✓
Die verflixte Vier			✓	✓	✓	2	–20	16–42	✓	✓	✓	✓	✓	✓	✓
Die Essenzbahn		✓	✓	✓	✓	2–6	10–30		✓	✓	✓	✓	✓	✓	✓
Drei Adjektive		✓	✓	✓		30	10–30		✓	✓	✓	✓	✓	✓	✓
1, 2 oder 3	✓	✓	✓	✓	✓		10–25	10–20	✓	✓	✓	✓	✓	✓	✓

Spiel	Einführung	Aktivierung PÄ	SA	TR	Integration	Zahl der Teilnehmer	Dauer (Min.)	Umfang	Niveau A	F	Raum Innen	Außen	Lernkanal V	A	K
Fun-Cards	☑	☑	☑		☑		30	30	☑	☑	☑		☑	☑	☑
Grafische Wörter	☑	☑			☑		10–20	5–15	☑	☑	☑	☑	☑	☑	☑
Ja/Nein-Spiel	☑	☑	☑	☑	☑	8–30	30	30	☑	☑	☑	☑	☑	☑	☑
Jazz-Chant			☑	☑		–12	20	1	☑	☑	☑	(☑)		☑	☑
Karten klatschen	☑	☑			☑	2–4	10–30	20–40	☑	☑	☑		☑	☑	☑
Kettengeschichten	☑	☑		☑		2–10	10–15	18–25	☑	☑	☑		☑	☑	☑
Kreuzworträtsel (normal)	☑	☑	☑		☑	8–12	10–20	8–15	☑	☑	☑	☑	☑	☑	☑
Lern-Bingo I	☑	☑	☑	☑	☑		30–60	10–30	☑	☑	☑		☑	☑	☑
Lern-Bingo II	☑	☑	☑	☑	☑		30–60	25–50	☑	☑	☑		☑	☑	☑
Lern-Domino	☑	☑			☑	1–7	10–25	30	☑	☑	☑	☑	☑	☑	☑
Lern-Glücksrad		☑	☑	☑			30	5–15	☑	☑	☑			☑	☑
Lern-Jeopardy	☑		☑	☑	☑	10–15	15–30	8–15	☑	☑	☑		☑	☑	☑
Lern-Mau-Mau	☑	☑				2–4	15–20	30–31	☑		☑	☑	☑	☑	☑
Lern-Puzzle	☑	☑	☑	☑			10–20		☑	☑	☑		☑	☑	☑
Lern-Quartett	☑		☑	☑	☑	3–4	–60	32/52	☑	☑	☑	☑	☑	☑	☑
Lern-Schnecke		☑	☑		☑	2–20	ca. 20	10–20	☑	☑	☑		☑	☑	☑
Lern-Scrabble		☑	☑		☑	2–4			☑	☑	☑		☑	☑	☑
Lern-Tabu			☑	☑	☑	10–15	20–30		☑	☑	☑	☑	☑	☑	☑
Mann und Frau	☑	☑			☑	–15	30	30–50	☑	☑	☑	☑	☑	☑	☑
Memory	☑	☑			☑	2–4	10–30	20–40	☑	☑	☑	(☑)	☑	☑	☑
Metaphern finden			☑	☑	☑		10–60	–50	☑	☑	☑	☑	☑	☑	☑
Mischmasch		☑	☑			2	60	12	☑	☑	☑	☑	☑	☑	☑
Obstsalat	☑	☑	☑		☑	10–60	10–15	5–10	☑	☑	☑	☑		☑	☑
Präzise und kurz			☑		☑	–12	30–45	6	☑	☑	☑	☑	☑	☑	☑
Sätze stellen	☑	☑			☑		5		☑	☑	☑		☑	☑	☑
Scharade			☑	☑	☑	10–15	20–30		☑	☑	☑	☑	☑	☑	☑
Schnipselspiel			☑	☑	☑	10–15	20–30		☑	☑	☑	☑	☑	☑	☑
Schwarzer Lern-Peter	☑	☑		☑	☑	2–4	ca. 30	–50	☑	☑	☑	☑	☑	☑	☑

Spiel	Einführung	Aktivierung			Integration	Zahl der Teilnehmer	Dauer (Min.)	Umfang	Niveau		Raum		Lernkanal		
		PÄ	SA	TR					A	F	Innen	Außen	V	A	K
Siebzehn und vier		✓			✓		30	variabel	✓	✓	✓	✓		✓	✓
Silbenrätsel	✓	✓	✓	✓	✓		10–30	–20	✓	✓	✓	✓	✓	✓	✓
Stadt, Land, Fluss			✓	✓	✓		–30		✓	✓	✓	✓	✓	✓	✓
Staffellauf	✓	✓	✓		✓	8–20	3–5	3–7	✓	✓	✓		✓		✓
Stille Lern-Post	✓	✓			✓	5–20	5–15	5–9	✓	✓	✓	✓		✓	✓
Synonyme-Wettbewerb	✓		✓	✓	✓	2–12	20			✓	✓		✓	✓	✓
Text-Puzzle	✓					1–5	5–15	1 Seite	✓	✓	✓		✓	✓	✓
Versteckte Wörter	✓	✓	✓	✓	✓		10–30	20	✓	✓	✓	✓	✓	✓	✓
Vier gewinnt		✓	✓	✓	✓	2	–20	16	✓	✓	✓	✓	✓	✓	✓
Vier Ecken	✓	✓	✓	✓	✓	4–∞	10–∞	5–10	✓	✓	✓	✓	✓	✓	✓
Vom Setzer vergessen I	✓	✓	✓	✓	✓		30	5–25	✓	✓	✓	✓	✓	✓	✓
Vom Setzer vergessen II	✓	✓	✓	✓	✓	2	30–45	10	✓	✓	✓	✓	✓	✓	✓
Was fehlt?		✓			✓	1–4		1–4/1–5	✓	✓	✓	✓	✓	✓	✓
Wer (oder was) bin ich?			✓	✓	✓	–30	30–45	4–6	✓	✓	✓		✓	✓	✓
Wer wird Lern-Millionär?	✓	✓	✓		✓	4–16	20–60	10–30	✓	✓	✓		✓	✓	✓
Wissensrallye	✓		✓	✓	✓	2–4	120+	4–10	✓	✓	(✓)	✓	✓	✓	✓
Wissen wie nix – mit Pustefix!		✓	✓	✓	✓	2–30	15–30		✓	✓	✓		✓	✓	✓
Wörter mit »N«	✓	✓			✓		30	variabel	✓	✓	✓	✓	✓	✓	✓
Wortfindung	✓	✓			✓		5–15	10–30	✓	✓	✓	✓	✓		✓
Zauberfeld			✓	✓	✓	–12	25–30	5–7	✓	✓	✓		✓	✓	✓
Zeichnen von Begriffen – Die Montagsmaler				✓	✓	10–15	20–30		✓	✓	✓		✓	✓	✓

Gudrun F. Wallenwein
Spiele: Der Punkt auf dem i
Kreative Übungen zum Lernen mit Spaß
252 Seiten. Gebunden.
ISBN 978-3-407-36407-4

Die Konzentration der Seminargruppe lässt nach, die Aufmerksamkeit sinkt ins Bodenlose und nichts wird mehr aufgenommen. Kennen Sie das? Möchten Sie das in Ihren Seminaren vermeiden? Suchen Sie nach Möglichkeiten und Ideen?
Gudrun F. Wallenwein hat Spiele und Übungen für Trainings und Seminare gesammelt und den unterschiedlichen Einsatzmöglichkeiten zugeordnet. Die meisten Spiele und Übungen sind als belebende Unterbrechung des Lerngeschehens gedacht. Denn durch Entspannung erreichen wir ideale Voraussetzungen für ein erfolgreiches Arbeiten.

Sandra Masemann · Barbara Messer
Improvisation und Storytelling in Training und Unterricht
251 Seiten. Gebunden.
ISBN 978-3-407-36472-2

Das Buch ist Grundlagenwerk und praxisorientierter Ratgeber in einem. Die Autorinnen zeigen viele praxisnahe Tipps, um die Improvisation von der Bühne mitten in das Training oder den Unterricht zu übertragen und dort zur Optimierung des Lernerfolgs zu nutzen. Gleichermaßen wird das Storytelling eingesetzt: Geschichten geben im Bereich der Wissensvermittlung intensive Anknüpfungspunkte, um Inhalt und Stoff, egal welcher Art, mit Emotionen zu verbinden. Der riesige Fundus an Ideen, Anregungen und Tipps lässt sich in jedem Training und in jedem Unterricht einsetzen.

Beltz Verlag · Postfach 100154 · 69441 Weinheim · www.beltz.de